教育部人文社会科学研究青年项目（项目编号：11YJC740006）

湖北省教育厅人文社会科学研究项目（项目编号：2012Q109）

湖北省高校人文社科重点研究基地"湖北师范大学语言学研究中心"项目

湖北师范大学学术著作出版基金资助项目

湖北师范大学中国语言文学重点学科资助项目

湖北师范大学文学与文化优势特色学科群资助项目

现代汉语羡余
否定构式研究

车录彬 著

中国社会科学出版社

图书在版编目(CIP)数据

现代汉语羡余否定构式研究/车录彬著. —北京：中国社会科学出版社，2016.9

ISBN 978 - 7 - 5161 - 6983 - 4

Ⅰ.①现… Ⅱ.①车… Ⅲ.①现代汉语—否定(语法)—研究 Ⅳ.①H146

中国版本图书馆 CIP 数据核字(2015)第 251170 号

出 版 人	赵剑英	
责任编辑	郭晓鸿	
特约编辑	席建海	
责任校对	石春梅	
责任印制	戴 宽	

出　　版	中国社会科学出版社	
社　　址	北京鼓楼西大街甲 158 号	
邮　　编	100720	
网　　址	http://www.csspw.cn	
发 行 部	010 - 84083685	
门 市 部	010 - 84029450	
经　　销	新华书店及其他书店	

印　　刷	北京君升印刷有限公司	
装　　订	廊坊市广阳区广增装订厂	
版　　次	2016 年 9 月第 1 版	
印　　次	2016 年 9 月第 1 次印刷	

开　　本	710×1000　1/16	
印　　张	19.75	
插　　页	2	
字　　数	319 千字	
定　　价	72.00 元	

凡购买中国社会科学出版社图书，如有质量问题请与本社营销中心联系调换

电话：010 - 84083683

目　　录

序

在一般的语感中，像"差点儿没摔倒"这样的组合中，否定词"没"明明是有意义的，但是略去了"没"，说成"差点儿摔倒"，意义仍然相同，否定词的有或无，并没有影响语句的意义。这种令人迷惑的现象，就是本书所讨论的"羡余否定"。

汉语的羡余否定现象，违反了语言组合的一般原则，受到相当程度的关注，引发人们深入的思考，形成了现代汉语研究中的一个热点。一批具有这类特征的词语组合被研究者纷纷提出，并从各个不同的角度，作了细致的分析。本书就是在前人研究的基础上，从系统的角度再作深入的一个尝试。作者从羡余否定的界定入手，精心选择了一批具有典型意义的羡余否定形式，根据这些组合中羡余否定词之外的剩余成分在构式里出现的必要性，分为凝固型、紧密型、杂糅型、并列型四个类别，并通过历时的考察，对它们的形成作了细致的分析，在此基础上，深入探讨了它们形成的动因、机制和语用价值，以及由此引发的矛盾，为深入分析汉语语法演变的规律做了积极的、富有建设性的工作。

书中涉及一些问题，很能引起人们的思考。比如通常认为，经济原则是语言发展变化的重要动力，可是，像羡余否定这类现象广泛地存在，却与经济原则相背离。这让我们认识到，语言的使用和发展，不仅有趋向简约的一面，也有趋向繁冗的一面，经济性与羡余性是语言发展中两种相互制约的力量。

如果深入观察的话，我们还可以发现，有很多因素在推动语言向羡余的方向发展，并且语言的羡余性应该先于经济性。在表达中，出于强调某些内容或是增强感染力的需要，各种同义重叠或重复累加的现象层出不穷，"凤兮凤兮，故是一凤"（《世说新语·言语》）。很多时候，人们在表达中所采用的形式，远远地超过了意义传输的实际需要，并不遵循简约原则，比如商家经常发布各种"免费赠送"的消息，在这个组合中，"免费""赠""送"三个构成成分意义是相同的，都是"不花钱"的意思，商家通过重复表达来强调这个信息，就是要通过对这个意义的特别强调，来吸引顾客。

当然，我们无意贬低经济原则在语言演变中的作用，但我们必须认识到，语言演变中不仅羡余性先于经济性，整个语言的发展也是趋向羡余的。以汉语的词汇为例，汉语词汇复音化的结果，一方面，容纳了大量表达复合概念的复合词，但同时也容纳了大量本来用一个语素就已经清晰表达意义的复合词，其中有在原词基础上附加词缀或把原词作为构词语素重叠形成的词，比如"阿母""妻子""老兄""伯伯""婶婶""星星"等，还有那些同义连文的并列复合词，比如"人民""喜悦""释放"等。甚至在偏正结构等复合组合关系中，也有大量增入语素不增入意义的复合词，比如"松树""鲤鱼""手持""掌握""立足""大海"等，其中复合后的理性意义与此前单语素的词汇形式"松""鲤""持""握""立""海"等是等同的，甚至我们还可以在这些词的基础上再赘加羡余成分，构成更为繁复的表达形式。比如"海"本来指大面积的水域，加上"大"成为"大海"之后，已经强调了它的"广大"，但我们还常常说"茫茫大海"之类的话，其中的"茫茫"和其中可以附加在"大海"前的修饰语"宽阔""浩渺""无边无际"，都是在对"（水面）大"这个语义特征的重复强调，这样的修饰，在强化这个意义的同时，也带来了某种美感。

曾经有很多人对"胜利凯旋"和"凯旋而归"这样的表达提出批评，理由就是它们是"凯旋"一词在表达上的局部重复，其中"胜利"重复了"凯"，"归"重复了"旋"，在表意上是无效的。但深入汉语词汇和语句中细细观察，可以发现这类现象比比皆是，繁复的表达，增加了语义的清晰度（比如"凯"的胜利义和"旋"的归来义，一般人并不明白，加上比较通俗的"胜利"或"归"，可以帮助人们理解），同时，这种羡余往往还带有其他方面的表达色彩（"凯旋"本身具有浓厚的文言性，由它构成的四字形式，跟成语的一般形式相类，可以提高表达的典雅程度），真切地传达表达者的情绪（对"胜利"或"回归"的喜悦和庆贺），增强表达的感染力，有助于提高交际的效果。羡余表达的这种修辞功能，广泛地反映在不同的羡余形式——包括本书所论的羡余否定之中，在满足语用需求的同时，为自己赢得了广阔的空间。

但是，语言不能无限制地向繁复方面扩张，因为这会使语言的使用者在语言的学习、记忆和表达上过度累赘而不堪重负，最终影响交际的正常进行。因此，体现经济性的对语言形式的缩简，成了制衡羡余的必不可少的手段。两种力量之间的平衡，满足交际中对主要信息和次要信息区别性表达的需要，达成语言系统的有效运行。

汉语表达有着自己的特点，形成这些特点的，是蕴含在汉语内部的种种规则。发现汉语表达中的不同特点，探究其中的规则，科学理性地解释汉语表达中的各种特殊现象，是汉语研究者的使命。本书的作者车录彬 2008 年来四川大学攻读博士学位，选定了羡余否定研究作为论文内容，在读三年内，获得了可观的进展，在多种专业刊物上发表多篇论文，并于 2011 年毕业时以此选题成功地获得教育部基金课题的立项资助，令人欣喜。现在，又在原来基础上充实完善，完成了这项工作。

很高兴看到本书在汉语羡余研究方面做出的成绩，希望作者不废努力，百尺竿头更进一步。

俞理明

2014 年 12 月

第一章　绪论

1　研究对象界定

1.1　定义

在人类思维和语言里，肯定和否定是一对相互对立的语义范畴，然而在人们口语表达中却存在这样一类特别的语言现象，即否定词不起否定作用，否定表达和肯定表达的意思基本相同。例如：

(1) 孩子们眼睛发亮，挑选着，比较着，挨挨挤挤，叽叽喳喳，好不热闹。（汪曾祺《故人往事》）①

(2) 可不敢再喝啦，刚才那些江水，差点儿没把我肚子胀破。（周震骅《在悬崖上》）

(3) 朱老忠把江涛抱起来，说："人断了气，身上不干净，小心别弄病了。"（梁斌《红旗谱》）

上面例句中的"好不……""差点儿没……""小心别……"等都是

----

① 本书的绝大部分例句都来自北大 CCL 语料库（http：//ccl. pku. edu. cn：8080/ccl_corpus/），也有部分例句检索自陕西师范大学袁林制作的"汉籍全文检索系统"和中国社科院语言所刘探宙制作的"COCO 汉语语料库"。引用的例句都在句后列出了详细出处，没有标明出处的例句则是本书作者根据需要造的。

汉语里的习惯表达，其中的"不""没""别"等否定词似乎都可以删去而不改变意思，即"好不……"="好……"，"差点儿没……"="差点儿……"，"小心别……"="小心……"一些研究者把这类现象称为"悖义结构"① 或"冗余否定"②，我们采用目前在学界更普遍的说法"羡余否定"来指称，并且从构式的角度把这类现象中的否定式（"好不……""差点儿没……""小心别……"等）称为"羡余否定构式"。

要认清羡余否定构式的内涵，首先得把它和下面几类含有否定词的用法区分开来。

第一，它不同于一般的否定句。一般否定句不管有多少否定词，每个否定词都起到一次反向表达的作用——即单重否定表示否定，双重否定表示肯定，多重否定遵循"负负得正"的规则；而羡余否定构式中的否定词丧失了反向表达的作用，成为可有可无的多余成分。例如：

（4）邓云才好不耐烦，身子一扭："这有什么关系？图纸上又没有要求！"（金戈《在征途上》）

（5）这三十二个战士，站成上下两排，围成了能守能攻的"马蹄阵"，好不威风！（冰子《嘴巴里的战斗》）

例（4）中的"不"为否定副词，句中的"好不耐烦"指"不耐烦"；而例（5）中的"不"就可有可无，从表义的角度说就是羡余的，因为"好不威风"等于说"好威风"。显然，例（4）为一般否定句，例（5）才是羡余否定句。

第二，它不同于带否定词的反问句。虽然否定形式的反问句实际表达肯定的意思，跟羡余否定构式用否定形式表达肯定意义具有相似性，但二者在语气、功能和范围上都完全不同。反问句具有强烈的无疑而问语气，其肯定意义来源于反问语气而不是否定词，并且反问句是开放性的，数量有无限多；而羡余否定构式本身没有疑问语气，其对应的意义也仅仅来源于人们的表达习惯，至于其成员数量也是封闭

---

① 马黎明：《试论现代汉语中的"悖义"结构》，《齐齐哈尔大学学报》（哲学社会科学版）2000 年第 2 期。

② 戴耀晶：《试说"冗余否定"》，《修辞学习》2004 年第 2 期。

有限的。请看例句:

(6) 咱的事儿，难道我不着急么？可急有什么用哪？（李志方《四喜临门》）

(7) 在这种情况下面，任何人都难免不在他们的工作中犯这样那样的错误。（胡乔木《在北京新闻学会成立大会上的讲话》）

例 (6)"难道我不着急么？"是否定形式的反问句，表达肯定的意思"我着急"，但不能说其中的"不"是羡余的，因为去掉这个"不"之后，整句话的意思就完全变了。而例 (7) 中的"不"存在或删除都不影响句子意思——这正是羡余否定最重要的特点。

第三，它不同于存在否定词的反语修辞格。虽然反语修辞也表达与形式相反的意义，但这个反义是由语境临时赋予的，在相同的语境下删去否定词，句子的意义就不一样了。而羡余否定构式作为惯用表达，其意义已经凝固下来了，在相同语境下删去否定词，不会改变整句话的基本意思。例如:

(8) 小王没什么酒量，就是能喝两斤二锅头。
(9) 我啥好话都说了，差点儿没给她跪下!

例 (8) 利用了反语修辞手法，前半句话说小王酒量小，后半句话又推翻了这一判断，即小王的酒量一点儿都不小，这种反面理解是通过语境获得的。在相同的语境下，删去"没"，句子就不能说了。即使改动某些字词，使句子能说——"小王有酒量，能喝两斤二锅头"，句子的语气也完全变了。相反，例 (9) 中的"差点儿没"是一个固定格式，"没"字删除与否，基本不影响整句话的意思。因此我们认为，反语是修辞现象，而羡余否定是语法现象，二者的性质和表现并不相同。

戴耀晶 (2004) 曾给"冗余否定"下过一个定义——"指的是在一个句子或短语中，表达否定的标记成分（'不、没、别'等）不是理解该句子的意义所必需的。换句话说，否定标记成分的出现与否不影响句子的意义内容。"① 张谊生（2005）也有一个类似的定义："羡余否定其实就是指某种含有否定成分的结构形式，其真实条件和语义内容并不具有真正的否定性质。"② 我们认为这两个定义都抓住了羡余否定的核心，为我们的研究提供了重要的参考。在我们正式给"羡余否定构式"也下一个定义之前，还要弄清楚另一个概念——"构式"。

Goldberg（1995）对构式的定义是："当且仅当 C 是一个形式—意义的结合体（Fi，Si），且形式 Fi 或意义 Si 的某些方面不能从 C 的组成成分或其他既有构式中严格推导出来时，C 是一个构式。"③ 2006 年她又将定义修改为：构式是形式和功能之间规约的匹配关系（convention-alized pairings of form and function）。④ 我们对这个定义的理解是：构式首先是一种音义结合的语言单位，小到语素大到具有独特形式或意义的习语、句式都有可能成为构式，决定一个（或一类）单位能否真正成为构式的条件是它在"形式、意义和功能上的不可预测性"⑤。其次，从能产性的角度看，构式既可以是一个个独立、唯一的具体单位（实体构式），也可以是一类类具有相同格式或特征的半固定单位（图式构式）。一个构式就是一个完形（Gestalt），决定其形式和内容的不是科学运算和推导，而是不可解说的约定俗成。

最常见的羡余否定结构都包含一个否定词——"不""没"或"别"，在表达中，这个否定成分似乎可有可无。羡余否定结构的意义无法通过字面形式去分析、推导，只能作为一个习惯表达从整体上识解。可见，它符合了构式的基本特征，完全可以当作一类特殊的构式来看待。现在我们为"羡余否定构式"下一个定义：它指的是在形式上包含否定成分"不""没"或"别"，但这些否定成分的有无却基本不改变整体意义的一类惯用表达式，比如"好不……""差点儿没……""小心别……"等。

---

① 戴耀晶：《试说"冗余否定"》，《修辞学习》2004 年第 2 期。
② 张谊生：《羡余否定的类别、成因与功用》，载《语言学论丛》（第三十一辑），商务印书馆 2005 年版，第 323 页。
③ Goldberg, Adele E.：《构式：论元结构的构式语法研究》，吴海波译，北京大学出版社 2007 年版，第 4 页。
④ Goldberg, Adele E., *Constructions at Work: The Nature of Generalization in Language*, Oxford: Oxford University Press, 2006.
⑤ 严辰松：《构式语法论要》，《解放军外国语学院学报》2006 年第 4 期。

1.2　范围

从历史上看，否定标记成分不表示否定意义这一语言现象在上古就已经存在。例如：

（10）徒御不惊，大庖不盈。（《诗经·小雅·车攻》）

《毛传》解释："不惊，惊也；不盈，盈也。"可见例（10）中的两个"不"都不表示否定义。据统计，《诗经》中大约有 30 条类似的例子。其实在历代文献中这种现象都不难发现，例如：

（11）襄子曰："江、河之大也，不过三日，飘风暴雨，日中不须臾。"（《淮南子·道应》）

（12）酒便赐尊师，其道士苦不推辞，奏曰："臣恐失朝仪而亏礼度。"（《敦煌变文集·叶净能诗》）

（13）老的小的，村的俏的，没颠没倒，胜似闹元宵。（《西厢记》第一本第四折）

（14）王婆贪贿说风情　郓哥不忿闹茶肆（《水浒传》第二十三回）

（15）不是鲁智深投那个去处，有分教：到那里断送了十余条性命生灵，一把火烧了有名的灵山古迹。（《水浒传》第五回）

（16）薛姨妈看那人不尴尬，于是略坐坐儿，便起身道……（《红楼梦》第九十一回）

（17）二弟，你还是这个脾气。我进去险些没让人家拿鱼叉把我叉了。可巧有个小船请我三哥去，我跟着小船混过大关，差点没有人拿捞网子把我捞了。涉了这些险，才把我三哥救出。（《小五义》第十九回）

（18）要照现在的样子，只学得一言半语，不零不落，反招人家的笑话，这是何苦来呢！（《官场现形记》第三十二回）

（19）鸿渐恨不能告诉她，话用嘴说就够了，小心别把身体一

扭两段。(《围城》)

上述例句中的"不""没""别"等否定词都没有实义,均可看作羡余的否定成分。不过其中很多还不能算羡余否定构式,因为有的只是否定词临时的特殊用法,属修辞现象,还没有进入语汇层面。只有经常使用的固定格式,比如"不忿""没颠没倒""险些没……""差点没……""不零不落""小心别……"等才可看作羡余否定构式。

羡余否定现象不仅汉语有,其他语言里也同样存在。叶斯柏森(Jerspersen,O.)(1924)曾对英语做过研究。他引用了大量材料,证明羡余否定在早期英语里十分普遍,在现代英语中仍时有所见。[1] 例如常用的 wonder if... not... 结构,其中的"not"是没有明确否定义的。I wonder if he cannot help us in this work. 这句话如果翻译成汉语,就应该是"我不知道他是否能在这次工作中帮我们的忙",而不是"我不知道他是否不能在这次工作中帮我们的忙"。羡余否定在英语中被称作 redundant negation 或 pleonastic negation。还有人发现在法语、日语、俄语、藏语等语言中也都存在否定词多余的现象。可见羡余否定是一种既特殊又普遍的语言现象——在逻辑和形义对应关系上不合常规,但从分布上看,它又普遍存在于人类的语言当中。

现代汉语中否定词不表示否定义的现象也有不少。依据羡余否定构式的两个主要特点(否定标记羡余;形式、意义、用法比较固定),我们认为现代汉语中的羡余否定构式主要有以下 20 种。

a. 不巧　　　　　(=巧,恰巧)

b. 不时　　　　　(=时时)

c. 果不然　　　　(=果然)

d. 了不得　　　　(=了得)

e. 偏不偏　　　　(=偏偏)

f. 不一会儿　　　(=一会儿)

g. 好不……　　　(=好……)

① Jerspersen,O.,*The Philosophy of Grammar*,London:Alen & Unwin,1924.

h. 拒不……　　　　　　　[＝拒（绝）……]

i. 难免不……　　　　　　（＝难免……）

j. 忍住不……　　　　　　（＝忍住……）

k. 别不是……　　　　　　（＝别是……）

l. 后悔不该……　　　　　（＝后悔……）

m. 非……不……　　　　　（＝非……才……）

n. 除非……不……　　　　（＝除非……才……）

o. 怀疑……不……　　　　（＝怀疑……）

p. 防止……不……　　　　（＝防止……）

q. 抵赖没……　　　　　　（＝抵赖……）

r. 差点儿没……　　　　　（＝差点儿……）

s. 没……之前　　　　　　（＝……之前）

t. 小心别……　　　　　　（＝小心……）

　　这里有几点需作说明：第一，为行文清晰，上面列出的只是每一种羡余否定构式的常式，变式会在分类讨论中详细列出。第二，有人认为"看我不打断你的腿"＝"看我打断你的腿"，"还不是要那样做"＝"还是要那样做"，"还不快道歉"＝"快道歉"，"不是我说你，你太自私了"＝"要我说啊，你太自私了"，"不要太潇洒哦"＝"要潇洒一些哦"，于是把"看我不……""还不是要……""还不快……""不是我……""不要太……"也看作羡余否定表达。不过我们认为，这些都是带有特定语气的反语用法，不能算严格意义上的羡余否定构式。另外有人把"靠不住""保不齐""保不定"也看作羡余否定现象，我们认为这几个表示猜测语气的词语并不能把否定词去掉说成"靠住""保齐""保定"，所以也不能算作羡余否定构式。对于这些表达式，本书都不作讨论。

1.3　分类

1.3.1　已有的分类

对羡余否定构式进行科学的分类存在一定困难，因为它们都是具体语言中的习惯用法，不同的羡余否定构式在形式、意义、功能乃至来源上都存在比较复杂的差异，严格区分的话，每一个构式都是一个不同的类。因此戴耀晶（2004）认为："这些冗余否定现象的产生都有一定的理据，在使用上并不能任意类推，它们都要受到较为严格的语义和句法条件的制约。对汉语中的冗余否定现象只能进行具体的个案分析。"①

虽然我们承认分类存在困难，但同时也认为，羡余否定构式之间并非没有丝毫的共同之处，只要找到合适的标准，仍然能够分出不同的类别来。在已有的研究中，主要有以下几种划分方法。

张谊生（2004）根据表达作用，将羡余否定式分为四类八种②：（1）表时量与表度量。主要有"不/没＋体词性数量短语"（不一会儿，没几个）、"不/没＋含概数词的动宾短语"（没过几天）等。（2）表回顾与表推测。主要有"差（一）点没……""几乎没……""险些没……""难免不……""保不定……""保不齐……""别不是……""还不得……""怀疑……没……""防止……不再……"等。（3）表劝诫与表责备。主要有"小心别……""注意不要……""看……不……""埋怨不该……""后悔不该……"等。（4）表先时与表后接。主要有"没……以前""除非……不……""非……不……"等。

张先生提出还可以从其他角度进行分类，比如，从羡余否定载体的结构层次上看，可以将其分为词语层面、短语层面、小句层面和复句层面四类；从羡余否定格式的句法功能角度看，又能将其分为副词性的、动词性的、名词性的和关联性的四类；从羡余否定现象的语气类别上看，又可以分为陈述式、祈使式、反问式三类。

曹婧一（2007）根据羡余否定结构的表意功能，将其分为七类：表时量、数量的不足类，猜测类，必然类，提醒类，劝阻类，条件类，反语类。③

王进文（2008）根据否定词的位置，将羡余否定结构分为"X＋（不/没等）Vp"和"（不/没等）X＋Vp"两类，然后又根据结构中"X"的性质将前一类划分为副词性的、动词性的、名词性的、关联性

① 戴耀晶：《试说"冗余否定"》，《修辞学习》2004年第2期。
② 张谊生：《现代汉语副词探索》，学林出版社2004年版，第214—221页。
③ 曹婧一：《羡余否定的语用认知分析》，硕士学位论文，首都师范大学，2007年。

的四种；根据否定词相对于"X"的呈现位置差异，将后一类划分为否定词前置、否定词后置和否定词中置三种。[①]

1.3.2　我们的分类

以上分类都有可取之处，不过也存在不够令人满意的地方：张谊生、曹婧一从功能和意义的角度划分，存在一定的主观性，且分出的小类内部缺乏一致性，很多成员的归类有牵强之感；王进文的分类虽然相对客观，但以形式和语法功能作为划分标准，不利于揭示羡余否定构式系统的内在特征。

能不能把形式与意义结合起来进行分类呢？我们发现，每一个羡余否定构式在形式上都可以分为两部分，一部分是不承担表义任务的羡余否定词（记作 A），另一部分是除羡余否定词之外的其他成分（记作 B），比如"不一会儿"在形式上可分成"不"和"一会儿"两部分，"非……不……"可分成"不"和"非"两部分，"差点儿没……"可分成"没"和"差点儿"两部分，"小心别……"可分为"别"和"小心"两部分，等等。站在共时的角度，从表现形式与意义形成的关系来看，每一个羡余否定构式的 A 部分（即羡余否定词）都不是表义的必要成分，删去 A、保留 B 基本上不会改变原有意思；但 B 部分（即除去羡余否定词之外的剩余成分）对表现构式意义的作用却不完全相同，即删去 B、保留 A 可能得到不同的结果：有的 B 部分是表义的必需成分，删去之后句子就不能说了。比如"不一会儿人都走了"，删去"一会儿"句子变成"不人都走了"，不能成话；有的 B 部分是表义的关键成分，删去之后句子的意思恰好相反。比如"你非老实交代我不放你走"，删去"非"之后变成"你老实交代我不放你走"，与原句的意思正好相反；还有的 B 部分是表义的主要成分，删去之后意思会发生某种改变。比如"差点儿没晕过去"，删去"差点儿"之后变成"没晕过去"，与原来的意思既不完全相同，也不截然相反，只是有所关联。还有一些构式的 B 部分是表义的可选成分，删去之后基本不改变原句的意义。比如"小心别着凉"，删去"小心"之后变成"别着凉"，意思与原来的差不多。

可见从共时层面看，羡余否定构式中各部分出现的必要性是不同

---

① 王进文：《现代汉语羡余否定及其格式研究》，硕士学位论文，扬州大学，2008 年。

的，它们能否略去，以及略去后的结果也不完全一样。根据 B 部分（即除去羡余否定词之外的剩余成分）在构式里的地位（即出现的必要性），我们把羡余否定构式分成以下四类。

第一类：凝固型。包括"不巧""果不然""不一会儿""不时""偏不偏""了不得"六种。这一类构式中的 B 部分（一会儿、果然、巧、时、偏偏、了得）是整个构式表义的必需成分，删去之后就只剩下否定词，不能成话了。此类构式的另一个特点是：全部为实体构式，内部凝固性非常强，不能随意替换、增减其中的字词，意义也很固定，基本都被当作固定短语收入词典了。我们因此将其概括为凝固型羡余否定构式。

第二类：紧密型。包括"非……不……""除非……不……""好不……""难免不……""抵赖没……"五种。这一类构式的 B 部分（非、除非、好、难免、抵赖）是整个构式表义的关键成分，删去之后意思就与原来的恰好相反。此类构式都是图式构式，A、B 两部分结合得比较紧密，不能随意拆开，否则意思会发生根本性的变化。所以我们将这一类概括为紧密型羡余否定构式。

第三类：杂糅型。包括"差点儿没……""没……之前""怀疑……不……""防止……不……"四种。这一类构式也都是图式构式，其中 B 部分（差点儿、之前、怀疑、防止）是整个构式表义的主要成分，删去之后整体意思会发生一定程度的改变，但并不截然相反，而是存在某种关联。从 A、B 两部分的结合关系来看，它们既不是松散的并列，也不是紧密的融合，而存在一种杂糅关系。比如"差点儿没……"是"差点儿……"与"没……"的杂糅，"没……之前"是"没……"和"……之前"的杂糅，等等。所以我们把这一类称为杂糅型羡余否定构式。

第四类：并列型。包括"小心别……""拒不……""后悔不该……""忍住不……""别不是……"五种。这一类构式的 B 部分（小心、拒、后悔、忍住、别是）是整个构式表义的可选成分，删去之后意思基本不发生改变。此类也都是图式构式，A、B 两部分是一种比较松散的并列关系，删除任何一个对原有构式的意义都没有太大影响，所以我们将其称为并列型羡余否定构式。

在 A、B 两部分的结合关系上，这四类构式表现出从强到弱的梯度关系：第一类 A、B 两部分结合得最紧，已经凝固成十分稳定的实体构式了；第二类 A、B 两部分结合得也比较紧，相互交融成无法拆分的固定格式；第三类 A、B 两部分结合得相对紧密，杂糅成了相对固定的格式；第四类 A、B 两部分结合得比较松散，二者并列在一起，形成的新表达式凝固性最差。

我们认为上述分类能够把形式与意义结合起来，相对客观，且能够反映各类构式之间的梯度关系，对于全面分析各种羡余否定构式的区别与联系、深入把握羡余否定构式系统的内在规律都有帮助。本书第二章至第五章即按此分类逐一讨论。

2 研究现状

2.1 问题的发现和早期研究

在我国历史上，最早发现否定词不表否定意义这种特殊现象的可以追溯到《毛传》。该书对《诗经》训诂时，多处使用了"不×，×也"这样的句式。例如：《诗经·大雅·生民》："上帝不宁，不康禋祀，居然生子。"《毛传》："不宁，宁也。不康，康也。"清代王引之在《经传释词》中，也对否定词的这种用法作了概括，如："不，词也。""未，发声也。""勿，语助。"现代杨树达编写的《词诠》，裴学海编写的《古书虚词集释》，以及尹君编写的《文言虚词通释》等虚词著作中，也有"不，语首助词、语中助词""无，语首助词，无义"[①] 这样的解释。

在现代汉语的研究中，较早发现否定词羡余现象的是吕叔湘、朱德熙两位先生。他们在《语法修辞讲话》里注意到这样一类现象："好不热闹"，按说是"很不热闹"的意思，但是实际上等于"好热闹"；还有

---

① 杨树达：《词诠》，中华书局 1954 年版，第 12、401 页；裴学海：《古书虚词集释》，中华书局 1954 年版，第 35 页；尹君：《文言虚词通释》，广西人民出版社 1984 年版，第 71 页。

"除非你去请他，他不肯来"等于"除非你去请他，他才肯来"，"在我没来北京以前"等于"在我来北京以前"。作者认为这些话代表了习惯语，"虽然用严格的逻辑眼光分析有点说不过去，但是大家都这样说，都懂得它的意思，听的人和说的人中间毫无隔阂，毫无误会"①。

黄盛璋（1954）也列举并分析了"在没有吃饭以前""差一点没跌倒""靠不住要下雨""我非去""好不热闹"等常见的说法。认为这些句子否定说法和肯定说法意思一样，"从逻辑上看有问题，但从语言上看却是习惯认可的"。作者把这种现象称为"否定肯定相混"，并认为都是因为语气的关系所致。还举例说"除非"原本来自双重否定，但"它们既结合成一个词，就跟双重否定没有多大关系"，从而失去了原意。②

朱德熙（1959）专门分析了"差一点……"和"差一点没……"在形式、意义上的不对称关系，并用"看事情是否为说话人所企望的"总结了两种格式的表义规律。即如果事情是说话人不企望发生的，则二者都表示事情没有发生，如果事情是说话人企望发生的，则肯定式"差一点……"表示事情没有发生，而否定式"差一点没……"表示事情发生了。③ 这篇论文虽然只有一千多字，但描写清晰，解释简洁有力。二十多年后，朱先生在《汉语句法中的歧义现象》④ 一文中再次对"差一点＋DJ"的多义性展开了探讨。此文除了考虑说话人"企望""不企望"两种情况，还引入了第三种可能，即"说话人无所谓企望不企望"的情况。为了方便讨论，作者还列了一个表格（见表1）。

表1　　　　　　　　　　"差一点＋DJ"的分类与意义

	肯定形式	否定形式
企望	A 差一点买着了＝没买着	B 差一点没买着＝买着了
不企望	C 差一点打碎了＝没打碎	D 差一点没打碎＝没打碎
中性（无所谓企望不企望）	E 差一点找你去＝没去	F 差一点没找你去＝没去

朱先生认为 A、B、C 三式本来是一个内部一致的系统，意义都是

---

① 吕叔湘、朱德熙：《语法修辞讲话》，开明书店 1952 年版，第 243 页。
② 黄盛璋：《否定与逻辑——否定词的习惯用法》，《语文学习》1954 年第 1 期。
③ 朱德熙：《说"差一点"》，《中国语文》1959 年第 9 期。
④ 朱德熙：《汉语句法中的歧义现象》，《中国语文》1980 年第 2 期。

明确的，其中的"差一点"在语法功能上相当于一个否定词。D 式应该是一个后起的偏离现象，它的出现引起了歧义，且造成了 C、D 两个"同义异形"的句式。E、F 中性情况的存在进一步增加了该句式的歧义，A、C、E 三个肯定形式虽然实际意义都表示事情没有发生，但就句式的整个语法意义来说，三者之间的区别还是不容抹杀的，也就是说"差一点＋DJ"其实可以有三重歧义。例如："我差一点跟他结婚了"这句话，既可以理解为说话的人想跟"他"结婚（A），也可以理解为说话人不想跟"他"结婚（C），还有一种可能是说话的人觉得跟不跟"他"结婚都无所谓（E）。尽管无论是哪一种情形，事实上都没有结婚。同样，"差一点＋没＋DJ"也有三重歧义。虽然作者主要讨论的是歧义的问题，不过还是与羡余否定有关。朱先生对"差一点"和"差一点没"的讨论引起了很多人的研究兴趣，羡余否定现象从此受到越来越多学者的关注。

吕叔湘（1985）也谈到：汉语中"有些词语的否定形式跟肯定形式是一个意思"。例如：

好容易	＝	好不容易
好不热闹	＝	好热闹
差点儿没／不	＝	差点儿
就差没	＝	就差
难免不	＝	难免
小心	＝	小心别
怀疑……不	＝	怀疑
除非……才	＝	除非……不
没……以前	＝	……以前

吕先生把这类现象一起提出来，并命名为"否定作用的模胡（糊）化"。文中还认为由于存在这些"否定等于不否定"的熟语，有些消极意义或者说多少沾上点儿否定味道的词语在使用上有时会出现混乱现象，造成理解上的困难。①

---

① 吕叔湘：《疑问　否定　肯定》，《中国语文》1985 年第 4 期。

同样是在 1985 年，毛修敬发表文章列举和讨论了"差一点（没）VP""险些（没）VP""后悔（不该）VP""怪 NP（不该）VP""难免（不）VP""小心（别）VP""看（别/不）VP""（不）一会儿""（没）VP 以前"等一系列正反同义的结构。作者把这些结构称为"对立格式"，并分析了各组对立格式的用法和细微差别。文章在总结部分提出：如果说汉语句法里的歧义现象是两个（或多个）不同深层结构的句子的重合，那么对立格式则可以说是两个具有相同深层结构的句子的分化，对立格式和歧义现象一样，是汉语语法系统错综复杂的一种表现。[①] 贾甫田（1986）也谈到现代汉语中形式上的否定和意义上的否定不一致的几种情况，其中有一类就是"肯定形式与否定形式意义相同"。作者列举了"好（不）……""差一点（没）……""就/只差（没）……""……之/以前""小心（别）……""好悬（没）……""险些（没）……""难免（不）……"八个常用结构，[②] 不过除了一些例句，作者并没有过多论述。

2.2 针对单个羡余否定结构的研究

从 20 世纪 80 年代开始，国内出现了大量针对单个羡余否定结构进行研究的文章，讨论最多的有"好不……""差点儿没……""非……不……"等。

2.2.1 好不……

卢钦（1981）较早提出"好不"有三种类型：一是"好不 A"＝"好 A"，如"好不热闹"；二是"好 A"＝"好不 A"，如"好不容易"；三是只有"好不 A"，没有"好 A"的，如"好不安分"。[③]

方绪军（1996）从句法、语义以及汉语史和方言多个角度，论证了羡余否定形式"好/好不＋形容词"其实可分为完全不同的两类，一类是"好/好不容易"，另一类是"好/好不威风""好/好不热闹"等。第

---

① 毛修敬：《汉语里的对立格式》，《语言教学与研究》1985 年第 2 期。
② 贾甫田：《现代汉语中形式上的否定和意义上的否定不一致的几种情况》，载《第一届国际汉语教学讨论会论文选》，北京语言学院出版社 1986 年版，第 151 页。
③ 卢钦：《好不……》，《中国语文》1981 年第 2 期。

一类包含的成员是封闭的，只有一个"好/好不容易"，第二类包含的成员是开放的。第一类否定式的结构应当分析为［好（不容易）］，表示反面的意思，其中的"不"为否定成分需重读；而第二类否定式的结构应当分为［好不（威风）］，表示正面的意思，其中的"不"只是一个衬字，无义，念轻声。在有的方言（吴语区、安徽合肥等地）中，这两类也分得很清楚。所以二者实质有别，不应混同看待。①

周明强（1998）从语义、语法、语用几个方面探讨了"好不AP"和"好AP"在使用中的限制条件。"好不AP"根据AP词义的不同可分为三种：第一种为"好不＋消极词"，用于加强批评或感叹的语气，表达肯定的意思（例如：好不悲伤、好不狡猾）；第二种为"好不＋积极词"，表示批评或评议，表达否定的意思（例如：好不讲理、好不值得）；第三种存在歧义，需要根据语境判断意思（例如：好不开心，好不方便）。有一个例外就是"好不容易"，虽属于第三种，但无歧义，表达的是否定意义。② 文章描写详细，但没有对现象背后的原因进行分析。

邹立志（2006）把"好不A"分为否定式（好＋不A）、肯定式（好不＋A）和肯否式（两可）三种类型，和周明强（1998）的分类差不多，但邹文主要从历时角度分析了这三类"好不A"格式的来源和不同：否定式的产生源于否定式委婉，肯定式的产生源于反语式委婉。进入肯定式的词语呈现出对称局面，进入否定式和肯否式的词语则呈现出不对称局面，但不对称的原因却不一样。在表达上，只有肯定式存在羡余否定，肯定式的"好不"基本上都可以用"好"替代，但"好不"有"好"不能全部代替的独特作用，即"好不"具有感叹意味，也就是语义等值的表达在语用上并不完全等值。③

2.2.2 差点儿没……

李小玲（1986）认为朱德熙先生分化"差点儿"句式的"企望说"在操作上存在一些问题，因为"如果认为说话人的各种态度也是句子的歧义所在，那么，几乎所有句法单义句都将变成态度歧义句"。作者从语音、

---

① 方绪军：《析"好/好不＋形容词"的同义现象》，《上海师范大学学报》（哲学社会科学版）1996年第3期。

② 周明强：《论"好不AP"、"好AP"中的AP》，《汉语学习》1998年第1期。

③ 邹立志：《好不"A"诸现象的语义语用考察》，《世界汉语教学》2006年第3期。

结构形式的角度进行了分析，认为对"差点儿"句式的结构和意义起决定作用的有三个因素：否定词、停顿、轻音。在书面语中，歧义只存在于带"没"的否定形式里。在口语中，带"没"的否定形式实际上可分为语音不同的两种形式：一是"没"以轻音形式出现，它可以看成"差点儿"后附的"羡余成分"，停顿在"没"与 VP 之间；二是"没"以非轻音的一般形式出现，停顿在"差点儿"与"没"之间。根据上述语音形式的特点，我们不仅能推知语义，还能推知说话人的态度。①

渡边丽玲（1994）从留学生造的病句出发，谈到以前"差一点"句式研究中被忽视的两个问题，一是使用该句式的逻辑基础，二是该句式的语气和条件。作者认为，能插入副词"差一点"的句子从逻辑关系上说应是因果关系句，否则造出的句子令人无法接受。例如"我昨天晚上努力学习，今天的考试差一点没及格"是个病句，是因为"努力学习"和"考试没及格"很难说得上因果关系。相反改成"我昨天晚上努力学习，今天的考试差一点儿得了第一名"或者"我昨天晚上没有努力学习，今天的考试差一点没及格"就不是病句了，因为"努力学习"和"考试得了第一名"，"没努力学习"和"差点儿没及格"从逻辑上看具有因果关系。作者还把"差一点"句分成四类。

> 甲：差一点闹笑话（事实是没闹笑话）
> 乙：差一点没闹笑话（事实是没闹笑话）
> 丙：差一点买到了（事实是没买到）
> 丁：差一点没买到（事实是买到了）

除了乙类以外，甲、丙、丁类都是"差一点 J＝-J"，也都可以在"差一点"后面加上"就"，还可以用"S＝Y，差一点 J"（S 表示句子，Y 表示原因部分，J 表示结果部分）来表示句子的逻辑关系，可见乙类是例外。为解决留学生在使用乙类时容易出错的问题，作者还主张用"意图性、非意图性"来代替"企望、非企望、无所谓企望"的提法。认为这可以简化规则，解释面也更广。最后作者还认为，该句式中的 J

在说话人的心目中还必须是一个比较不一般的、非寻常的事件，这样造出的句子才更容易被人接受。①

蒋平（1998）力图从语言内部解释"差一点（没）"句式的分歧，他通过扩展、语音对比和语义比较的方法，得出"该句式中的不平行性与'差一点'的不同语法功能有关"这一结论。文章认为汉语的"差一点"在语法和语义上都可以分成两个小类：（1）动补词组。含有否定意义，选择与事实相反的情形构成"（没）＋DJ"的内容。（2）副词。起强调作用，选择既成事实本身构成"没＋DJ"的内容。②

董为光（2001）认为"差点儿"同"意愿"的联系是间接的，而与"趋向"的联系是直接的。文章以成果的实现与否以及事态的发生与否作为观察的两个焦点，在朱德熙（1980）的基础上把"差点儿DJ"结构重新分出诸多小类，总结出"差点儿"的表义特点是：副词，表示某种实施的事情接近实现或勉强实现，或者表示某种偶然情况几乎发生而没有发生。文章最后提出了一些从形式和语境上判断事件是否实现、发生的方法，如停顿、重音、提问方式等。③ 此文的分析角度有一定新意，但分析过程和结果有些繁杂，分出的类别过多，条件也比较复杂，不方便实践操作。

周一民（2003）考察了北京话里的"差点儿没VP"句，发现无论企望、不企望或中性的情况，都存在肯定义与否定义两种可能，所以"企望"说是值得怀疑的。作者认为，判断该句式到底表示肯定还是否定只能从语境去判断，表达肯定、否定不同意思时，"差点儿没VP"的语音形式和结构都是不同的。表达否定意思时，动词本身说得比较重，"没"和补语成分说得比较轻，结构上的组合层次是"（差点儿＋没）＋VP"，是一种羡余形式，表达的意思是"接近可是没有VP"；表达肯定意思时，动词本身说得比较轻，"没"和补语成分说得比较重，结构上的组合层次是"差点儿＋（没＋VP）"，意思是"接近可是没有没VP"，否定的意思就由"差点儿"承担，否定之否定即为肯定。二者是形式近

---

①　渡边丽玲：《"差一点"句的逻辑关系和语义结构》，《语言教学和研究》1994年第3期。

②　蒋平：《汉语"差一点＋（没）DJ"句式的再讨论》，《南昌大学学报》（哲学社会科学版）1998年第2期。

③　董为光：《语言认知心理对"差点儿DJ"结构的影响》，《语言教学与研究》2001年第3期。

似而语义完全相反的两种句式。在语用中，这两种句式的使用是不对称的，决定运用哪种语言形式的最根本原因还是客观事实，也就是前提条件，这两种句式的前提是不一样的。离开前提条件，孤立地用企望不企望解释，很容易把两种句式弄混。①

2.2.3 "非……不……"

许维翰（1981）②和徐复岭（1981）③较早分析了"非……不……"结构，都认为这是一个双重否定结构，表达强烈的肯定语气。"不"常与"可、行、成"等单音节动词连用，构成"非……不可（不行、不成）"的固定格式，"不可/不行/不成"在某些情况下也可以省略。贾甫田（1990）④比较了"非……不可"与"不……不行"在语义、语法上的异同。但这三篇文章都没有谈到与其同义的对立格式"非……才……"。

邵敬敏（1988）认为"非 x 不 y"有三种变式："非 x 不 v""非 x 不可"以及"非 x 才 y"，表示三种意义：主观认识的必欲、客观情态的必须、事理发展的必然。而"非 x 才 y"只有"非 x 才 v"形式，没有"非 x 才可"形式，只能表示"必须"，没有"必欲""必然"义；"非 x 才 y"中的"非"后面往往带着助动词"得"或"要"。这些格式之间的演变轨迹为：非 x 不可→非 x→非（要/得）x→非（要/得）x 才 v；同时作者推测，"非 x 才 v"也有可能从"除非 x 才 v"演变而来。⑤

徐秀珍（1989）从复句关系角度讨论了"非……不……"和"非……才……"，认为二者意思和语义背景都基本相同，都是条件—结果关系，一般情况下，两种格式可以互换。但略有不同的是"非……不……"后面可以用"可"，"非……才……"后面不能用"可"。⑥

郭攀（1999）⑦，洪波、董正存（2004）⑧从历时角度讨论了"非 A

---

① 周一民：《北京话里的"差点儿没 VP"句式》，《语言教学与研究》2003 年第 6 期。

② 许维翰：《谈"非……不……"》，《语言教学与研究》1981 年第 4 期。

③ 徐复岭：《谈"非……不可"》，《汉语学习》1981 年第 5 期。

④ 贾甫田：《"非……不可"与"不……不行"》，《天津师范大学学报》1990 年第 2 期。

⑤ 邵敬敏：《"非 x 不 y"及其变式》，《中国语文天地》1988 年第 1 期。

⑥ 徐秀珍：《复句中的"非……不……"和"非……才……"》，《新疆大学学报》（哲学社会科学版）1989 年第 1 期。

⑦ 郭攀：《"非 A 不 B"句型的出现及其发展》，《华中师范大学学报》（人文社会科学版）1999 年第 3 期。

⑧ 洪波、董正存：《"非 X 不可"格式的历史演化和语法化》，《中国语文》2004 年第 2 期。

不 B"句型的出现和发展过程。郭文谈到今天口语中表示肯定义的"非A"由"非 A 不 B"演化而来，洪文也认为今天的情态副词"非"是"非……不可"在语法化过程中，伴随着主观意愿的强调、"非"的语音强化和羡余成分"不可"的脱落演变而来的。

高晓梅（2003）讨论了"非 x 才 y"及其相关格式，文章通过与"除非 x 才 y""非 x 不 y"相比较发现，它们虽有密切关系，但"非"的词性及表达的意义是不同的。在"非 x 才 y"格式中，"非"既不是连词，也不是否定副词，而是强势肯定副词，可以表示"必须"义和"必欲"义，与后面的"才"配合，加强语势，说明唯一条件下会产生什么结果。[①]

王灿龙（2008）以表达视角作为切入点，对"非 VP 不可"句式中"不可"的隐现规律及其语言动因进行了较为细致的描写和分析。文章在余论中谈到，"非"的虚化还造成了另一个结果，即"非（要、得）VP 才……"这个表达格式的产生。在该式中，"VP"所表示的动作已不再是言者或当事人的主观意愿，而是另一动作行为的条件。相对于"非 VP 不可"之类的表达来说，"非（要、得）VP 才……"中的"非"在语义上应该更为虚泛。[②]

2.2.4　其他格式

江显芸（1990）讨论了"除非"句的发展演变过程，明确了"除非"的意义为"除"，而不是"只有"。"除非"句一般做追补语，常规句式为"A，除非 B，才 C"。今天常见的"A，除非 B；否则，不 C"是由"A，除非 B，才 C；否则不 C"省略而来。[③] 张佳音（2003）从逻辑真值和语义角度论证了"除非……才……"和"除非……不……"是一对同义句式，只在语用表达效果上存在微妙差别："除非……才……"强调唯一条件推出的正面结果，"除非……不……"则强调排除唯一条件后得出的反面结果。在使用前者时，说话者的心理预设是肯定的，抱的希望较大，而说后者时，心理预设是否定的，说话人已经料到没有什

---

① 高晓梅：《"非 x 才 y"相关格式比较——兼论"非"的词性及意义》，《佳木斯大学社会科学学报》2003 年第 1 期。

② 王灿龙：《"非 VP 不可"句式中"不可"的隐现——兼谈"非"的虚化》，《中国语文》2008 年第 2 期。

③ 江显芸：《"除非"析》，《上海师范大学学报》（哲学社会科学版）1990 年第 3 期。

么希望了。它们各有长短，都是符合语言规范的表达形式。① 赵新、刘若云（2006）把现代汉语中的"除非"条件句归纳为五种格式：（1）除非 p，才＋q；（2）要＋q，除非 p；（3）除非 p，否则-q；（4）除非 p，-q；（5）-q，除非 p。"除非"条件句的核心语用功能是强调结果。虽然在理论上这五种格式都可以使用，大都也可以互相变换，但实际上使用频率不平衡，顺条件句（1）（2）用得少，而逆条件句（3）（4）（5）用得多，特别在强调结果的普遍性时，更倾向于用逆条件句，较少或不使用顺条件句。② 胡丽珍、雷冬平（2007）通过对"除非"的历时考察，认为"除非……不……"和"除非……才……"两种句式来源于同一底层结构。两种句式中"除非"所具有的连词功能是一致的，并不像有的学者所说前者中的"除非"相当于"除了"，后者中的"除非"相当于"只有"，也不如有人所说两者都相当于"除了"或者都相当于"只有"。③

王灿龙（2004）考察、比较了"VP 之前"和"没 VP 之前"，一方面，认为两者都以"VP"事件发生的时间为参照基准，但"VP 之前"以靠近 VP 发生的时间为优选，"没 VP 之前"则表达远离 VP 发生的时间，这是它们的微观时点义。另一方面，二者也可表达宏观时点义，它通过对微观时点的整合，以具有时量含义的整体来表示。此外，"没 VP 之前"还具有一种语用义——VP 未然。从语篇表达的角度来看，它们既有互补的一面，又有同一的一面。④ 许有胜（2006）比较了"VP 之前"与"没有 VP 之前"在语义方面的三个差异：是否表示接近于"VP"发生的时间，是否含有条件或原因的意味，以及是否有隐含对比的意味。⑤ 程伟民（2009）描写并解释了汉语中"VP 之前"与"没VP 之前"在语体和篇章上的表现：否定形式的"没 VP 之前"常见于文艺语体，其上下文中更常出现表示转折、否定的词语，表现出叙述主

① 张佳音：《"除非"及其句式的语义分析》，《河北大学学报》（哲学社会科学版）2003 年第 2 期。

② 赵新、刘若云：《"除非"条件句的语义和语用分析》，《语言研究》2006 年第 1 期。

③ 胡丽珍、雷冬平：《论"除非"的功能及其句式演变》，《中南大学学报》（社会科学版）2007 年第 2 期。

④ 王灿龙：《说"VP 之前"与"没（有）VP 之前"》，《中国语文》2004 年第 5 期。

⑤ 许有胜：《"VP 之前"和"没有 VP 之前"语义差别探微》，《宁夏大学学报》（人文社会科学版）2006 年第 1 期。

体评价事件和纠偏辩难的意愿；肯定形式的"VP之前"句常见于行文风格客观的事务性语体，上下文多是叙述说明的文字。可见"没VP之前"的使用主要是为了增强修辞效果。二者也反映了人们对同一事件的不同观察视角：前者是肯定VP发生，后者是否定VP发生。①

此外，还有不少学者讨论了"怀疑不""小心别""不一会儿""难免不"等羡余否定结构。比如李兴亚《"怀疑"的意义和宾语的类型》②、黄均凤《"小心"＋vp祈使句的表意类型分析》③、刘长征《"一会儿"和"不一会儿"》④、李治平《"难免"和"难免不"》⑤等，这里不再展开讨论。

2.3　有关羡余否定的综合研究

羡余否定作为一类特殊的语言现象，在总体上具有什么特点？反映了哪些语言规律？随着研究的发展，这些问题也逐渐进入学者的研究视野。有关羡余否定构式的综合研究在20世纪还比较少，除了前面谈过的吕叔湘、黄盛璋、毛修敬、贾甫田等几位先生的研究，还有以下诸位。

王克喜（1990）谈论了汉语中以否定的语言形式表达肯定的逻辑内容的矛盾现象，如"难免不""不一会儿""差一点""好不""除非"等否定形式都能够表达肯定的意思。作者认为这是语言反向表达现象的一种，其产生与人类思维、语义、语境等因素相关。⑥

任崇芬（1994）列举、讨论了"当心别""差点没""好不""不要太"等否定形式与肯定形式同义的现象，认为这些习惯表达与"地上/下""生/死前""大胜/败"等反义词形式表达相同意义的现象都属于正

①　程伟民：《语体和篇章特点对同义VP结构选择的影响——以"VP之前"与"（在）没有VP之前"为例》，《修辞学习》2009年第5期。
②　李兴亚：《"怀疑"的意义和宾语的类型》，《中国语文》1987年第2期。
③　黄均凤：《"小心"＋vp祈使句的表意类型分析》，《湖北教育学院学报》2006年第1期。
④　刘长征：《"一会儿"和"不一会儿"》，《世界汉语教学》2006年第3期。
⑤　李治平：《"难免"和"难免不"》，《长沙理工大学学报》（社会科学版）2010年第2期。
⑥　王克喜：《汉语中的反向表达》，《徐州师范大学学报》（哲学社会科学版）1990年第1期。

反同义聚合，体现了汉语超逸灵活的特点。①

郭攀（1995）②、张维耿（1997）③集中列举分析了诸如"一会儿"与"不一会儿""差点儿"与"差点儿没""难免"与"难免不""当心"与"当心别""好"与"好不"等现象，郭文将其作为正反同义现象的一种来讨论，而张文将其称为肯定否定同义现象。两篇文章都在承认各组对立形式意义基本相同的同时，注意到它们在意义和用法上的细微差别。

进入 21 世纪以后，有关羡余否定问题的讨论增加了不少，综合类的研究主要集中在探索羡余否定结构的形成原因、制约条件、应用规范等方面，主要有以下诸位。

马黎明（2000）把我们常说的羡余否定格式分为用否定形式表示肯定意义的和用肯定形式表示否定意义的两类，称为"悖义"结构。作者列举了十余种格式，认为这些"悖义"结构都是规范的，要从形式的反面去理解它们的意思。④

张传真（2004）列举、分析了羡余否定现象在历代文献中的表现，并认为产生这种现象的原因既包含语言和思维的关系因素，又与语言表达有关。⑤

赵小东（2007）从句法结构创新的角度分析了"好……"与"好不……"，"除非……才……"与"除非……不……"，"难免……"与"难免不……"等对立结构的变异发展关系，比较了这些结构的表达效果和可接受程度，认为：在句法结构的创新过程中，某些句法结构由于适于表情达意慢慢扩大了自己的使用，而另外一些句法结构则慢慢退出使用。在表情达意上略有差异的几种句法结构会互相支持，而表情达意与形式上对立或矛盾的句法结构则由于可接受度较小，会逐渐缩小使用范围，减少使用机会，并可能最终退出语言的使用。⑥

---

① 任崇芬：《从正反同义聚合中看汉语的超逸灵活》，《修辞学习》1994 年第 5 期。
② 郭攀：《正反同义现象的修辞效果例析》，《修辞学习》1995 年第 6 期。
③ 张维耿：《汉语语句中的肯定否定同义现象》，《中山大学学报论丛》1997 年第 4 期。
④ 马黎明：《试论现代汉语中的"悖义"结构》，《齐齐哈尔大学学报》（哲学社会科学版）2000 年第 2 期。
⑤ 张传真：《否定词的否与不否》，《延安大学学报》（社会科学版）2004 年第 2 期。
⑥ 赵小东：《句法结构的创新与句法结构被选择使用的倾向》，《云南财贸学院学报》（社会科学版）2007 年第 5 期。

江蓝生（2008）从历时角度对"差点儿 VP"与"差点儿没 VP"，"VP 之前"与"没 VP 之前"等正反同义结构进行了溯源，并从概念叠加与构式整合角度解释了它们的形成机制和肯否不对称的原因。指出：否定式是由语义具有同一性的正反两个概念表达式叠加整合而成的。比如，"差点儿没 VP"由"差点儿 VP"＋"没 VP"叠加整合而来。否定式是一个与其原型同形异构的新构式，异构式造成语义异指，因此在语义上跟肯定式不相对称。否定式与肯定式语义基本相同，但语义重点、感情色彩有异，因而适用范围会有所不同，叠合式往往更具主观化的情态语义，在表达上独具特色，因此不会被作为羡余格式淘汰。①

侯国金（2008）详细分析了"差一点＋（没）V"和"小心＋（别）V"的语用条件。认为在"差一点（没）V"构式中，假如言者以为 V 部分对己或对人具有合意性，那么该构式有"没"或没有"没"意思是相反的，而假如言者以为 V 部分对己或对人具有非合意性，那么该构式有"没"或没有"没"意思都基本相同，不同的是语效。对于冗余否定式"小心＋（别）V"来说，其语用条件为：（1）必须是祈使句的句型；（2）该构式中的"小心"表达"提醒、劝告"等语用义，提醒的内容即后面的 V；（3）这个 V 对于当事人来讲是不合意的、不企望的、不喜欢的，或者是反对的、反感的；（4）V 的可控性小。作者认为这两个构式在语用条件上具有相通性，即"非合意性"。因此认为各种冗余否定构式并非一盘散沙，而是既有个性也有共性，值得作综合研究。②

目前综合讨论汉语羡余否定结构的有三篇硕士学位论文，分别是李兰香《现代汉语羡余否定句式研究》③、曹婧一《羡余否定的语用认知分析》④ 以及王进文《现代汉语羡余否定及其格式研究》⑤。

除了对汉语羡余否定现象进行研究，也有一些学者对其他语言中的

---

① 江蓝生：《概念叠加与构式整合——肯定否定不对称的解释》，《中国语文》2008 年第 6 期。

② 侯国金：《冗余否定的语用条件——以"差一点＋（没）V、小心＋（别）V"为例》，《语言教学与研究》2008 年第 5 期。

③ 李兰香：《现代汉语羡余否定句式研究》，硕士学位论文，复旦大学，2001 年。

④ 曹婧一：《羡余否定的语用认知分析》，硕士学位论文，首都师范大学，2007 年。

⑤ 王进文：《现代汉语羡余否定及其格式研究》，硕士学位论文，扬州大学，2008 年。

类似现象作了描写和分析。比如尼玛卓玛（1997）在总结藏语拉萨话中肯定与否定表达方式的结构特点时，提到有一类用否定形式表肯定意义的情况，就相当于我们谈论的羡余否定[①]；卢伟（1987）提到英语中的一些"多余否定"现象，比如 I wonder if we cannot get any more. 在翻译成汉语时，其中的 not 就是多余的，可以省去不译。[②] 胡伶俐（2009）发现英语中的一些否定词缀也可能失去否定义，比如 loosen（松开）→ unloosen（松开）；soluble（可溶的）→dissoluble（可溶解的）等，这些词语在加上表示否定的词缀之后和原词的意思仍然一样。[③] 董燮清（1990）讨论了俄语中的否定语气词 He，认为这个否定成分适用范围广，用法多样，有时也不起否定而只起强调的作用，从表义的角度看就是羡余的。[④] 王助（2006）比较了现代汉语和法语中的否定赘词，发现汉语中的否定赘词往往起某种强调的作用，常出现在口语体里，现实中用与不用否定赘词是一种个人语言习惯问题；而法语里用与不用否定赘词 ne 是个语级的问题，典雅语中较常使用，大众语中较少使用。不过两种语言中可用否定赘词的句式、结构也有相似之处，比如表达提醒、阻拦等意思时，一般都可使用羡余否定式。[⑤] 仇虹（2007）考察了日语中否定形式表达的意义与肯定形式基本相同的情况，典型的例子是含有"前"或"先"的惯用句型，例如：焼けない前の火の用心？（防患于未然）日语中把这种现象称为"無効な否定""贅語的否定"或"累重否定"。[⑥] 总的来看，目前关于其他语言中羡余否定问题的研究多为比较和描写性的，从语言类型学角度深入探讨羡余否定构式的共性、差异以及内在机制的还不多。

---

① 尼玛卓玛：《藏语拉萨话中的肯定与否定》，《中国藏学》1997 年第 3 期。

② 卢伟：《小议多余否定》，《大学英语》1987 年第 2 期。

③ 胡伶俐：《试论否定词缀的非否定语义的表达》，《内蒙古农业大学学报》（社会科学版）2009 年第 5 期。

④ 董燮清：《俄语否定语气词 He 的非否定意义》，《杭州师范学院学报》（社会科学版）1990 年第 2 期。

⑤ 王助：《现代汉语和法语中否定赘词的比较研究》，《外语教学与研究》2006 年第 6 期。

⑥ 仇虹：《谈中日否定表达中的肯定式否定式同义现象》，《双语学习》2007 年第 7 期。

2.4 几位主要的研究者及其成果

国内对羡余否定现象长期保持研究热情，并有丰硕成果的学者主要有袁宾、沈家煊、石毓智、张谊生、戴耀晶等几位。

袁宾从历时角度对"好不"进行了深入研究，1984 年他在《近代汉语"好不"考》中提出，现代汉语里的"好不"来源于近代汉语，"好不"有两种用法：一种为否定式，即"好＋不"，其中的"好"是副词，表示程度深，"不"是否定词，"好"与"不"结合得比较松散，"不"与后面的成分结合相对紧密，如"好不自知""好不守妇道"；另一种是肯定式，"好"与"不"结合紧密，"好不"大致相当于"好"，表示肯定的意思，如"好不热闹""好不心旷神怡"。在历史上，"好不"经历了三个阶段：否定式独用时期（唐末宋初至明中叶）、否定式和肯定式并用时期（明中叶至清末）、肯定式基本独用期（清末至今）。肯定式的"好不"产生于明中叶，是由否定式"好不"通过反语修辞方式演化而成的，在发展过程中逐渐战胜否定式，在清末以后得到普遍使用。但现代汉语中的"好不容易"并非通过反语修辞，而是由"好容易"在表义显化的作用下发展而来，因此和其他的"好不……"结构很不一样。另外肯定式"好不"虽然意思和"好"差不多，但并不能完全被后者代替，说明这种特殊的表达方式具有独特的作用。① 1987 年袁宾又发表《"好不"续考》，对"好不"的产生时间作了更精确的考察，认为肯定式"好不"产生于明代下半叶（16 世纪）。②

沈家煊对诸多羡余否定现象展开过细致研究。1987 年的论文《"差不多"和"差点儿"》提到："差点儿"本质上是一个否定性词语，不过也可以修饰否定形式的短语，表示两种相反的意思，而"差不多"没有这样的用法。③ 在 1994 年的论文《"好不"不对称用法的语义和语用解释》中，沈家煊对"好不＋贬义词"及"好不＋道义词"在表义上的对立作了解释，他以"好不蛮横"和"好不讲理"为例，结合历时和共

---

① 袁宾：《近代汉语"好不"考》，《中国语文》1984 年第 3 期。
② 袁宾：《"好不"续考》，《中国语文》1987 年第 2 期。
③ 沈家煊：《"差不多"和"差点儿"》，《中国语文》1987 年第 6 期。

时、语义和语用，认为"好＋不＋蛮横"中的"不"对"蛮横"为句法否定，二者结合松散；而"好＋不讲理"中的"不"对"讲理"为词缀式否定，二者结合紧密。因此"好不蛮横"与"好不讲理"表面相似，实际不同，二者在语义、语用上是不对称的。双音词"好不"的形成经历了一个语法化的过程：好（引述）＋不蛮横（反语）→好不（陈述）＋蛮横→好不（陈述）＋热闹。① 在1999年出版的专著《不对称和标记论》中，作者专门用一章的篇幅讨论了汉语中"肯定与否定对立消失"的现象和原因。讨论的格式有"一会儿"和"不一会儿"，"除非……才……"和"除非……不……"，"差点儿"和"差点儿没"等，作者认为这些惯用结构肯定与否定对立消失的原因都和说话人的心理期待量有关，即同样一件事物用不同的心理视角去看就会有不同的认识和感受，这种感受会影响到说话人的语言表达，所以在特定语境中就出现肯否同义的情况。作者还发现，汉语里肯定与否定对立消失的句式大多发生在消极意义的词语上，除了上面分析的三个，还有如"难免不""防止不再""抵赖没""后悔不该""怪不该""留神别""就差没""拒不"等，这些格式后面跟的绝大多数都是消极、不希望发生的事情。沈先生主要从语义、语用的角度对羡余否定现象展开分析，引入了"蕴含""含义""预设""标记""语法化""礼貌原则""心理期待"等一系列术语或理论，视角新颖，概括面广，解释力强，大大推进了本领域的研究。②

　　石毓智1993年发表《对"差点儿"类羡余否定句式的分化》一文，认为朱德熙《说"差一点"》的观点并不能概括所有情况，主张用"积极成分""消极成分"的提法来代替"企望发生的事""不企望发生的事"，因为前者更强调普遍性、稳定性。作者还认为，积极成分的述语和补语之间的可分离性与消极成分的述语和补语之间的不可分离性是解决问题的关键。积极性述补结构的"述语"和"补语"之间关系松散，可以分离，因而用"差点儿"和"没"一起否定积极成分时，相当于对积极成分的结果否定了两次，根据否定之否定等于肯定的原则，补语的结果应该是实现了，所以整句仍是肯定的含义（例如：差点儿没办成＝办成了）；相反，消极性述补结构的"述语"和"补语"之间关系紧密，一般不能分离，

---

　　① 沈家煊：《"好不"不对称用法的语义和语用解释》，《中国语文》1994年第4期。
　　② 沈家煊：《不对称和标记论》，江西教育出版社1999年版，第115—146页。

"差点儿"和"没"一起否定消极成分时，作用相当于一个否定词，其中一个失去否定的功能，只起加强否定语气的作用，所以补语的结果没有实现，整句仍表达否定含义，形成羡余否定现象（例如：差点儿没摔倒＝没摔倒）。论证过程中作者还使用了数学运算的方法。①应该说作者的思路和方法都具有独到之处，但"积极成分""消极成分"的提法并不像他认为的那样客观，和朱德熙先生提出的"企望发生的事""不期望发生的事"一样具有主观性，跟说话人的立场和语境都有关系。在 2001 年出版的《肯定和否定的对称与不对称》一书中，石毓智将"羡余否定"专列一章，讨论了"好不＋形""差点儿没＋动""小心别＋动""难免不＋动""不＋时间词""怀疑没＋动""在＋没＋……＋之前"等格式的用法和造成羡余的原因。他认为"好不＋形"内部并不完全一致，"好（不）热闹"一类是羡余否定，但"好（不）容易"一类是空缺否定；"好容易"一语的特别之处是副词"好"和形容词"容易"在语义、语气上不大相符，从而产生词义的偏移，使肯定式"容易"的真正含义变为"不容易"。"差点儿没＋动""小心别＋动""难免不＋动"羡余的成因一样，都和后面跟的消极成分有关。"不＋时间词"羡余是因为"时间词"是离散量的，本来不能受连续否定副词"不"修饰，硬加在一起就使"不"失去否定义而仅表强调了。"怀疑没＋动"羡余则是由于人说话同时从正反两方面表达相同意思造成。另外他指出，纯粹的羡余否定词是没有的，它们都有一定的作用，最常见的是加强否定语气。②

张谊生发表了一系列有关羡余否定问题的研究文章，既有个别现象的讨论，也有综合的分析。1992 年的论文《"非 X 不 Y"及其相关句式》按照发展演进的轨迹和结构特征把"非 X 不 Y"及相关句式分为四类：（1）双重否定式——非 x（，）不 y；（2）凝固虚化式——非 x 不 K；（3）隐含简略式——非 x〔　〕；（4）限定条件式——非 x（，）才 y。文章分析了每一类的句法语义特点和演变关系，发现它们的衍生进化正好经历了一个否定之否定的过程——从复杂的自由组合到简单的定型搭配，再到复杂的自由组合；从推断式强调到情态式强调，再到推断

---

① 石毓智：《对"差点儿"类羡余否定句式的分化》，《汉语学习》1993 年第 4 期。
② 石毓智：《肯定和否定的对称与不对称》，北京语言文化大学出版社 2001 年版，第 214—223 页。

式强调；从开放型"y"到封闭型"y"，再到开放型"y"；从双项格式到单项格式，再到双项格式。体现了语言发展的经济性与羡余性的对立统一。从语用上看，这四种格式在表达"意愿之必欲、情势之必须、推断之必然"三种语义时，既有相同的一面，也有不同的侧重和限制，它们在语义和语气方面所显示出来的细微差别，正好适应了交际者的不同需要。① 1999 年的论文《说"难免"——兼论汉语的虚化方式和羡余否定》讨论了"难免"的分类和虚化过程。作者先从句法功能、表义功用和深层关系的角度将"难免"分化为谓词性"难免₁"和副词性"难免₂"，又从句法分布、搭配功能、组合关系的角度将谓词性"难免"再分化为形容词"难免 a"和动词"难免 v"。然后在借鉴西方虚化理论的基础上，分析了"难免"的现实与历史的关系及其虚化环链：难免 a→难免 v（体宾）→难免 v（谓宾）→难免 ad→难免 conj。可见该词今天的格局其实是它的历史演变在现代汉语中的沉淀和反映。文章还对"难免"句式的"前因"与"后果"进行了多角度描写和分析。最后，揭示了使用否定"难免"句的八个方面的限制，阐述了否定式产生的原因，比较了肯定式与否定式的语用差异。论文的结论是：否定式"难免"句从形式上看其实是隐含客观结果、保留主观意愿和认识的紧缩句，从表达功效上看它符合经济原则与合作原则，是完全可以接受的。当人们强调客观结果而淡化主观意愿时就倾向于使用肯定式，当人们强调主观意愿而淡化客观结果时就倾向于使用否定式，肯定式和否定式的差别主要表现在表义方式和重点、预设和蕴含，以及语气情态、语体风格等方面。② 2006 年还有一篇文章《试论主观量标记"没"、"不"、"好"》谈到了"不/没＋数量"的羡余问题，认为"没几天""不一会儿"中的"没""不"从表达作用看，不是逻辑否定而是主观减量，即表达说话人在主观上对事件所占时间和数量的弱化评价，因此不是否定副词而是主观性标记。其形成的原因主要是语言使用过程中的主观化。③

---

① 张谊生：《"非 X 不 Y"'及其相关句式》，《徐州师范学院学报》（哲学社会科学版）1992 年第 2 期。

② 张谊生：《说"难免"——兼论汉语的虚化方式和羡余否定》，《中国语言学报》1999 年第 9 期。

③ 张谊生：《试论主观量标记"没"、"不"、"好"》，《中国语文》2006 年第 2 期。

张谊生还关注了一种特殊的羡余否定现象——预设否定副词的羡余。在《现代汉语预设否定副词的表义特征》①《近代汉语预设否定副词探微》② 两篇文章中，作者从付出与获得、积极与消极、主体与客体、隐性与显性四个方面，考察和分析了"白""空""徒""虚"等预设否定副词在现代汉语和近代汉语里的表现。"隐性羡余否定"指汉语中部分词语的词义本身就已含有同否定预设所表示的语义相似的义素，所以当预设否定词修饰这类词语时，其否定功能就被自然抵消了，成了羡余成分。比如动词"浪费"本来就表示白白付出，再受"白白"修饰的话，就成了"白白白白付出"。类似的表达还有"白白糟蹋，白尽义务，白揩一点油，干吃哑巴亏，瞎扯淡"等。"显性羡余否定"是指在否定预设的同时，又用附加说明的方式将否定预设所表示的意思再复述强调一遍，从而使得否定词变成了羡余成分。比如"徒有虚名，实则空洞""干看着，一点办法没有""干打雷不下雨"等。隐性的羡余性是由动词自身所含的否定义素造成的，显性的羡余性则由于附加说明的存在而形成。预设否定副词的羡余并非完全羡余，其作用是：一方面，可以起到协调音节和渲染情态的作用；另一方面，又可以使原来隐含的否定义素通过叠置而进一步显明和强化。

张谊生的另一篇论文《羡余否定的类别、成因与功用》综合讨论了羡余否定问题。文章首先从表达功用的角度把现代汉语羡余否定分为四类八种，其次讨论了羡余否定的形成诱因。作者认为汉语羡余否定主要有五种来源：标记评注类、叠合紧缩类、隐含脱落类、复现添加类、语气情态类。文章也分析了羡余否定的作用，认为比起肯定式来，否定式的主观性表现得更为充分。这些差异大致涉及互有联系的四个方面：主观倾向、主观意愿、主观评价和主观视点。具体来说就是，评注标记类羡余否定式具有更强的主观倾向，揣测类的羡余否定式隐含有较强的主观意愿，责备类、劝诫类羡余否定式要比肯定式的主观评价态度更明确，羡余否定式也反映了说话人独特的主观视角。可见，羡余否定式与相关肯定式虽然基本语义一致，但在语用上还是存在或多

① 张谊生：《现代汉语预设否定副词的表义特征》，《世界汉语教学》1996 年第 2 期。
② 张谊生：《近代汉语预设否定副词探微》，《古汉语研究》1999 年第 1 期。

或少细微的差别。① 这篇论文总结了以前的研究成果，概括全面，分析深入，是一篇重要的综合研究论文。

戴耀晶有两篇文章与我们讨论的对象相关，在《试论现代汉语的否定范畴》一文中，作者举例分析了时间短语"（没）VP 以前"，认为否定与事件"前"相容，而肯定与事件"后"相容，"（没）VP 以前"产生冗余否定的原因与否定的语义性质有关。否定标记"没"的语义特征是［＋保持］，"VP 以前"指 VP 没发生，"没"的语义与"前"的语义相容，并产生语义冗余。因此表示否定的"没"可以出现，也可以不出现。"（没）VP 以前"与"VP（了）以后"之间的对立关系体现了否定范畴与肯定范畴的不平行性。② 在另一篇文章《试说"冗余否定"》中，作者专门为"冗余否定"下了定义，并从肯定表达和否定表达的语义差异出发，具体分析了现代汉语祈使句中的冗余否定格式"小心别 VP"。认为祈使句否定形式"小心别 VP"和相应的肯定形式"小心 VP"有时候所表示的语义相同，形成冗余否定现象。这要受到较严格的条件制约——句类是祈使句，"小心"和 VP 之间是提醒和防止的语义关系，VP 是非可控词语，或者是可控动词构成含有动作结果义的非可控用法。否则该格式就不成立，或不产生冗余否定现象。③

2.5 评价

综合来看，当前对羡余否定现象的研究具有以下几个特点。

第一，羡余否定作为一种不对称的特殊语言现象，始终受到研究者的重视。对于它的态度，不少人从最初的排斥、批判逐渐发展到接受、肯定。人们开始认识到：羡余否定虽然在一种语言内部是特殊现象，但从人类语言共性的视角去看，它又是人类多种语言的普遍现象。

第二，谈论单个羡余否定现象的研究较多，但不同研究者的出发点各异，研究内容也相对分散，综合性、系统性的研究还相对薄弱。虽然

---

① 张谊生：《羡余否定的类别、成因与功用》，载《语言学论丛》（第三十一辑），商务印书馆 2005 年版，第 323—348 页。

② 戴耀晶：《试论现代汉语的否定范畴》，《语言教学与研究》2000 年第 3 期。

③ 戴耀晶：《试说"冗余否定"》，《修辞学习》2004 年第 2 期。

目前已有三篇硕士学位论文对现代汉语的羡余否定问题作过专题论述，但在系统性和理论性上仍有进一步发展的空间。

第三，绝大多数研究都只着眼于现代汉语，缺少历时的研究，在研究的深度和广度上尚有进一步深入、扩展的必要。

第四，对各种羡余现象的表现形式描写较多，而对其背后的语言规律揭示不够，比如，这些羡余否定格式有什么共性，羡余否定格式的形成受到哪些因素的制约，这些格式中否定词表现羡余的方式和程度是否相同，由于这些格式中的否定词是否羡余而产生的歧义现象又该如何辨别，如何看待羡余否定现象的规范性等，都需要我们作更深入的探讨。结合新的理论来探讨具体语言现象是国内语言研究的一大特点，但能够很好解决问题进而完善已有理论或发现新理论的却少之又少，汉语研究仍需在理论层面上作出更多努力。

3 研究价值

3.1 理论价值

第一，长期以来，语言经济原则成为人们的共识，似乎所有的语言变化都可以从中找到根据。但随着研究的发展，人们发现语言演变中还存在另一种完全相反的过程——羡余，羡余现象不是某一个时代、某一种语言的特殊现象，不是人类语言发展规律的"例外"，而是所有自然语言的本质之一。因此对语言中的羡余现象展开研究有助于深化和完善人们对语言本质规律的认识。

第二，羡余否定是一种常见而重要的羡余方式，弄清羡余否定构式的动因与机制，对于深化汉语否定范畴的理解，加强否定、肯定不对称性的研究，乃至揭开人类认知和语言的奥秘都有重要意义。

3.2 应用价值

第一，朱德熙（1985）认为"语法研究的最终目的就是弄清楚语法形式和语法意义之间的对应关系"①。羡余否定现象恰好是语法形式与表达意义相脱节的特殊现象，弄清这一问题有助于推动汉语的语法研究工作。

第二，羡余否定反映了语言表达形式与所表达意义之间的不一致性，是一种不合逻辑的语言现象，有时会影响到人们的理解和交际。系统分析并掌握其结构、意义和使用上的规律，有助于克服这方面的困难，实现准确、顺畅的交际。

第三，羡余否定构式是汉语教学中的一个难点，本课题的研究将有助于中小学语文教学和对外汉语教学实践。

第四，羡余否定是一种超常规的用法，往往表现出重复、矛盾、杂糅的特点，有时会被误认为是语病，但实际上二者的性质和作用都有很大区别，不应混同。本书的研究对于汉语规范化工作也有一定的指导意义。

4　理论视角

4.1　信息论与会话合作原则

信息论（Information Theory）是 20 世纪"三大论"之一，是一门用概率论和数理统计方法，从量的方面来研究系统的信息如何获取、加工、处理、传输和控制的一门科学。在语言研究中引入信息论思想有助于扩大理论视野、发现作为信息载体的语言的本质规律。比如，"噪声"理论②让我们明白，语言中的羡余现象表面上显得重复啰唆，但本质上是信息实现有效传递的需要，羡余是语言的本质属性而非个别现象。羡余否定作为许多语言中都存在的普遍现象，在语言中频繁使用，许多已经凝固成习语式的语言单位。从信息论的角度看，这种现象符合信息传递和人类表达的需要，因此会长期、普遍存在。我们对它要做的不是去

---

① 朱德熙：《语法答问》，商务印书馆 1985 年版，第 80 页。
② 参见 C. E. Shannon, *A Mathematical Theory of Communication*, Reprinted with Corrections from The Bell System Technical Journal, Vol. 27, 1948: 379 - 423, 623 - 656.

批判，而是研究。

格赖斯（H. P. Grice）（1975）提出的会话合作原则（Cooperative Principle）也是我们研究羡余否定的理论武器之一。该理论认为，人们在谈话中应遵守以下四个基本原则。

A. 量的准则（Quantity Maxim）

　　a）所说的话应该满足交际所需的信息量

　　b）所说的话不应超出交际所需的信息量

B. 质的准则（Quality Maxim）

　　a）不要说自知是虚假的话

　　b）不要说缺乏足够证据的话

C. 关系准则（Relevant Maxim）

　　说话要有关联

D. 方式准则（Manner Maxim）

　　a）避免晦涩

　　b）避免歧义

　　c）简练

　　d）井井有条

不过，人们在实际言语交际中并非总是遵守上述原则，出于需要，人们会故意违反某些准则。格赖斯把这种通过表面上故意违反"合作原则"而产生的言外之意称为"会话含义"。[①] 羡余现象很明显违反了"量的准则"，但如果这种违反不是因为知识、能力欠缺，而是故意为之，那就意味着说话人一定有某种特殊的交际目的，这种意在言外的"会话含义"只能通过羡余的语言形式去寻找。

4.2　语言标记及语法化理论

标记理论（Markedness Theory）是布拉格学派对语言学的重要贡献之一。该理论认为：每一种语言的某对语言特征都包括两个对立体：有标记的和无标记的。那些常见的、意义一般的、分布较广的语言成分

---

① H. P. Grice, *Logic and Conversation*, In P. Cole and J. L. Morgan, editors, Syntax and Semantics, Volume 3, Pages 41 - 58, Academic Press, New York, 1975.

为无标记成分；而那些不常见的、意义具体、分布相对较窄的语言成分则为有标记成分。标记性反映在音位、词法、词汇、句法等各个层面上。① 羡余否定构式相对于肯定式来说属于语法层面的有标记构式，使用范围有限，但包含肯定式所不具备的语用价值，我们要做的就是通过研究把这种价值找到。

任何语言现象都存在一个历时发展的问题，历时研究离不开语法化理论（Grammaticaliation）。所谓语法化，是一个过程，在这个过程中，发生语法化的成分由原来表示实在意义转化为表示语法功能意义。羡余否定构式中的否定词一般都经历了由实到虚、由灵活到固定的语法化过程，一些羡余否定结构在发展过程中也发生了重新分析。标记理论属于结构主义语言学的成果，而语法化理论来自认知语言学，虽然相隔甚远，但在羡余否定构式的研究中得到了统一。语法化理论搭建了语法的历时和共时之间的桥梁，通过研究，我们可以发现语言标记成分在语言历史上的形成和发展过程。

4.3　构式语法理论

构式语法（Construction Grammar）是认知语言学领域里一个影响越来越大的分支。认知语言学的主要特点之一就是从人的心理认知过程来看待语义和语法，强调人的心理体验对语言意义和语法形式的决定作用。以 Goldberg、Fillmor 和 Kay 为代表的构式语法学家认为，词汇和句法结构具有共同的性质，无法划出严格的界限，它们都体现了人类认知对现实的反映，应该把词汇、语法、语义，甚至语用作为一个整体来分析；研究语言的形式离不开对意义和功能的审视，形式和意义是密不可分的结合体；并不是所有的语言结构都是通过常规的语法规则形成的，语言结构的意义并不都是其组成成分意义的加合。构式的整体意义往往大于其组成成分的意义之和。构式的意义不仅来自它的组成成分，而且具有自己的意义；构式意义既有语义信息，也包含焦点、话题、语体风格等语用信息，所有这些都是约定俗成的，是构式本身所具有的表

---

① 参见王立非《布拉格学派与标记理论》，《外语研究》1991 年第 1 期。

达功能。[1]

惯用的羡余否定结构作为一类典型而重要的语言构式，在本质上反映了人类的认知心理，我们需要结合具体语例，对其展开全方位探索，挖掘出隐含在形式背后的语义、语用特征。

4.4　语言的经济性和羡余性

法国语言学家马丁内（A. Martinet）（1955）认为："言语活动中存在着从内部促使语言运动发展的力量，这种力量可以归结为人的交际和表达的需要与人在生理上和精神上的自然惰性之间的基本冲突。交际和表达的需要始终在发展、变化，促使人们采用更多、更新、更复杂、更具有特定作用的语言单位，而人在各方面表现出来的惰性则要求，在言语活动中尽可能减少力量的消耗，使用比较少的、省力的或者具有较大普遍性的语言单位。这两方面因素互相冲突的结果是，语言处在经常发展的状态之中，并且总能在成功完成交际功能的前提下，达到相对平衡和稳定。"[2]

可见经济性与羡余性是语言发展过程中相辅相成的两个方面。羡余否定构式既存在羡余的成分，也受到经济原则的制约，在某种程度上是语言发展过程中这两种力量相互交锋的结果。我们可以通过对一个个羡余否定构式进行历时考察，找到这两种力量留下的印记，为探索语言发展规律提供更多证据。

5　研究方法

5.1　定量研究与定性研究相结合

本书以北大汉语语料库（CCL）为基础进行检索、统计、对比和分

---

[1]　参见严辰松《构式语法论要》，《解放军外国语学院学报》2006 年第 4 期。

[2]　A. Martinet, *économie des changements phonétiques*, Berne, Francke, 1955.

析，详细考察各种羡余否定构式的制约条件与发展规律。研究过程中力求用语言事实和数据说话，代替以往过重依赖语感的研究方法。注重对语料和数据的归纳整理，把定量统计和定性概括统一起来。

5.2 微观研究与宏观研究相结合

本书将详细考察主要羡余否定构式的结构、语义、语用特点和演变过程，然后进行综合考察，分析它们背后的动因、机制，以及语言的羡余性与经济性等问题。兼顾微观研究和宏观研究，使宏观研究建立在微观研究基础之上，同时也让微观考察在宏观目标的指导下进行。

5.3 共时研究与历时研究相结合

本书从现代汉语出发提取常见的羡余否定构式，然后对其溯源、探讨它们的历时演变过程以及影响因素等，最后再回到现代汉语，对其进行更科学的分析。我们相信，要把一个语言问题说清楚，必须把共时比较与历时考察结合起来，唯有如此，才能实现研究广度和深度的统一。

5.4 理论探讨和应用研究相结合

本书将在系统研究汉语羡余否定构式的基础上，进一步探讨语言羡余性与经济性的关系、语言创新与规范之间的关系，并以此指导言语交际和对外汉语教学实践，从而实现本研究的理论价值和应用价值。

6 创新之处

6.1 突出研究的系统性

目前，大多数的相关研究只是对一个个具体的羡余否定结构进行分析，缺乏系统性和综合性。本书打算在前人研究的基础上，将羡余否定结构作为一类特殊的构式进行全面探索，以期在宏观上得到更多的认识。

6.2 重视历时研究

已有的研究多在共时层面上对现代汉语中的羡余否定现象进行比较和分析，结合历时材料展开讨论的却十分有限。本书将对主要的羡余否定构式作历时考察，以便获得更有说服力的观点和材料。

6.3 理论性和应用性并重

把传统的汉语研究和当代语言理论结合起来是新时期汉语研究的潮流，本书将讨论已久的羡余否定问题和认知、构式等理论结合起来，扩展了本课题的研究视角；把羡余问题和经济原则结合起来分析，也有利于加深对语言发展本质的认识。另外，我们还要把羡余否定这样一个语法问题和言语交际、语言规范及对外汉语教学等实践课题结合起来，以增强本书的应用性。

第二章　凝固型羡余否定构式

凝固型羡余否定构式主要包括"不巧""果不然""不一会儿""偏不偏""不时""了不得"六种。由于"偏不偏"在语料库中的出现频率非常低①，"不时""了不得"与其对应肯定式"时时""了得"之间异大于同，意义相近、可以替换的情况十分有限，绝大多数情况下都不具备可比性。所以这三者虽然符合羡余否定构式的条件，但是都不够典型，本章不打算对这三个构式作详细论述，而只是在需要的地方提及。下面重点讨论"不巧""果不然""不一会儿"的产生、发展过程，及其在现代汉语中的句法、语义、语用特点。

1　不巧

现代汉语里"不巧""不凑巧""偏不巧"有时候与"巧""凑巧""偏巧"意思相同，可以互相替换。例如：

（1）事情也真不巧，我们洗了脚，正想休息，汪伪的警察来查夜，好在我有特工站的通行证，刘晓有身份证，也就混过去了，真是虚惊一场。（何炎年《我当潘汉年的地下交通员》）

（2）偏不巧，这时候哨子响了。是剧团全体人员集合。（孙见喜《贾平凹的情感历程》）

---

① 在3亿字的北大现代汉语语料库中，"偏不偏"仅仅出现2次。

（3）小丽母亲中途退出时说："真不凑巧，今天下午刚好政治学习。"（莫怀戚《陪都就事》）

（4）金秀高声笑了起来，说："完了，还真是跳进黄河也洗不清了。那信，还真巧，让周仁给要回去了……"（陈建功、赵大年《皇城根》）

（5）盖达尔在孩子身边蹲下来，用手在口袋里搜寻，想找一件什么东西来哄孩子。但凑巧的是他今天上街什么都没带。他从腕上摘下新买来的手表，把它贴在孩子的耳朵上。（含苞《一个热爱儿童的心灵——作家盖达尔二三事》）

（6）偏巧马拉多纳不合时宜地跌了一跤，余重火了：女人怎么这么得寸进尺、无理取闹、给脸上鼻梁？（姜丰《爱情错觉》）

例（1）（2）（3）中的"不巧""不凑巧""偏不巧"可以分别替换成"巧""凑巧""偏巧"；而例（4）（5）（6）中的"巧""凑巧""偏巧"也可以分别替换为"不巧""不凑巧""偏不巧"。在例句中，这两类形式相反的词语意思相同，都表示"某件事情恰好在某个时间发生"。从羡余否定的角度看，"不巧"等词语中的"不"没有否定义，在一定条件下省略不改变原式意义，所以可看成羡余否定构式。

与"巧""凑巧""偏巧"等词具有相同意义的还有"碰巧""恰巧""正巧""刚巧"等，不过后者不能像前者那样有同义的否定形式。由于它们意义相关，在后面的讨论中也会论及。为讨论方便，我们用"不巧"来指代否定形式的"不巧""不凑巧""偏不巧"，用"X巧"来指代肯定形式的"巧""凑巧""偏巧""碰巧""恰巧""正巧""刚巧"等。

对于"不巧"的羡余否定问题，学界关注较少。《现代汉语词典》和《现代汉语八百词》都没有收录"不巧"一词，即使在"碰巧"等词的释义中也没有论及。只有《汉语大词典》收录了"不巧"并作了解释。另外，宋桂奇在一篇文章里简单提到了"巧"与"不巧"的区别。[1]除此之外鲜有论述。本节打算从历时与共时两个角度探讨"X巧"

---

① 宋桂奇：《"巧"，还是"不巧"？》，《咬文嚼字》2000年第4期。

与"不巧"的发展演变以及它们的异同。

1.1 历时考察

"巧"本义为技巧、技能。《说文·工部》:"巧,技也。"后逐步引申出机巧灵巧、美好工巧、虚伪巧诈等义,大约在唐代出现了副词用法,表示恰好,例如:

(7) 两家各生子,孩提巧相如;少长聚嬉戏,不殊同队鱼。(韩愈《符读书城南》)

元代以后,"巧"表示"恰好"义的用例开始增加,特别到明清时期,"X巧"类词语大量出现。例如:

(8) 古有之:"力田不如逢年,仕宦不如遇合。"又曰:"只系其逢,不系巧遇。"(元好问《张君墓志铭》)

(9) 咱如今把围棋识破了输赢着,瑶琴弹彻相思调,这婚姻是天缘凑巧。稳坐了七香车,高揭了三檐伞,请受了金花诰。(李唐宾《李云英风送梧桐叶》)

(10) 王殿士在西宁城上,窥探朱兵,恰巧杨璟驾着飞天炮,直打过来,把头顶打得粉碎。(《英烈传》第六十八回)

(11) 舒石芝到也有些肯信道:"世间撞巧的事也有,难道有这样撞巧的?这个还要斟酌。"(《鼓掌绝尘》第七回)

(12) 海姑子合郭姑子从你这里出去,刚巧禹明吾送出客来……(《醒世姻缘传》第九回)

(13) 前日贾政闻塾师背后赞宝玉偏才尽有,贾政未信,适巧遇园已落成,令其题撰,聊一试其情思之清浊。(《红楼梦》第十七回)

(14) 袭人、麝月、秋纹三个人正和宝玉玩笑呢,见他两个来了,都忙起来笑道:"你们两个来的怎么碰巧,一齐来了。"(《红楼梦》第三十五回)

(15) 只得就此回来,身边又没盘费,因此一路卖艺。来到此

· 40 ·

城，正巧遇见了哥哥。(《施公案》第一百五十六回)

(16) 事可逢巧，又生祸端。(《施公案》第十三回)

(17) 柴元禄心中暗恨和尚，早也不分手，偏巧这个时候分了手，就遇见华云龙动了手。(《济公全传》第九十七回)

(18) 台下瞧看热闹之人，纷纷议论：有人说，活百岁也没看见过打擂的；就有说这不是件好事，碰巧了就得出人命；有人说，非他们兄弟，焉有这样字号。(《小五义》第二百十五回)

例 (8) 中的"巧遇"结合得还不够紧密，应看作一个状中短语；但例 (9) 以后的"凑巧""恰巧"等，基本上可以看作一个凝固的副词了。从结构上看，这些"X 巧"可分为两类，一类是动补式的，如"撞巧""凑巧""适巧"；另一类是并列式的，如"恰巧""正巧""偏巧"。从意义上看，这些"X 巧"也可以分为两类，一类表示恰好遇上了合适的时机，表达积极义或中性义，如例 (9) (11) (12) (13) (14) (15)；另一类表示恰好遇上了不合适的时机，表达消极义，如例 (10) (16) (17) (18)。在意义的理解上，这些表示消极义的"X 巧"既可以理解为"恰好遇上了不合适的时机"，也可以理解为"没有恰好遇上合适的时机"；反映在表达上，如果"恰好遇上不合适的时机"可以表达为"巧"，那么"没有恰好遇上合适的时机"就可以表达为"不巧"。可见同一个意思从不同角度去看，就会有不同的理解与表达。所以例 (17) 中"偏巧这个时候分了手"，也可能说成"偏偏不巧这个时候分了手"；例 (18) 中"碰巧了就得出人命"，也完全有可能说成"碰的不巧就得出人命"。像这样理解和表达上两可的情况为否定式"不巧"的出现提供了可能。

否定形式的"不巧""不凑巧""不遇巧"均在明代出现。例如：

(19) 你道天下有怎样不巧的事：次日汪知县刚刚要去游春，谁想夫人有五个月身孕，忽然小产起来，晕倒在地。(《今古奇观》卷七十七)

(20) 炀帝道："朕特为琼花而来，却又刚刚开过，这等不巧！"(《隋炀帝艳史》第十三回)

（21）龙香道："为何不睡？凤官人那里去了？"素梅叹口气道："有这等不凑巧的事。说不得一两句说话，一伙狂朋踢进园门来，拉去看月。"（《二刻拍案惊奇》卷九）

（22）一日，金莲为些零碎事情，不凑巧骂了春梅几句。（《金瓶梅》第十一回）

（23）下官受了多少跋涉，赍诏到此，下聘行医的仙人李清，指望敦请得入朝，也叫做不辱君命。偏生不遇巧，刚刚的不先不后，昨日死了，连面也不曾得见。这等无缘，岂不可惜！（《醒世恒言》卷三十八）

到清代还出现了"偏不巧""真不巧"，例如：

（24）凤姐也不等说完，便嗐声跺脚的说："偏不巧，我正要作个媒呢，又已经许了人家。"（《红楼梦》第五十回）

（25）安贫子说："太不巧了！他昨日在我这里坐了半天，说今日清晨回山去，此刻出南门怕还不到十里路呢。"老残说："这可真不巧了！只是他回什么山？"（《老残游记》第二十回）

我们发现，这些否定形式的"不巧""不凑巧""不遇巧""偏不巧""真不巧"等都为消极义，表示没有恰好遇上合适的时机，如例（19），汪知县准备游春，夫人却发生小产——没有遇上合适的游春时机；例（20）隋炀帝打算观琼花，琼花却刚刚开过——没有遇上合适的观花时机；例（21）素梅本想与凤官人共度良宵，一伙朋友却强拉凤官人去看月——没有遇上合适的共度良宵时机……其他例子也差不多如此。这些句子表示没有遇上合适的时机，其实也都可以看成恰好遇上了不合适的时机，所以也都可以用肯定式的"X巧"来表达，比如例（19）可以说成"你道天下有恁样巧的事"，例（20）可以说成"朕特为琼花而来，却又刚刚开过，这等凑巧"等。这样看来，"不巧"与"巧"其实是对同一事物从不同角度进行的表达，"不巧"类羡余否定构式是在消极义语境下，人们对"X巧"构式变换表达的结果。上述思维过程在下面的例句中得到了很好的反映。

（26）费大小姐道："我来的可真不巧，正想和小燕姊讲一句知心话，巧巧的又出去了。"（《十尾龟》第三十一回）

这句话中费大小姐先说"不巧"，后面又说"巧巧"，意思却一致，都表示自己来的时机不对。具体来看，前面一个"不巧"指自己的造访行为没有遇上"小燕姊在家"这样一个合适的时机；后面一个"巧巧"指自己的造访行为遇上了"小燕姊出去了"这样一个不合适的时机。这两种看似相反的表达却是同一个想法在人脑中的两种反映，所以出现在同一句话中并不奇怪，说话人表达起来和听话人理解起来都很自然。

"不巧"对"X巧"的这种变换表达发生在明清时期，不过前者并没有完全替代后者，这是因为正反思维模式在人脑中一直都存在，而且"不巧"也只能替代消极义语境下的"X巧"，无法替换积极义语境中的"X巧"。在积极义语境中，"恰好遇上合适的时机"是不容易出现两种理解的，一般也只用肯定式的"X巧"来表达。

1.2　共时分析

1.2.1　"X巧"的句法、语义、语用特点

现代汉语中表示"恰好"义的"X巧"主要有恰巧、碰巧、凑巧、赶巧、偏巧、正巧、刚巧、可巧等。单音节的"巧"有时也用，一般都出现在"真巧""太巧""巧的是""巧得很"等习惯表达中。

从句法上看，双音节的"X巧"主要作副词，在句中充当状语。例如：

（27）张老师推车走出小公园时，恰巧遇上了提着鼓囊囊的塑料包，打从小公园门口走过的尹老师。（刘心武《班主任》）

（28）我总要扑向一个房间，不是专门跟你过不去，只是因为你碰巧住在我隔壁。（王朔《人莫予毒》）

（29）这话偏巧小丽听见了，便又扭头冲父亲说："爸爸你不要俄狄浦斯情结！（意即父亲吃女婿的醋。）"（莫怀戚《陪都就事》）

有时候"X巧"也作形容词，充当定语或补语。例如：

（30）瑶表妹因此一度确把这事看淡。天下凑巧的事本来不少，所以她那时并不曾把这事告诉给我。（刘心武《七舅舅》）

（31）进了屋，单立人的老伴迎出来，看到单立人身后的姑娘叫了一声："你来的正巧，我们家老单刚回来，这就是老单。"（王朔《人莫予毒》）

单音节的"巧"为形容词，一般作定语或补语。例如：

（32）他们倏忽地想到了三个可怕的字是——艾滋病。石根先生的女婿就安慰他们，说没那么巧的事。（梁晓声《激杀》）

（33）拉出车来，在固定的"车口"或宅门一放，专等坐快车的主儿；弄好了，也许一下子弄个一块两块的；碰巧了，也许白耗一天，连"车份儿"也没着落，但也不在乎。（老舍《骆驼祥子》）

例（33）中的"碰巧"不是一个词，而是动词"碰"与形容词"巧"构成的动补短语。

从意义上看，"X巧"类词语有很大的相同点，《现代汉语词典》也用它们互相解释：

【凑巧】表示正是时候或正遇着所希望的或所不希望的事情：我正想去找他，～他来了｜事情真不～，刚赶到汽车站，车就开了。（第229页①）

【碰巧】凑巧；恰巧：我正想找你，～你来了。（第1034页）

【恰巧】凑巧：他正愁没人帮他卸车，～这时候老张来了。（第1083页）

【偏巧】恰巧：我们正在找他，～他来了。（第1042页）

【赶巧】凑巧：上午我去找他，～他不在家。（第443页）

【正巧】刚巧：事情发生的时候，我～在场。（第1740页）

【刚巧】恰巧；正凑巧：你算赶上了，今天～有车进城。（第446页）

【可巧】恰好；凑巧：母亲正在念叨他，～他就来了。（第772页）

---

① 均为《现代汉语词典》（第5版）（商务印书馆2005年）的页码。

这些"X巧"的意思大致可以概括为"恰好遇上了某种时机"，这种时机被遇上的概率并不高，但恰恰遇上了。对于当事人来说，恰好遇上的时机既可以是希望遇上的（即合适的时机），或无所谓是否希望、仅仅指偶然遇上了的（即自然的时机），也可以是不希望遇上的（即不合适的时机），它们分别表达积极义、中性义和消极义。在上面例句中，例（31）的"巧"指恰好遇上了合适的时机——姑娘（姚京）来找单立人，恰好就遇上了。例（27）（28）中的"巧"指遇上了自然的时机——张老师并不是每天都能在小公园口遇上尹老师，但那天就遇上了；老单住在刘志彬隔壁也不是必然的，但事实他们就是隔壁。例（29）（33）中的"巧"指遇上了不合适的时机——父亲说的话并不希望被小丽听到，但偏偏就被小丽听见了；北平的洋车夫不希望没生意白耗一天，但有时恰好就碰上了。不过总的来看，表示恰好遇上不合适时机的情况占少数，绝大多数的"X巧"都表示恰好遇上了合适的或自然的时机。

从表达的角度看，不同语境中的"X巧"往往表达了说话人不同的态度。积极义"X巧"表达的是庆幸，中性义"X巧"表达的是惊奇，消极义"X巧"表达则是遗憾。这种庆幸、惊疑或遗憾都表明遇上某种时机是偶然的。例如：

（34）七月初旬，知道家人要北来，我就在南京物色西式的住宅，从五台山走到阴阳营，马家街等地都空费流汗。凑巧得很，友人汪君来访，他知道我在找房子，他提议分租他住养园一部分给我，真是再好没有，人们求之不得的。（李金发《在玄武湖畔》）

（35）有一天，夏朝的君王孔甲到一个农民家里避雨，碰巧，这个农民家里生了一个小孩。（阴法鲁、许树安《中国古代文化史》）

（36）不幸七年前迁居的时候，中途毁坏了一口书箱，失去半箱书，恰巧这讲义也遗失在内了。（鲁迅《朝花夕拾》）

例（34）讲"我"正在苦找房子，恰好碰上友人汪君能够提供，表达说话人的庆幸之情。之所以庆幸，是因为这种机会难得碰上。例（35）讲君王孔甲到农民家避雨，恰好碰上这家农民生了一个小孩，表述者应有惊奇之意。之所以感觉惊奇，是因为这种事情发生的概率非常小。例（36）讲鲁迅丢了半箱书，恰好藤野先生改正过的讲义也在其中，表达了遗憾之情。之所以遗憾，也是因为这种事情发生得太过偶然。

1.2.2　"不巧"的句法、语义、语用特点

《现代汉语词典》没有收录"不巧"一词，不过《汉语大词典》收录了，其中第四个义项为"碰巧"。"不巧"的意思为"碰巧"，说明其中的否定词"不"意义已经不再鲜明，"不巧"早已凝固成词，不应再将其看作词组了。同样，"不凑巧""偏不巧"在现代汉语里基本上也应看作形式、意义比较固定的词汇成分。

从句法角度看，"不巧"类词语一般作副词，充当状语。例如：

（37）这话不巧被老工长听见了。直把个老头子气得差点儿昏过去。（孙少山《八百米深处》）

（38）马威打了个哈咻："我本不想找你来，不凑巧今天晚上没走了，只好来打搅你！"（老舍《二马》）

（39）这个可恨的卫天麒！竟然乘着职务之便，仗着身为她的救命恩人，频频以眼神、举止骚扰她，让她"烦不胜烦"想避他避得老远，偏不巧搬家又搬在他家附近。（方辰《冰心焰情》）

"不巧""不凑巧"还能够作形容词，充当补语或谓语。例如：

（40）鸿渐，你来得不巧。苏文纨在里面。（钱钟书《围城》）

（41）我们约定的时间不巧，恰碰着苏翁贵乡出了事。（茅盾《子夜》）

（42）张莉送我到楼门口。在黑暗的楼梯上对我说："今天太不凑巧，要不明天你再来我下午补休。"（王朔《玩儿的就是心跳》）

"不巧"还经常用在"不巧的是……"这一习惯表达中，用来表达事实与当事人的希望之间存在巨大反差。例如：

(43) 那时仲昭简直不知道她姓甚名谁。如果永久不知道，倒也罢了；不巧的是第二天就有一个同事报告她的姓名是陆俊卿。更不巧的是那同事竟和她同是嘉兴人，有一面之雅。最不巧的是那同事非常爱管闲事，竟把他们俩介绍了。于是平静的仲昭的心开始有波澜了。（茅盾《蚀》）

(44) 12 月 11 日一大早，正在值班的兰州生物制品研究所经销处的孙进礼接到了巴州卫生局打来的求助电话，但不巧的是当时所里也已经没有这种抗毒血清的成品了。（《北京晚报》2001 年 12 月 20 日）

在语义上，"不巧"也表示恰好遇上了某种时机，这种时机对于当事人来说，遇上的概率很小，也是不希望遇上的，但恰恰就遇上了。相对于"X 巧"来说，"不巧"只包含当事人遇上不合适时机的情况，句子表达的都是消极义。比如上面列举的例句都是如此，随便分析几个：例（37）老工长恰好听到别人侮辱他的话，这种时机自然是不希望遇上的；例（40）方鸿渐和妻子孙柔嘉来到赵辛楣的住所，恰好遇上昔日情人苏文纨，这种时机对于方鸿渐来说自然也是不希望遇上的；例（44）巴州 13 名打工人员中毒急需抗毒血清，唯一的希望是从兰州生物研究所调运这种药品，然而恰好研究所也没有抗毒血清的成品了，这种时机对于所有当事人来说都是不希望遇上的。

从表达的角度看，"不巧"主要表达一种遗憾或失望，因为"不巧"的事都是发生概率小、当事人不希望发生却又偏偏发生了的，这种巧合发生的事情自然令人觉得失望或遗憾。例如：

(45) 我还是去看了李老师与陈老师。不巧，两个人都不在。（王蒙《庭院深深》）

(46) 航管站的了望哨位，在瓢儿凼下游一百五十米岸上，按理可以同时望见大轮船与小帆布艇，给予警告。然而不巧的是，近日在其一侧辟了一块地方，临时堆放附近一大工程的若干吨水泥，还因此搭了一个竹棚，遮挡了部分视线。

例（45）的语境背景是：赵老本来建议"我"不要去看望李老师或陈老师，最后"我"还是去看了，结果恰好两人都不在，没有见成。在这里，本来决定去看望两位老师就不容易，恰恰两位老师又一个都不在，这种情况的发生概率应该是很小的，也是当事人"我"不希望发生的，但偏偏就发生了，显然"不巧"透露出一种失望之情。例（46）的背景是一艘大船和小船相撞发生事故，本来瞭望哨位能够看到当时的情形，发出警告以避免事故的发生，但恰好遇上瞭望哨位一侧堆放了大量水泥，搭了一个竹棚，把瞭望人员的视线遮挡了，最终未能避免事故的发生。上述一系列情形都凑到一起的可能性很小，但恰恰就凑到一起，最终导致了人们都不希望发生的撞船事故。这里的"不巧"表达了一种无奈和遗憾之情。

1.2.3 "不巧"类构式形成羡余否定的条件

否定形式的"不巧"与肯定形式的"X巧"在意思上有相同之处，常常可以互相替换，但替换是有条件的，并非在任何情况下都可以。也就是说，"不巧"类词语只有在特定条件下才能看作羡余否定构式。

第一，大部分"X巧"不能替换成"不巧"，只有表示消极义"恰好遇上不合适时机"的才能替换，其他表示积极义或中性义的都不能替换。例如：

（47）辛楣回信道：他母亲七月底自天津去香港，他要迎接她到重庆，那时候他们凑巧可以在香港小叙。（钱钟书《围城》）

（48）凡事都若偶然的凑巧，结果却若宿命的必然。（沈从文《一个传奇的故事》）

（49）多么凑巧呢，离开我们那间小屋的时候，天上又挂着月牙。这次的月牙比哪一回都清楚，都可怕。（老舍《月牙儿》）

例（47）（48）中的"凑巧"不能替换成"不巧"或"不凑巧"，而例（49）可以。原因就在于前两例分别表达积极义和中性义，一个是当事人希望遇上的时机，另一个是客观描述、无所谓是否希望遇上的自然时机，都无法替换成表达消极义的"不巧"。而例（49）中的"可怕"一词暗示了月牙是当事人不希望遇上的，所以句中的"凑巧"

可以替换成"不巧"或"不凑巧"。其实，如果把"可怕"一词换成"可爱"，则句子就不再表达消极义，也不能把"凑巧"替换成"不巧"或"不凑巧"了。

第二，大部分"不巧"可以替换成"X巧"，但作补语时除外。也可以说补语位置上的"X巧"与"不巧"不能相互替换。这是因为补语位置的"不巧"只能表示消极义，而"X巧"只能表示积极义，二者在表义上没有重合的部分。例如：

（50）江姐刚刚坐下，便听见老太婆朗朗地说道："你来得不巧，昨天老彭刚好出去检查工作，过几天才回来。"（罗广斌《红岩》）

（51）"老金，我们这一来，明天你这个班该怎么个上法？""来得巧，明天我是个大歇班！"（冯志《敌后武工队》）

例（50）中表示消极义的"不巧"不能替换成"巧"；例（51）中表示积极义的"巧"也不能替换成"不巧"。

综上所述，"不巧"与"X巧"互相构成羡余否定的条件是：不在句中作补语，且表示消极义"恰好遇上不合适的时机"。

1.2.4 羡余否定式"不巧"与肯定式"X巧"的异同比较

如前所述，"不巧"与"X巧"在不作补语且表示消极义"恰好遇上不合适时机"的时候基本上是相同的，所以在有些句子中它们会并列出现，比如：

（52）走得过急了，一脚踢上了堆在地上的照片，照片被踢得飞了出去，散落满地，她赶紧蹲下去拾，巧的是，或说不巧的是，她拾到的第一张照片，就是那张"半秒的瞬间"。（王海鸰《中国式离婚》）

在这个句子中，"巧"与"不巧"是一种平等的选择关系，任何一个都能说得通，连小说的作者也难以确定应该选择哪一个。可见二者的相同点还是很明显的。

同任何羡余否定构式一样，"不巧"与"X巧"也并非绝对相同，既然以两个词的身份出现在词汇系统里，就说明多多少少有一些区别。

大的区别前面已经谈到，主要是："X 巧"类词语有单音节的（"巧"）也有双音节的（"恰巧"等）；在作状语或定语时既可以表示消极义（恰好遇上不合适的时机），也可以表示积极义（恰好遇上合适的时机）或中性义（恰好遇上自然的时机），并且"X 巧"主要表示积极义或中性义。然而"不巧"类词语都是双音节（"不巧"）或三音节的（"不凑巧""偏不巧"等），在意义上只能表示消极义（恰好遇上不合适的时机），因此意义范围相对较小。

其实二者在表示消极义这一点上也并非完全相同，从词形和意义的对应关系上看，羡余否定式"不巧"表义更显豁："巧"字表明遇上某种时机的概率小，"不"字虽不表示否定义，却暗示遇上的那个时机是不合适的。而肯定式的"X 巧"相对模糊，没有充分的语境是很难断定遇上的时机是不是合适的。例如：

> （53）a. 那天我去办公室，路上不巧遇到小王。
> b. 那天我去办公室，路上碰巧遇到小王。

例（53a）只有一种理解，即我对路上遇到小王表示遗憾或不愿意；而例（53b）有两种理解的可能，一种是我对遇到小王表示遗憾或不愿意，另一种是我对遇到小王表示庆幸或高兴。我们可以为例（53b）添加更充分的语境，使这两种理解得到实现：

> （53）b'. 那天我去办公室，路上碰巧遇到小王。他拉着我啰唆了半天，害得我都迟到了。
> b''. 那天我去办公室，路上碰巧遇到小王。好久不见，我们就在路边聊了起来。

例（53b'）中的"碰巧"表示消极义，反映"我"的态度是"遗憾、埋怨"，而例（53b''）中的"碰巧"表示积极义，反映"我"的态度为"惊喜、高兴"。

所以"不巧"的表义倾向更鲜明，相对于"X 巧"来说，它更加显化和突出消极义。即使像例（52）那样二者并列出现，它们在表达上也是各有侧重的。我们再举一例：

（54）但是，当她正将化妆时，恰巧（或者说不巧）梅梅气喘吁吁地赶了回来。（曾卓《文学长短录》）

这一句讲的是：演员夏莲正满怀希望在化妆的时候，恰好梅梅回来了，这令她很失望。显然这种时机是夏莲不希望遇上的，这种消极义用"恰巧"或"不巧"都能表达。但作者在说这句话的时候，感觉用"恰巧"不够鲜明，所以又补充使用了"不巧"，以此表明夏莲的失望心境，也表明了作者叙述时遗憾、同情的态度。

总之，羡余否定式"不巧"与肯定式"X巧"主要的相同点在于二者意义范围有重合部分，除此之外有诸多不同，主要表现在形式、意义范围和表义倾向等方面。相同点的存在决定了二者存在一种无法分割的关联，而不同点的存在则决定了各自的存在价值。

2　果不然

先看几个例句：

（1）我自信凭我的实力和特有的气质，总有一天会被导演看中的。果然，临近毕业时，我渐渐地引起了某导演的注意。（卞庆奎《中国北漂艺人生存实录》）

（2）有人说他捡了个"肥差"。果不然，椅子还没坐热，请柬雪片似飞来，不少富裕商人主动登门要和他交个"知心"朋友。（《人民日报》1995年3月11日）

（3）俗话说"暑热难耐"，果不其然，这些日子着着实实让人感到了"威胁"。（《市场报》1994年4月20日）

以上三个例句中，"果然""果不然""果不其然"在形式上不同，但可以互换。"果不然"相对于"果然"来说，包含一个否定成分"不"，但它并不表示否定意思，所以我们也可以把"果不然"看作一个羡余否定构式。

目前关于"果不然"的研究很少，只有刘东（2005，2008）①、王助（2006）②、李小平（2007）③、江蓝生（2008）④、李冰（2009）⑤ 等人在研究中有所提及。关于"果不然"的用法、来源，以及与"果然""果不其然"之间的关系，还鲜有论述。下面我们把"果不然"与"果然""果不其然"结合起来，从历时与共时两个维度展开探讨。

2.1 历时考察

2.1.1 "果然"的产生和发展

"果"在先秦时期已经有了副词的功能，表示事实与所说、所料相符合。例如：

（4）骊姬果作难，杀太子而逐二公子。（《国语·晋语一》）

虽然"果"和"然"在先秦时有并列出现的情况，但那时还没有凝固成一个词，意义也和今天的"果然"不完全一样。例如：

（5）适莽苍者，三飡而反，腹犹果然。（《庄子·逍遥游》）

（6）〔文公〕乃召其堂下而谯之，果然，乃诛之。（《韩非子·内储说下》）

---

① 刘东：《料定类语气副词研究》，硕士学位论文，上海师范大学，2005 年。刘东：《"果然"的语义与篇章分析》，《现代语文》2008 年第 2 期。

② 王助：《现代汉语和法语中否定赘词的比较研究》，《外语教学与研究》2006 年第 6 期。

③ 李小平：《"果然"的成词过程及用法初探》，《东方论坛》2007 年第 1 期。

④ 江蓝生：《概念叠加与构式整合——肯定否定不对称的解释》，《中国语文》2008 年第 6 期。

⑤ 李冰：《"果然"与"果真"的用法考察及对比分析》，《汉语学习》2009 年第 4 期。

例（5）中的"果然"指吃饱了、肚子隆起来的样子，源自名词"果"跟词尾"然"的结合，为一个形容词；例（6）中的"果然"指果真如说的那样，意思与今天的"果然"差不多，但在结构上是副词"果"跟代词"然"临时组成的短语，其中"然"是谓语。和今天相同的复音副词"果然"最早出现在西晋，例如：

（7）近张敬仲县论恪，以为必见杀，今果然如此。（《三国志·魏志·张既传》"语在夏侯玄传"裴松之注引《魏略》）

例（7）中的"果然"后面没有停顿，并紧接一个谓语成分"如此"，说明其中的"然"意义已经虚化，"果然"已经凝固成一个副词了。隋唐之后，"果然"作为一个表料定语气的副词频繁出现，既可以独立使用，也可以在后面加上动词短语或句子。例如：

（8）问反者为谁，曰："房玄龄。"帝曰："果然！"（《隋唐嘉话》卷上）

（9）魏公闻之笑曰："果然倒绷了孩儿矣！"（《朱子语类》卷一百三十八）

（10）顷刻天明，果然已到洪都。（《醒世恒言》卷四十）

（11）正说着，果然报："云姑娘和三姑娘来了。"（《红楼梦》第七十五回）

上述表示料定语气的用法逐渐成为"果然"的主要用法并延续至今；后来"果然"又引申出其他一些意思和连词的用法，对此李小平（2007）①有比较详细的论述，这里不再赘述。

2.1.2　"果不然"的产生和发展

"果不然"出现的时间较晚，我们发现的最早用例是在明末清初的小说当中：

---

① 李小平：《"果然"的成词过程及用法初探》，《东方论坛》2007年第1期。

(12) 一个说成十个，瞎话说是真言。果不然动了那二位乡约的膻心……（《醒世姻缘传》第三十四回）

从西晋到明清，"果然"何以加上一个"不"字就成了一个形式相反、意义相近的"果不然"了呢？据江蓝生（2008）分析，"果不然"是由"果然"和"不出所料"两个同义概念叠加后整合而来的。[①] 不过，"果然"＋"不出所料"按照正常的叠加整合规则，应该得到"果然不出所料"或"果然不""不果然"，如何能改变词序得出"果不然"呢？我们通过查检语料，认为更合情理的推断是："果不然"应由"果不出所料"和"果然"叠加、缩略而来，具体包含以下几个步骤。

第一步，在"果""果然"之后，南宋出现了"不出……所料"结构，例如：

(13) 至于国朝，扫平诸方，先后次第，皆不出朴所料。（《容斋续笔》卷三）

(14) 是日，仆见贯惑幕下谬懦之议，若果退，则使粘罕知不出刘彦宗等所料，气势愈振，必难制遏。（《三朝北盟会编》卷二十三）

第二步，表达料定语气的"果"与"不出……所料"在明代叠加组合为"果不出……（之）所料""果不出所料"等习惯表达。例如：

(15) 石敬瑭亦笑曰："果不出二人之所料。"（《残唐五代史演义传》第四十九回）

(16) 将军笑曰："果不出所料，但恐人飞报红夷，故以杀为名耳。"（《闽海赠言》卷二）

第三步，为强调预料的准确，人们将表达料定语气的"果不出所料"与"果然"再次叠加整合，同时在经济原则的制约下，创造出"果

---

① 江蓝生：《概念叠加与构式整合——肯定否定不对称的解释》，《中国语文》2008 年第6期。

不然"的说法。这一过程可表示为：果不出所料＋果然→果不出所料，果然→果不然。

虽然未能找到"果不出所料，果然"的例证，但我们还是在明代后期文献中发现"果不出所料"与"果然"前后相隔不远的用例，摘录如下：

(17) 忠疑曰："此莫不是蔡爷的乎？"即捡回报，知果然是也。……候夜饭后曾启放出丘通，二公差拿住曰："蔡爷正恐你走，果不出所料矣。"(《皇明诸司廉明奇判公案》卷上)

这里的"果然""果不出所料"在同一篇文章中出现，且先后相隔仅百余字，说明二者具有叠加的现实基础。在强调自己或他人的预料异常准确的语境中，是完全可能叠加、缩略为"果不然"的。所以到明末清初"果不然"正式出现，在《醒世姻缘传》中，"果不然"出现了五次。到清代以后，"果不然"的用例逐渐增多，渐渐凝固成了一个惯用语。

在"果不然"形成的同时，也出现了"果不其然"，我们相信这是在汉语"四字格"强势表达的影响下，"果不然"加上了一个指示词"其"的结果。《醒世姻缘传》中已经出现了"果不其然"，例如：

(18) 我就说他不是个良才。果不其然，惹的奶奶计较。(《醒世姻缘传》第六十九回)

现代汉语中另一个与"果不其然"同义的习惯表达"果然不出所料"也在清代出现，例如：

(19) 黄天霸暗暗赞道："怪不得褚老叔料他武艺高强，果然不出所料，如此扎手。若要捉他，倒觉有些费事。"(《施公案》第三百三十六回)

我们可以把"果然不出所料"看作"果然"与"不出所料"叠加组

合的结果，也可以把它看作"果然不出……所料"凝固、词化的结果。

可见，"果不然"是在加强料定语气的作用下，由"果不出所料"和"果然"叠加组合并进一步缩略而来的。如果把第二步和第三步看成一步，那就是张谊生（2004）所谓的"叠合紧缩"①或江蓝生（2008）所说的"叠加整合"②了；"果不其然"的产生是在汉语韵律习惯影响下增字的过程；"果然不出所料"则经历了凝固、词化的过程。这些表达式的形成、演变过程充分体现了主观性、叠加整合、经济原则和韵律语法在一个语言成分发展演变过程中的综合作用。整个过程图示如下：

果＋然　　　→果然　　　 ⎫
　　　　　　　　　　　　　 ⎬ 果不然→果不其然
果＋不出所料→果不出所料 ⎭

图1　"果不（其）然"的产生发展过程

2.2　共时分析

2.2.1　"果然"的词性、意义和用法

《现代汉语词典》和《现代汉语八百词》对"果然"的释义均为：①副词，表示事实与所说或所料相符。用在谓语动词、形容词或主语前。②连词，假设事实与所说或所料相符，用于假设小句。我们认为该释义过于简略，下面在检索现代汉语语料的基础上，对"果然"的词性、意义和用法作更详细的归纳。

A. 作副词，表示事实与所说或所料相符。放在句首，位于主语之前，后面一般有逗号停顿。如：

> （20）那时候，他有两个愿望，一是参军打日本，二是将来要是管铁路的话，一定要像东北火车一样正点到达，准确无误。果然，他的两个愿望都实现了。（任晓路《传奇将军吕正操》）
> （21）他知道小赵马上就会将电话打过来。果然，一分钟不到，

---

① 张谊生：《现代汉语副词探索》，学林出版社2004年版，第214—221页。
② 江蓝生：《概念叠加与构式整合——肯定否定不对称的解释》，《中国语文》2008年第6期。

电话铃就响了。（刘醒龙《分享艰难》）

"果然"在句首时也有后面不停顿的，不过用例要少许多。如：

（22）于是，庇尔克直奔城郊黄泥冲。果然安娜的丈夫又出差去了。（胡辛《蒋经国与章亚若之恋》）

B. 位于句中，放在谓语之前，后面一般没有逗号停顿。如：

（23）星期六下午一上课，张英才就宣布，放学后叶碧秋留下来一会。叶碧秋果然不敢抢着跑。（刘醒龙《凤凰琴》）
（24）"知心大姐"果然"知心"，特意把信件转到了韩国驻华使馆。（王来青、张大奎《中国少年和韩国总统的忘年交》）

C. 后面常跟上"不出……所料"或"如……"如：

（25）果然不出乔志远所料，盗贼又找上门来了。（他他《中国保镖在俄罗斯》）
（26）大卫一听，立即敏感到自己可能上当了！他马上赶到客厅一看，果然如此！（朱樱《奥丽别墅间谍战》）
（27）待我能够轻松地临舷窗而俯视的时候，已在内蒙古大沙漠的上空了。果然如别人所说的那样，云翳在我之下，苍天在我之上。（流沙河《旅南日记》）

D. 有时也可以单独成句。如：

（28）正犯愁，见一十六七岁的男孩提一只大水桶吃力地由后排走来。想必是通讯员。走过去问。果然。（吕新《圆寂的天》）

E. 仍是副词，但在意义上与前面四点有所区别，表示的是假设事实与所说或所料相符，一般用在假设小句中，与"要是"或"如果"等配合使用。① 不过这种用例极少，在语料库中我们只发现了两例：

（29）要是大哥果然同梅表姐结了婚，那真是人间美满的事情。（巴金《家》）

（30）如果这虚构的人物果然来自白求恩，他显然不是来自老三篇中的那个白求恩。（薛忆沩《另一个无名的诗人》）

2.2.2 "果不然"的性质、意义和用法

《现代汉语词典》没有专门为"果不然"列出词条，但对"果不其然"的释义为："果然（强调不出所料）。也说果不然。"可见，词典把"果不然"和"果不其然"看作同一个词语的不同形式，意义都等同于"果然"，强调不出所料。下面我们同样依靠检索语料库来进一步分析"果不然"的语义和用法。

A. 作为插入语放在句首，一般用逗号与后面的话隔开，强调事实与自己或别人的预料相符。绝大部分的"果不然"都是这种意义和用法。如：

（31）我听到了里面的谈话声。果不然，他已有人来访。（卢新华《红叶林·小松树》）

（32）一天在坡上薅包谷草，听人说鸡鸣山上的金鸡开叫了，穷人要遇喜事了。果不然，第三天贺军长率领着红军来了。（罗邦武、李杰《黔东纪行》）

也有一些用在句首的"果不然"后面没有停顿，不过加上逗号停顿一下似乎更加自然，如：

（33）老虎山事件发生以后，我才想到内部可能有特务捣鬼，果不然是这样，可见以前我们的工作太不深入了！（马烽《吕梁英

---

① "果然"的此类意义和用法在《现代汉语词典》《现代汉语八百词》中被当作连词看待。不过根据张超、李步军的分析，这类仍为语气副词，只不过在意义上与前面几类有细微差别罢了。我们接受张、李的观点。参见张超、李步军《"果然"是连词吗?》，《辞书研究》2010 年第 1 期。

雄传》）

（34）这种烤鹰的过程很累人，因为他爹说这项工作白天黑夜一刻都不能停止。果不然一阵他就累得满头大汗，便让他爹帮一阵忙。（夏青《猎鹰》）

B. 少数放在句中主谓之间，前后没有停顿，相当于一个表示料定语气的副词。如：

（35）来的人进帐篷喳喳呼呼地大喊"又窖着了，又窖着了！快来看！"我们也都出来看。那地窖果不然是塌陷了下去，内里的确有两只鹿。（郑九蝉《物报》）

（36）再后来，上面调查从钢都四中捉来的那学生被打坏的事，刘副局果不然把两个实习警察抛出来挡事。（田耳《一个人张灯结彩》）

看起来"果不然"的用法要比"果然"简单，而且上面例句中的"果不然"似乎都能换成"果然"。二者是不是就没有区别呢？下面再来比较一下它们的异同。

2.2.3　"果然"与"果不然"异同比较

首先说相同点，前面说过，"果不然"是"果然"与"不出所料"叠加整合的结果，在意义上与"果然""不出所料""果然不出所料""果不其然"等基本相同，都指事实与预料相符合，或者说事实都在事先的意料之中。

其次，二者的区别主要表现在使用范围、出现频率和主观色彩三个方面。

第一，从使用范围上看，"果然"可以出现的位置明显多于"果不然"。上面列举了"果然"作为副词有两种意思、五种用法，而"果不然"只有一种意思、两种用法。从替换的角度看，绝大部分"果不然"都可以替换为"果然"，而只有上述第一种用法的"果然"才能替换为"果不然"。可见二者的使用范围并不对称。

第二，从使用频率上看，"果然"要大大超过"果不然"。我们检索北大现代汉语语料库，发现"果然"出现了 7397 次，而"果不然"只出现了 8 次[①]，前者的使用频率差不多是后者的一千倍。若论原因，我们认为，一是"果不然"与"果然"意思差不多，却多出一个"不"字，这不符合语言经济原则；二是"不"一般表示否定，而"果不然"表达的却是肯定的意思，很多人因为不清楚它的来源，在使用时容易受"不"的干扰，弄不清它到底指"果然怎么样"还是指"果然不怎么样"；三是"果不然"为三音节短语，而"果然"是双音节词，从汉语表达习惯上说，偶数音节的词语一般要比奇数音节的词语更受欢迎。所以，"果然"的频率大大高于"果不然"并不令人奇怪。奇怪的是，既然二者的意思差不多，而"果不然"又存在上述不利因素处于劣势，为什么它出现后一直都没有被"果然"淘汰掉？这说明"果不然"肯定有它存在的价值，这个价值就是下面要分析的主观色彩。

第三，从表达的主观色彩上看，"果然"和"果不然"，乃至"果不其然""果然不出所料"等都表示料定语气，都具有主观色彩。但它们在主观色彩的强烈程度上却不完全一样。我们对语料用例进行对比分析，发现"果不然"的主观色彩要强于"果然"，即它更加强调预料结果的准确性。请看下面的例句：

(37) 哼，这小子这回也得下庄稼地了。不出所料，果不然，不到几天工夫，就跟他哥哥下地了。（大朋《我们爷儿几个》）

(38) 嘿！这个法儿还真灵，偷了他两头鹅，果不然的第二天街上告白条就出来啦。（《飞笔点太原》单口相声）

这两个例句讲的都是预料得到实现，但不是一般的叙述，而是通过"果不然""哼""不出所料""嘿""还真灵"等几个词语突出强调了预料的必然性和准确性，这种鲜明的主观色彩是"果然"一词所不能代替的。

有时候，说话者一开始对自己或别人的预料存在某种程度的怀疑，可到最后预料居然真的实现了，要表达这样一种既在意料之中又有些意外的心情，也往往用"果不然"而不用"果然"。例如：

---

① 剔除了出现在"如果不然"和"结果不然"里的情况。

(39) 拉嘎布还半信半疑。第二天，扎拉嘎布跟随爷爷去看。呀！果不然，水獭被铁夹套住了。（朝裏《林中狩猎》）

(40) 说者无心，听者有意，刘修焯便托朋友设法找个样品他看看，果不然朋友从山东带给他一个刻有仿郑板桥"难得糊涂"的盘子。（钟普《独辟蹊径的刘修焯》）

这两例中，前半句写当事人"半信半疑"或"说者无心"，后半句中的"果不然"似乎没有表明预料的准确性，但实际上，说话人恰恰通过预料情形不容易料中却又真的被料中，突出了预料的准确性。所以，仍是表达了一种强烈的主观色彩。

为了说明"果不然"的这一特性，我们再来比较下面两个句子：

(41) 我那张是法国达维画的拿破仑骑着的一匹马，一向是爱着的，我一定要炫耀一下了，可又怕被孩子们要了去。终于炫耀的心强，战战兢兢地给他们看了，果然他们很喜欢，都跳了起来。（李长之《孩子的礼赞》）

(41') 我那张是法国达维画的拿破仑骑着的一匹马，一向是爱着的，我一定要炫耀一下了，可又怕被孩子们要了去。终于炫耀的心强，战战兢兢地给他们看了，果不然，他们很喜欢，都跳了起来。

这两句话都表明"我"的预料（画儿好，孩子们喜欢）与结果相符，可例（41'）表达的语气明显要比例（41）强。何以见得？从朗读的角度看——首先例（41'）中的"果不然"要比例（41）中的"果然"读得慢；其次，例（41'）中的"果不然"后面，很自然地要有停顿，而例（41）中的"果然"后面停顿可有可无；最后，例（41'）中的"果不然""很"和"跳"都要重读，而例（41）只需要重读"果然"即可。我们知道，朗读中语速慢、有停顿、要重读的往往是表达的重点，语气也更强烈。两个例句一词之差带来了迥然不同的效果，不能不承认这是由"果不然"一词带来的。其实，不只是笔者一人的语感如此，王助（2006）也在论文中提到："果然""果不然""果不其然"都表示与先前的预料相符，感觉上

"果不其然"似乎比"果然"所表达的意思强烈些。①

为什么"果不然"会比"果然"更具主观色彩呢？我们的分析是，根据"果不然"的来源，它其实相当于"果然"＋"不出所料"，这是一个从正反两面表达的重复（羡余）结构。人们说话重复某个词语的时候，往往是要强调某个东西，那个被重复的成分正是强调的重心所在。"果不然"作为一个羡余否定结构，强调的就是事实与预料相符这一判断。而单独的一个"果然"缺少这种强调的内因。

还有一点需要补充的是，因为"果不然"存在强烈的主观色彩，所以更多地出现在口语体的语料中，而"果然"在语体上没有明显偏向。我们检索语料的结果也证明了这一点：8次"果不然"全部出现在口语化较强的小说作品中，而7397次"果然"广泛存在于文学、新闻、政论等各种文体中。总之，"果不然"作为一个羡余形式所包含的主观色彩为其赋予了独特的语用价值，正因为此，它没有也不会被"果然"完全代替。

3 不一会儿

"不一会儿"其实是一类"不/没＋数量短语"构成的羡余否定构式，主要有"不一会儿、没一会儿、没几分钟、没两天、没几年、没几个、没几步、没几下"等。先看几个具体的例子：

(1) 他又继续前进。不一会儿，就到了小河尽头。（诸志祥《黑猫警长新传》）

(2) 走进办公室，我在桌后坐下，坐了没一会儿，对面又站了一个人，这个人还是我的顶头上司。（王小波《白银时代》）

(3) 刚握过手没几分钟，就当面颁发委任证书！（梁晓声《钳工王》）

(4) "马科长"到底是县级水平，才来没两天，就把侦察范围缩小到我们连。（沈善增《正常人》）

---

① 王助：《现代汉语和法语中否定赘词的比较研究》，《外语教学与研究》2006年第6期。

（5）那边老太爷从收了我，没几年就走了。（邓友梅《那五》）

（6）科长说完，马大哈提笔就写，写了没几个字电话来啦！（何迟《买猴儿》）

（7）我知道他是不愿看到把羊卖掉，就从他手里接过绳子，牵着羊往前走，走了没几步，有庆在后面喊……（余华《活着》）

（8）白龙马发觉了，又踢又蹦，没几下将我撞倒，一溜烟跑掉了。（奚青《天涯孤旅》）

以上例句中的加点词都表示时间短或数量少，其中的数词均为概数，省去否定词"没"或"不"不改变整句话的意思，所以可看作羡余否定构式。这种"不/没＋数量短语"结构在汉语里很常见，包容性也很大，在正式讨论前，需要把一些形式相似实则不同的情况区别开来：（1）"不多时""没多久"虽然也表示时间不长，但其中的"多时""多久"并非严格的数量短语，把"不""没"去掉之后，意思就改变了。（2）"没十年八年""没十天半个月"，这类表达往往突出时间长，去掉"没"之后意思也有所变化，强调时间长的意味没有了，变成了一般的叙述。（3）"没半个影儿""没半点儿斯文样""没半分后悔"，这些表达在形式上也是"没＋数量短语"，在意思上也是突出数量少，但不能删去"没"，因为删去之后句子就不能说了。所以我们讨论的"不一会儿"类羡余否定构式不包括这三种情况。

在已有的研究中，大部分是对"一会儿"和"不一会儿"作比较，如张发明（1984）①、徐世荣（1995）②、刘长征（2006）③ 等。把"不/没＋数量短语"作为一类现象展开分析的还比较少，仅有沈家煊（1999）④、石毓智（2001）⑤、张谊生（2006）⑥ 的研究中有所涉及。下面我们仍从历时考察和共时比较两个角度对这一问题作更全面的探讨。

---

① 张发明：《"一会儿"和"不一会儿"》，《汉语学习》1984年第6期。
② 徐世荣：《"一会儿"的来历》，《语言文字应用》1995年第3期。
③ 刘长征：《"一会儿"和"不一会儿"》，《世界汉语教学》2006年第3期。
④ 沈家煊：《不对称和标记论》，江西教育出版社1999年版，第115页。
⑤ 石毓智：《肯定和否定的对称与不对称》，北京语言文化大学出版社2001年版，第222页。
⑥ 张谊生：《试论主观量标记"没"、"不"、"好"》，《中国语文》2006年第2期。

3.1 历时考察

唐代以前尚无"没几日""不一会"等说法，但存在"无日""无几""不日""不须臾"等类似表示时间短暂的羡余否定表达。如：

(9) 死丧无日，无几相见。(《诗·小雅·頍弁》)

(10) 经始灵台，经之营之，庶民攻之，不日成之。(《诗·大雅·灵台》)

(11) 襄子曰："夫江河之大也，不过三日；飘风暴雨不终朝，日中不须臾。"(《列子·说符》)

当然，这些表达中否定词的后面不是数量结构，而是名词性成分，但它们在表达的意义和效果上和今天的"没几天""不一会儿"差不多，都是通过否定成分加短时义词语，突出时间之短。"无日""无几""不日"相当于"没几天"，"不须臾"相当于"不一会儿"。

"无几"和"不日"在后来得到更多使用，如"余年无几""所差无几""所剩无几""不日而成""不日而还""不日可至"等。

在宋代以后的近代文献中，出现了大量和今天类似的"不两日""不几日""没两个时辰""没几日""不一会"等表达。如：

(12) 李克用入邠州，封了府库，抚安居民。不两日，王行瑜自为部下将杀了，传首送克用军前。(《五代史平话·唐史平话》卷上)

(13) 拽开脚步，奔到济州来。没两个时辰，早到城里。(《水浒传》第三十九回)

(14) 今晚若下船时，明早祭了神福，等一阵顺风，不几日就吹到了。(《警世通言》卷十一)

(15) 谁知这病是惹的牢瘟，同金既死，阖门染了此症，没几日就断送一个，一月之内弄个尽绝，止剩得拜住一个不死。(《初刻拍案惊奇》卷九)

(16) 不一会，已然鼾声震耳。颜生使眼色，叫雨墨将灯移出，

自己也就悄悄睡了。(《七侠五义》第三十三回)

发展到现代,这类表达就更普遍了,如"不一会儿""没两天""没几个"等频繁出现,已经可以看作比较固定的惯用构式了。

可见,现代汉语中的"不一会儿"类羡余否定构式是由早期的"无/不"＋名词类推发展而来。在古代,这类表达主要用在形容时间短的语境中,其中的羡余否定词一般为"无""不",到近代以后使用"没"的情况才越来越多。

3.2　共时分析

下面以最常见的"不一会儿"和"没几个"为例,探讨"不/没＋数量短语"类羡余否定构式在现代汉语中的句法、语义、语用特征,以及肯定式和否定式的异同。

3.2.1　句法特点

第一,"不一会儿"的句法功能大致相当于一个时间副词,一般作状语或补语,表示时间短,如:

(17) 不一会儿来到溪边,水又清又凉,在石头空里绕来绕去。(邓友梅《别了,濑户内海》)

(18) 孟大爷刚坐下歇了不一会儿,就背了他的黄帆布包到处去转了。(许淇《在峡谷里》)

"不一会儿"有时还可以作定语,如:

(19) 好像是话还没有说完,他便匆匆走了出去。不一会儿的工夫又回来了。(任朴《三条石》)

第二,"没几个"由动词"没"与数量短语"几个"组合而成,既可以在后面跟上名词一起作句子的谓语、状语或补语,也可以省略后面的名词性成分作句子的谓语。如:

（20）小县城没几个大学生，连工农兵也算上，还没突破两位数。（野莽《桃色山城》）

（21）去年从山东老家来京当保安的李超贵，因手脚不干净，没几个月就被开除了。（《北京晚报》2001年6月28日）

（22）外地来京的秦先生为了学得一技之长，报了一个电脑培训班，谁知，刚学没几个月，培训班的老板就卷钱逃跑了。（《北京晚报》2001年11月20日）

（23）他说得这么硬气是因为他知道，不愿干的没几个。（曹桂林《北京人在纽约》）

3.2.2 语义特点

《现代汉语八百词》在"不"的词条后列了几个习语，其中有"不一会儿"和"不几＋量词"，对"不一会儿"的解释是：表示时间不长；对"不几＋量词"的解释是：表示数量不大。① "不几＋量词"内部结构其实为"不＋几＋量词"，一般也作"没＋几＋量词"，"没几个"就属此类，也表示数量不大。可见"不一会儿"和"没几个"在意义上有一个共同特征——表示时间或事物的量少。一般来说，"不一会儿"不会超过半天，"没几个"不会超过十个，否则就会让人觉得自相矛盾或者认为说的是反话。比如：

（24）走了整整一天，不一会儿来到了目的地。

（25）屋子里没几个人，差不多挤了二十多个吧。

其他具体的"不/没＋数量短语"类构式也基本如此。如"不几天""没几天""没几分钟""没一会儿"表示时间短，"没几个"表示数量少，"没几下"表示动量少。所以，表示少量是此类构式在表义上的主要特点。

3.2.3 语用特点

张谊生（2006）② 认为"没几天""不一会儿"中的"没""不"是

---

① 吕叔湘：《现代汉语八百词》（增订本），商务印书馆1999年版，第92页。
② 张谊生：《试论主观量标记"没"、"不"、"好"》，《中国语文》2006年第2期。

主观减量的标记，即表达了说话人在主观上把时间或事物往少说的倾向。这很好地概括了"不/没＋数量短语"类构式的语用特点。

最能说明主观减量特点的证据是，"没几个""不一会儿"等常和副词"就"搭配使用，而不能和"才"搭配。比如：

（26）但不知为何，艺训班没几个月就解散了，他便跟人转到木偶班学习。（陈达《蒋国基：令世人惊叹的巨笛演奏家》）

（27）狼牙利齿，进度很快，不一会儿，老石头就觉得树身晃动了。（许俊选《金牛奇传》）

副词"就"一般"表示在很短的时间以内"，而副词"才"常常"表示事情发生的晚或结束的晚"。① 上述两例只能用"就"不能用"才"，正好与"没几个月""不一会儿"习惯于表示量少的主观倾向相符合。

"没""不"表达主观减量还可以从它后面的时间词上分析。如例（22），"几个月"一般来说不算太短，但相对于一个艺训班正常存在的时间就显得太短了，因此加上一个"没"更加突出地反映了作者对艺训班解散过早、存在时间太短的主观感受。

3.2.4　否定式和肯定式的比较

我们把"没几个""不一会儿"等包含"不/没"的结构称为否定式，"几个""一会儿"等不含否定词的结构称为肯定式。

先看"不一会儿"和"一会儿"的异同。二者的相同点主要有：A. 都可以作状语和补语；B. 在意义上都表示较短的时间；C. 都可以和副词"就"配合使用。它们的不同点在于：A. "一会儿"是无标记形式，使用范围广，出现频率高。而"不一会儿"是有标记形式，使用时会受到多种因素的制约，适用范围和出现频率都不如肯定式的"一会儿"。比如"不一会儿"不能用于表将来和表反复的情况②，但"一会

---

① 中国社会科学院语言研究所词典编辑室：《现代汉语词典》，商务印书馆 2005 年版，第 123、733 页。

② 张谊生：《羡余否定的类别、成因与功用》，载《语言学论丛》（第三十一辑），商务印书馆 2005 年版，第 331 页。

儿"没有这种限制。几乎所有的"不一会儿"都能替换成"一会儿"，但反过来，并非所有的"一会儿"都能替换成"不一会儿"，只有在二者"同值域"里才能替换（水行，1987）①。如此看来，二者是一种包含与被包含的关系，如图 2 所示。

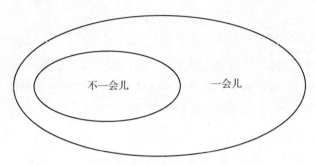

图 2 "一会儿"与"不一会儿"之间的包含关系

　　B. 二者都有一定主观性，但"一会儿"既可以表示主观小量，又可以表示主观大量；而"不一会儿"只能表示主观小量。也就是说，在使用中，如果说话人想突出时间短，既可以用"一会儿"，也可以用"不一会儿"；而如果说话人想突出时间不短，就只能用"一会儿"不能用"不一会儿"。例如：

　　（28）不一会儿，水开了。曹霑满以为翠儿就该泡茶了，没曾想，她从从容容打开盖子，用竹水斗舀了一点冷水，加了进去，盖好，又煮了起来。一会儿水又开了。（端木蕻良《曹雪芹》）
　　（29）"等一会儿！"那孩子说，转身跑进厨房。不一会儿，手里拿着一个小纸包又跑回来。（谭甫成《高原》）

　　例（28）中虽然两次水开所花的时间并不一定相同，但"不一会儿"和"一会儿"可以随意互换，这是因为在作者的叙述中，这两处都是时间很短的事情，即都表达主观小量。但例（29）不同，虽然说听话人等待的时间和孩子去拿小纸包所用的时间是相同的，但前边的"一会儿"不能换成"不一会儿"，后边"不一会儿"却能换成"一会儿"。这

　　①　水行：《"一会儿"和"不一会儿"的同值域》，《世界汉语教学》1987 年第 2 期。

一方面是因为"等一会儿！"为祈使句，"不一会儿"受到排斥[1]；另一方面也与说话人的主观视角相关——孩子说"等一会儿"，凸显的是需要等待一段时间，这个时间不论有多短，都是比 0 大的长度，表达的是主观大量；而这句话的叙述者认为孩子去拿小纸包只用了"不一会儿"时间，凸显的是孩子动作迅速、花费的时间很短，不论这个时间在客观上有多久，对叙述者来说都是主观小量。

有时说话人为了突出时间长，习惯在"一会儿"前面加上表示增量的副词"好"，后面配合使用"才"；而为了突出时间短，常用"不一会儿"，并在后面配合使用"就"。例如：

（30）离下课还有十分钟，我们又看了好一会儿书才听到下课铃响起。

（31）离上课还有十分钟，我们都在说笑。不一会儿老师就踏着上课铃走进了教室。

都是十分钟的时间，可例（30）用"好一会儿……才……"，突出说话人对这十分钟之长的主观感受，例（31）用"不一会儿……就……"，突出了说话人对这十分钟之短的主观感受。这两句中的"好一会儿"和"不一会儿"是不能互换的。

李兰香（2001）[2] 对"不一会儿"的主观性用图形对比的方式作了形象描述。（见图 3）

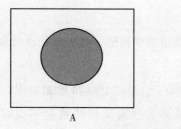

图 3　主观视角对主观感受的影响

---

① 祈使句一般表示对将来某种行为的祈求或命令，而"不一会儿"不能用于表将来，所以受到排斥，无法出现在祈使句中。

② 李兰香：《现代汉语羡余否定句式研究》，硕士学位论文，复旦大学，2001 年。

图 3 A、B 两图中，黑色的圆圈大小相同，但人们感觉图 A 中的圆圈要比图 B 中的小，原因就在于人的主观视角不同。任何事物用大的尺度去衡量，就会显得小，用小的尺度去衡量又会显得大，如何描述取决于说话人的主观视角和倾向。图 A 和图 B 分别代表了"不一会儿"和"一会儿"在主观性上的差异。

再来比较一下羡余否定式"没几个"与其相关肯定式之间的异同。"没几个"有时为"没有几个"，与其相对应的肯定式是"几个"，或者"有几个""只几个""才几个""就几个""仅几个"等。这些表达都可以单用，也可以在后面跟上名词。

从使用频率上看，北大现代汉语语料库中"没几个"共出现 129 次，"没有几个"出现 287 次；而"只几个"出现 27 次，"就几个"出现 26 次，"仅几个"出现 66 次，"才几个"出现 65 次，"好几个"出现 2629 次。总体来看，肯定式的出现频次远远超过否定式。

再从意义和用法上看。

第一，当说话人客观描述某些事物或现象存在时，一般用"几个"或"有几个"，较少用"没几个"。如：

（32）在回来的船上，我们遇到几个说中国话的游客。（德兰《年轻的外交官》）

（33）仔细观看，内中有几个人在射箭，有几个人在游泳，有几个人在划船。（《北京晚报》1990 年 9 月 30 日）

这两句话中的"几个"均属客观描述，表明事物或现象的存在，不能替换为"没几个"。

第二，当说话人主观上倾向于表达有某事或某物时，一般用"几个"或"有几个"，特别是强调某事或某物的数量不少时，还可以用"好几个"，但这些表达都不能替换成"没几个"。如：

（34）但在上千个听众中总有几个人是懂外文，或熟悉那几首歌曲的，他们虽没有公开的发言权，但也在暗自发笑。（李凌《音乐美学漫笔》）

（35）但我可断言他一定有几个晚上是睡不着的。（司徒汶生《飞的故事》）

（36）现在厂里效益不错，想调进来的人排大队，光上边捅下来的就好几个。（谈歌《大忙年》）

例（34）（35）中的"总有""一定有"表明了叙述者在主观上要强调"有"，而不是"无"或"少"；例（36）中"好几个"有增量的主观性。这三例中的"几个"都不用"没几个"来替换。

第三，当说话人在主观上倾向于表达某事或某物极少时，才用"没几个"。如：

（37）县长说吃饭就是让他出钱，县长出嘴，惯例。县长是公务人员，没几个钱的俸禄，县长当然吃大户。（朱月瑜《霉季》）

（38）人倒是不少，可大都是临时找来的农工，没几个懂行的。（李秋祥《雨中》）

（39）医院里的生活无聊单调。整天没几个病人。（朱新明《世间的神·人·鸟》）

这几例都倾向于表示"少"，甚至是"无"。其中的"没几个"也可以替换成"几个"，但为了突出数量之少，往往还要加上一个副词"就"或"只"，用"只几个""就几个"去替换才更自然。

上述第一、第二条即"没几个""几个"在语义、用法上的不同点，第三条为二者之间的相同点。它们之间的异同关系与"不一会儿""一会儿"的关系基本一致——肯定式既可以表示客观量，也可以表示主观大量或主观小量，而否定式只能用于表示主观小量。否定式与肯定式之间的替换是有条件的，并非任何场合下都能随意替换。其他类型的"不/没＋数量短语"也基本如此，肯定式与否定式的不对称关系反映了语言无标记成分和有标记成分在应用范围和主观性方面的差异。

第三章 紧密型羡余否定构式

　　紧密型羡余否定构式主要包括"非……不……""除非……不……""好不……""难免不……""抵赖没……"五种。其中"抵赖没……"在语料库中的出现频率也非常低，作为羡余否定构式不够典型，本章不作详细讨论。另外"除非……不……"与"非……不……"有很多相似之处，所以放在一节讨论。下面分别考察"非……不……""好不……""难免不……"的历时发展过程与共时特征。

1　非……不……

　　"非……不……"是汉语里一个使用频率较高的固定格式，与其相关的还有省略式"非……"和肯定条件式"非……才……"，有时候它们的意思相同，可以互换，例如：

　　（1）我只好等着妈妈，非到她完事，我不去睡觉。（老舍《月牙儿》）

　　（1'）我只好等着妈妈，非到她完事，我才去睡觉。

　　（1''）我只好等着妈妈，非到她完事。

　　可见，"非……不……"也可看作羡余否定构式。为表述方便，下面将"非……不……"记为"非 x 不 y"，"非……才……"记为"非 x 才 y"，"非……"记为"非 x"。

目前关于"非 x 不 y"及其相关构式的研究已有不少，重要的有：邵敬敏（1988）分析了"非 x 不 y"的三种意义和两种变式，讨论了"非 x 才 y"的生成、变化轨迹①；张谊生（1992）分析了与"非 x 不 y"相关的六种格式——非 x（，）不 y、非 x 不 K、非 x［　］、非 x 莫属、非 x（，）才 y、非 x 不拉倒，以及这些格式在表达意义上的特点②；郭攀（1999）从历时角度考察了"非 A 不 B"句型的出现及其发展过程③；洪波、董正存（2004）论述了"非 X 不可"的结构语法化和功能语法化过程④；王灿龙（2008）探讨了表达视角和 VP 的韵律特征对"非 VP 不可"句式中"不可"能否隐现的影响，还讨论了这个格式中"非"的虚化过程⑤。除此之外，许维翰（1981）⑥、黄永健（1995）⑦谈论了"非……不……"句式的意义和功能；徐复岭（1981）⑧、杨玉玲（2002）⑨、孙中芹（2008）⑩分析了"非……不可"的句法语义特点；徐秀珍（1989）⑪、贾甫田（1990）⑫、李卫中（2002）⑬、高晓梅（2003）⑭比较了"非……不……"和"不……不……"格式的异同之处。总体来看，这个问题讨论得比较充分，下面我们打算把"非 x 不 y"及其相关构式放在羡余否定的背景下作进一步研究。

---

① 邵敬敏：《"非 x 不 y"及其变式》，《中国语文天地》1988 年第 1 期。

② 张谊生：《"非 x 不 y"及其相关句式》，《徐州师范学报》（哲学社会科学版）1992 年第 2 期。

③ 郭攀：《"非 A 不 B"句型的出现及其发展》，《华中师范大学学报》（人文社会科学版）1999 年第 3 期。

④ 洪波、董正存：《"非 X 不可"格式的历史演化和语法化》，《中国语文》2004 年第 3 期。

⑤ 王灿龙：《"非 VP 不可"句式中"不可"的隐现——兼谈"非"的虚化》，《中国语文》2008 年第 2 期。

⑥ 许维翰：《谈"非……不……"》，《语言教学与研究》1981 年第 4 期。

⑦ 黄永健：《"非……不……"句式初探》，《深圳大学学报》（人文社会科学版）1995 年第 3 期。

⑧ 徐复岭：《谈"非……不可"》，《汉语学习》1981 年第 5 期。

⑨ 杨玉玲：《"非 X 不可"句式的语义类型及其语用教学》，《汉语学习》2002 年第 1 期。

⑩ 孙中芹：《"非 A 不可"格式探究》，硕士学位论文，吉林大学，2008 年。

⑪ 贾甫田：《"非……不可"与"不……不行"》，《天津师范大学学报》1990 年第 2 期。

⑫ 李卫中：《"非 A 不 B"与"不 X 不 Y"格式的比较》，《汉语学习》2002 年第 3 期。

⑬ 徐秀珍：《复句中的"非……不……"和"非……才……"》，《新疆大学学报》（哲学社会科学版）1989 年第 1 期。

⑭ 高晓梅：《"非 x 才 y"相关格式比较——兼论"非"的词性及意义》，《佳木斯大学社会科学学报》2003 年第 1 期。

1.1 历时考察

"非 x 不 y"在先秦文献中已经存在,例如:

(2) 永畏惟罚,非天不中,惟人在命。(《尚书·吕刑》)

(3) 天子非展义不巡守,诸侯非民事不举,卿非君命不越竟。(《左传·庄公二十七年》)

(4) 故形非道不生,生非德不明。(《庄子·天地》)

这些"非 x 不 y"结构可以看作条件关系的复句,"非 x"表示条件,"不 y"表示结果,"非"与"不"构成双重否定表达强调的语气。两个分句之间结合紧密,无明显停顿。其中"非"有时也作"匪""微","不"有时也作"弗""勿",例如:

(5) 伐柯如何?匪斧不克。取妻如何?匪媒不得。(《诗经·豳风·伐柯》)

(6) 微楚之惠不及此,退三舍避之,所以报也。(《左传·僖公二十八年》)

(7) 廉,已惟为之,知其思耳也,所令,非身弗行。(《墨子·经说上》)

(8) 苍术周道者必为之门,门二人守之,非有信符勿行,不从令者斩。(《墨子·旗帜》)

在"非 x 不 y"结构中有一类特殊的"非 x 不可"在先秦时期也已出现,如:

(9) 君子曰:"忠为令德,非其人犹不可,况不令乎?"(《左传·成公十年》)

到汉魏六朝,"非 x 不 y"进一步发展,出现了一些新的变式,一是"非 x 莫 y",如：

(10) 非陛下莫引立公，非公莫克此祸。（《汉书·王莽传》）

二是出现了"非 x＋不＋助动词＋y"的用例，比如：

(11) 文挚对曰："非怒王，疾不可治也；王怒则挚必死。"（《论衡·道虚篇》）

(12) 盖非橑不能蔽日，轮非辐不能追疾，然而橑辐未足恃也。（《淮南子·说林训》）

(13) 夫宣室者，先帝之正处也，非法度之政不得入焉。（《汉书·东方朔传》）

三是从先秦时期的"非 NP 不 y"发展出"非 VP 不 y"的用法，例如：

(14) 戎杀我大父仲，我非杀戎王则不敢入邑。（《史记·秦本纪》）

(15) 至于革命之期运，非征伐用兵，则不能定其业；奸宄之成群，非严刑峻法，则不能破其党。（《昌言》卷中）

(16) 非有大材深智，则不能见其大体。（《新论》卷上）

唐代以后直至明清时期，"非 x 不 y"在古白话文献中使用频率都不是很高，这可能与其保持了上古汉语书面化、文言化的特点有关。这个时期"非 x 不 y"中的 x 基本都是谓词性的，例如：

(17) 布之风烈，非得左丘明、司马迁笔不能书也。（欧阳修《唐田布碑跋》）

(18) 或曰："今寇盗尚多，非有诏旨，不可轻去。"（《宋史·王全斌传》）

(19) 最难得这样浑成，非是高手不能。（《二刻拍案惊奇》卷

十七）

在此阶段"非 x 不可"基本凝固，在某种程度上具有了单句的性质，按照洪波、董正存（2004）的说法，"非 x 不可"一般不再接后续谓语，此格式有界化过程基本完成。^① 例如：

（20）茂章曰："我素事吴，吴兵三等，如公此众，可当其下将尔，非得益兵十万不可。"（《新五代史·吴世家》）

（21）若《孟子》《诗》《书》等，非读不可。盖它首尾自相应，全籍读方见。（《朱子语类·训门人六》）

（22）于是入奏曰："今沿江经画大计略定，非得大臣相应援不可。"（《宋史·喻樗传》）

此外明清时期还出现了"非得 x 不可（成/行）"这种口语化、主观性更鲜明的表达式。例如：

（23）阳和居宣大中，其铁裹门、水峪口、鹁鸽峪非得勇将守之不可。（严从简《殊域周咨录·鞑靼》）

（24）无奈此事关系重大，非得亲身见巡抚不成。（《康熙侠义传》第六十一回）

（25）若要劫牢反狱，非得人多不行，倒不如我们还是劫法场。（《小五义》第二百二十回）

进入 20 世纪，"非 x 不 y"又有以下新发展：一是受复句形式的影响，"非 x"与"不 y"之间结合的不那么紧，可以有停顿，如：

（26）先生与太太们总以为仆人就是家奴，非把穷人的命要了，不足以付得起那点工钱。（老舍《骆驼祥子》）

---

① 洪波、董正存：《"非 X 不可"格式的历史演化和语法化》，《中国语文》2004 年第 3 期。

二是"非 x 不可"固化程度更高，成为一种固定用法，x 成分可以为体词性的，也可以是谓词性的，在表达中整个短语用来强调 x 条件的必要性。例如：

（27）早就听说大梦拳了得。我们合计，要搬倒这洋人还非大梦拳不可。（王朔《千万别把我当人》）

（28）"不玩文学不行？不可能不玩，非玩不可。"我回答。（王朔《一点正经没有》）

关于另外两个相关的格式"非 x 才 y"和"非 x"，邵敬敏（1988）认为"非 x 才 y"最近几十年才形成[①]；张谊生（1992）认为"非 x 不 y"是在省略式"非 x"的基础上加上"才 y"形成的[②]；王灿龙（2008）认为"非 x"是古代汉语"非 N 不可"发展为"非 VP 不可"后，"非"从否定副词演变为情态副词辅助 VP，"不可"的句法地位开始削弱并最终落单脱落造成的。[③]三位学者的分析综合起来就是：非 NP 不可→非 VP 不可→非 x→非 x 才 y。

然而根据我们考察，宋代已有"非 x 方 y"，明代出现了"非 x 方才 y"。如：

（29）又如人做一件善事，是自家自肯去做，非待人教自家做，方勉强做，此便不是为人也。（《朱子语类》卷十七）

（30）那少年的，如闺女一般，深居简出，非细相熟的主顾，或是亲戚，方才得见。（《醒世恒言》卷十五）

而表示强调义的"非（得）x"大约到清代才出现，如：

（31）我和尚过去一喊冤，轿子就站住，我非得打官司，谁也

① 邵敬敏：《"非 x 不 y"及其变式》，《中国语文天地》1988 年第 1 期。
② 张谊生：《"非 x 不 y"及其相关句式》，《徐州师范学报》（哲学社会科学版）1992 年第 2 期。
③ 王灿龙：《"非 VP 不可"句式中"不可"的隐现——兼谈"非"的虚化》，《中国语文》2008 年第 2 期。

拦不了。(《济公全传》第四十二回)

（32）列位，夹棍这宗刑法，若是将人夹死，骤然间一松，人就缓不过来了，非得陆续向下放，然后慢慢的缓醒。(《三侠传》第六回)

这说明"非 x 才 y"由"非 x"加"才 y"而来的说法可疑。那么它们到底从何而来，与"非 x 不 y"存在怎样一种关系呢？经过查检语料，我们推断，"非 x 才 y"很有可能从"非 x 不 y"与"x 才 y"两个句式杂糅而来。理由是：第一，意义上的高度相似性是促成杂糅的重要因素。"非 x 不 y"与"x 才 y"意思基本相同，都表示 x 为 y 的必要条件，可以看作同一意义的不同表达，因此二者存在杂糅的可能。第二，至少元代已有"x 才 y"的表达，这为明代产生"非 x 才 y"提供了源式条件。元代"x 才 y"的用例如：

（33）小家子心低志低，这辈诌诨之人，还该疏远他才是，怎么倒去亲近他？(《全元曲·杀狗记》)

（34）这就不是，求亲犹如告债，须是登门相请才可。(《全元曲·荆钗记》)

（35）遣心腹人把着门，闲杂人一个也不放入来。你说与王舍知道。他来时须要觑个方便才好。(《全元曲·百花亭》)

元代像这样的例子还有不少，说明"x 才 y"表达在当时已经比较成熟。这些"x 才 y"基本都可以替换为"非 x 不 y"，比如上面三例可分别替换为"非疏远他不对""非登门相请不可""非觑个方便不好"。用沈家煊（2006）①"杂糅"的观点来看，"非 x 不 y"和"x 才 y"一反一正两种表达式完全有可能杂糅成"非 x 才 y"，因此明清时期出现"非 x 才 y"是很自然的事。

至于省略式"非 x"，我们认为是"非 x 不 y"或"非 x 才 y"省略后半部分变来的。大致的变化过程是："非 x 不 y"和"非 x 才 y"经过

---

① 沈家煊：《"糅合"和"截搭"》，《世界汉语教学》2006 年第 4 期。

长期使用，逐渐凝固出形式简短的"非得/要 x 不可""非得 x 才可/好"等短语，这些用例在明清时期较为普遍，例如：

（36）当时他非要将蔡高判为凶手不可，以追查云落驻军军官对下属管束不严之罪。（《蓝公案》第十四回）

（37）臣望轻位卑，虽有安民之心，绝无绥兵之策，非得大臣镇抚不可。（《鹿樵纪闻》卷上）

（38）巴永太说："这就是临敌无惧、勇冠三军的马成龙？不要长他人之威风，灭自己的锐气，我非得结果他的性命才可！"（《康熙侠义传》第七十八回）

（39）春芳把旱烟筒放下，微微含笑道："太太，别慌，这般大事，为何能草草将就呢，非得想一个万全之策才好。"（《风流奇案》第三十一回）

这些句子中"非要将蔡高判为凶手不可""非得大臣镇抚不可""非得结果他的性命才可""非得想一个万全之策才好"，表结果的 y 部分都很简单，仅为一个能愿动词"可"或"好"，意义也很虚，一般把这类结构中的"不可""才好"等看作一个助词；而表示条件的 x 部分较复杂，常常是一个谓词性的小句，并且在小句前面增加一个主观色彩很强的助词"得"（děi）或"要"①。可见"非得/要 x 不可""非得 x 才可/好"结构主要强调条件分句 x，而弱化了结果分句 y。这种倾向会导致结果分句 y 不再是表义的必需分句，在表达时被隐去不说便成为可能，所以在清代出现只有条件分句的"非 x"表达式是很自然的事。这种省略式之所以能够产生并使用至今，与"非 x 不 y"和"非 x 才 y"句的内在逻辑关系相关，因为这两种句式都强调 x 为产生 y 的必要条件，表达重心在 x 上，且 x 与 y 之间的必要条件关系使 y 不必表达出来也可以得到理解，这在某种程度上也是语言经济性的一种表现。因此发展到现代，省略式"非 x"在口语里很常见。当然，这三种构式各有特点，在

---

① "得"（děi）：助词，表示情理上、事实上的需要；"要"：助词，"表示做某事的意志"，主观性都很明显。参见吕叔湘《现代汉语八百词》（增订本），商务印书馆 1999 年版，第166、592 页。

历史上并没有因为某一形式的产生而导致其他形式的消亡，它们在现代汉语中依然并存使用。

综合上述分析，我们把"非 x 不 y"及相关构式的发展演变过程表示如图1。

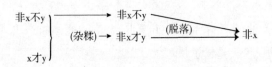

图1 "非 x 不 y"及相关构式的发展演变过程

1.2 共时分析

这一部分主要分析和比较现代汉语当中"非 x 不 y""非 x 才 y"和"非 x"三种构式的意义、用法及异同之处。

1.2.1 "非 x 不 y"构式的句法、语义、语用特点

《现代汉语八百词》收录了"非……不……"，解释为：表示一定要这样。"非"后多为动词语，也可以用小句或指人的名词。"非"后有时加"得"。后一部分常用"不行、不可、不成"。[①]《现代汉语词典》列举了"非"的第六个义项为：跟"不"呼应，表示必须：要想做出成绩，非下苦功不可。[②]

从句法上看，"非 x 不 y"可以分为"非 x"和"不 y"前后两部分，根据二者之间结合的紧密程度，可分出松散式和紧缩式两类。松散式的两部分一般较长，中间可以有停顿，如：

(40) 女人念了几句书最难驾驭。男人非比她高一层，不能和她平等匹配。(钱钟书《围城》)

(41) 那些软的黄土，像要抓住他的鞋底，非用很大的力气，不能拔出来。他出了汗。(老舍《四世同堂》)

---

① 吕叔湘：《现代汉语八百词》(增订本)，商务印书馆1999年版，第205页。
② 中国社会科学院语言研究所词典编辑室：《现代汉语词典》，商务印书馆2005年版，第393页。

紧缩式的两部分一般较短，连接紧密，中间没有停顿。例如：

（42）但根椐中国足协要求，冬训期间海南金鑫足球基地将进行封闭管理，非球队人员不得入内。（《解放日报》2004年1月4日）

（43）一册之中，纯全山水，而融各家各派，面目独具，非大家不能胜任。（程庸《百开山水册页二千万起拍》）

（44）这个问题非快点解决不可，早点查出毛病就好办了。（周而复《上海的早晨》）

"非x不y"带有一定的文言色彩，在现代汉语中，使用频率更高的是"非x不可/行/成"。下面的分析主要以"非x不可"为例进行。

能够进入"非x不可"的x，一般为谓词性短语，例如：

（45）他不屑地看着跪在他面前发抖的游，他指着游的鼻梁说非离不可。（任俊《仓皇》）

（46）像这样的名著非郑重介绍不可。不然某先生看见很不高兴。（巴金《寒夜》）

（47）这非得老师全心全意、全力以赴不可。（传华《老师的心》）

（48）正因为这样，才感到有一种切肤之痛，非闯出一条新路子不可。（赵文瀚《大江流去》）

（49）她越说不清楚，李大嘴越叮着不放松，好像非问个水落石出不可。（马加《江山村十日》）

（50）奶奶，爸爸，谁喊我都没用，我非要等我妈来喊我不可。（刘建、李松《爱的银河》）

上面例句"非x不可"的插入成分分别为简单动词、状中短语、主谓短语、动宾短语、动补短语、兼语短语。有时插入的x也可以是名词或代词，例如：

　　（51）还是吴督军说得对，为大局计，张军长不但不能法办，还得授给他统帅全军的大权，扭转大局，非张军长不可。（武育文、王维远《张学良将军传略》）

　　（52）越琢磨心里越明白：这忙别人还帮不上，非我不可……（石英《奇人行踪》）

　　其实插入成分为名词或代词时，仍需把这个插入成分理解为一种行为或事件，如例（51）中的"非张军长不可"实际应理解为"非让张军长统帅全军扭转大局不可"，例（52）中的"非我不可"当理解为"非得我来帮这个忙不可"。

　　从语义上看，"非 x 不可"通过双重否定表达了一种强调义，强调的内容即 x，从逻辑关系上看，x 为必不可少的条件，因为 x 条件没有达到，就"不可"。根据邵敬敏（1988）的分析，这种对 x 成分的强调实际包括三种意义：主观认识上的"必欲"、客观情态的"必须"和事理发展的"必然"。[①]举例来说：

　　（53）哼，这笨虫也想在我跟前弄玄虚么？内中一定有把戏。我非挖它出来不可。（茅盾《腐蚀》）

　　（54）我从来没见过像你爸爸这种人，我在他面前总是控制自己的情绪，我知道非这样不可，不然我就很危险。（残雪《开凿》）

　　（55）我早料到，胡子非败不可。（周立波《暴风骤雨》）

　　例（53）"我非挖它出来不可"表明的是说话者的意愿和决心（不挖出来不罢休），即主观认识上的"必欲"；例（54）"非这样不可"表明的是这种行为在现实要求下不能不如此，即客观情态的"必须"；例（55）"胡子非败不可"是说话人所作的一种主观判断，而这种判断是根据事理发展作出的，在说话人看来是必然的，即事理发展的"必然"。所以"非 x 不可"是个多义构式，以下三句话中的"他非去不可"就分别表示"他在意愿上坚决要去""形势所迫，他不能不去""说话人认为

---

① 邵敬敏：《"非 x 不 y"及其变式》，《中国语文天地》1988 年第 1 期。

他一定会去":

  （56）a（我劝也没有用，）他非去不可。

     b（会议太重要了，）他非去不可。

     c（再这样拖下去，）他非去不可。

  从语用上看，"非 x 不可"一方面表达了说话人对意愿、行为或判断的强调；另一方面也预设（presuppostion）了客观上的不适宜、不得已、不如意。[①] 也就是说，在意愿上必欲如何，其实意味着现实中有人对这种意愿持不同意、不情愿的态度；在情势上必须如何，其实是以主观上不得已、不情愿为背景的；在推断上必然如何，则意味着这种推断的结果是以事实上的不如意为前提的。如例（56a），"非去不可"是"他"在意愿上的决心，而"我劝也没有用"表明"我"对"他去"的态度是不同意、不情愿的；例（56b）"非去不可"是事态要求的结果，其实"他"在主观上是不得已、不情愿的；例（56c）"非去不可"是说话人的判断，而这种必然的结果并非说话人所期望发生的。所以，"非 x 不可"所强调的 x 成分，往往是消极义的，对于说话人、听话人或者其他隐含的人物来说是不情愿、不得已或不希望的，这是"非 x 不可"得以使用的语用背景。

  1.2.2　"非 x 才 y"构式的句法、语义、语用特点

  在"非 x 才 y"中"非"不再是个否定词，有人认为是评注性副词[②]，有人认为是肯定副词[③]，有人认为是情态副词[④]，我们认为这个"非"相当于"一定""必须"，表达的是肯定义，不过更主要的是表达一种意愿和判断，具有评注功能，所以看作评注性副词更合适。

  "非 x 才 y"也是一种强调格式，但这种强调不是通过双重否定而是利用条件关系实现的。它一般为复句形式，x 与 y 是两个分句，x 表

---

  ① 张谊生：《"非 x 不 y"及其相关句式》，《徐州师范学报》（哲学社会科学版）1992 年第 2 期。

  ② 完权：《"非 x 不 k"格式的语义分析》，《现代语文》2006 年第 2 期。

  ③ 高晓梅：《"非 x 才"相关格式比较——兼论"非"的词性及意义》，《佳木斯大学社会科学学报》2003 年第 1 期。

  ④ 洪波、董正存：《"非 X 不可"格式的历史演化和语法化》，《中国语文》2004 年第 3 期。

示条件，y 表示结果。例如：

(57) 若是半夜走班，我非给他做他爱吃的饭菜，热汤热水的，让他高高兴兴的走了，我心里才好受。（陈桂珍《钟声》）

(58) 哼，这个人，怎么说他也不听，非要把宪兵队长杀了，报了仇，他才相信我们。（东生《无产者》）

"非 x 才行/成"是一种半凝固化的"非 x 才 y"结构，其中的 y 成分有简化、虚化趋势，此构式在口语中经常使用。不过一般不说"非 x 才可"。例如：

(59) 你让我去，顶个屁用，要劝转茶英，还非得你去才成。（黄郁贤《西岭人家》）

(60) 再说，你两个组长这样不团结，我们怎么办呀？我看非心眼里不拧劲才行，越使心眼越坏事。（郭光《仅仅是开始》）

从意义上看，"非 x 才 y"强调 x 为 y 必不可少的条件。邵敬敏（1988）曾认为"非 x 不 y"可表达主观认识上的"必欲"、客观情态的"必须"和事理发展的"必然"，而"非 x 才 y"只能表示"必须"义，不能表示"必欲""必然"义。[①] 不过我们在语料中也找到一些表示主观认识上的"必欲"义的，例如：

(61) 于是拿出几片饼干，在她面前反复说着"饼干"两个字，非要她说出来才让她吃。（许桂声《从聋哑女到神童》）

(62) 过去城里的官军也下乡剿过土匪，有时打掉票子，有时起出票子，可是他们把票子当作奇货可居，非要交足了钱才肯放回。（姚雪垠《李自成》）

这两例中的"非 x 才 y"都是行为主体主观上一定要那么做，表达

---

① 邵敬敏：《"非 x 不 y"及其变式》，《中国语文天地》1988 年第 1 期。

的是"必欲"义,而非客观情态的必须。

从语用上看,"非 x 才 y"和"非 x 不 y"一样是有标记的强调格式,强调的焦点在 x。通常情况下,汉语句子的信息焦点位于句子后半段,一般称为自然焦点①,这是一种常规的、无标记形式。而"非 x 才 y"句的信息焦点 x 位于句子的前半段,不同于自然焦点,一般把这样的焦点叫作对比焦点,"非……才……"即突出对比焦点的形式标记。因此,一个普通的句子改成"非 x 才 y"句,会产生或增强强调的意味。例如:

(63) a. 要想使企业有充足的发展后劲,就得另辟蹊径。

　　　　b. 非得另辟蹊径才能使企业有充足的发展后劲。

这两句话的意思差不多,但(63a)是一个常规复句,信息的焦点在句末;而(63b)为"非 x 才 y"句,通过强调标记"非……才……"把信息焦点"另辟蹊径"提前,增强了整个句子的强调色彩。当然,"非 x 不 y"也具有这种语用效果。

1.2.3 "非 x"构式的句法、语义、语用特点

"非 x"为省略式,一般认为是"非 x 不可"的省略,但我们认为也不能排除是"非 x 才行/成"的省略。因为从产生时间上看,"非 x"在它们二者之后;从"非"的词性和意义上看,"非 x"与"非 x 才行/成"更接近,这两种构式里的"非"都不再是否定副词,而是具有肯定义的评注性副词。所以"非 x"有两个来源:"非 x 不可"和"非 x 才行/成"各自省略虚化的尾部助词都会产生"非 x"。

从结构上看,能够进入"非 x"构式的 x,要比能进入另外两个完整式的 x 受到更多限制。根据王灿龙(2008)② 的分析,这至少要受到两个方面的制约。

一是"非"的后面一般不能是光杆动词,如果是,往往要在动词前面加上助词"得"(děi)或"要"才能说。例如下面两句话包含"非 x"构式,如果缺少"得"(děi)或"要"就不能说了:

---

① 沈家煊:《不对称和标记论》,江西教育出版社 1999 年版,第 226 页。

② 参见王灿龙《"非 VP 不可"句式中"不可"的隐现——兼谈"非"的虚化》,《中国语文》2008 年第 2 期。

（64）当初我就不同意分这十五亩地！可你们大队非要分，说
这是政策。（丰收《三婶上县》）

（65）是啊，非得整顿，上上下下都得整顿。（刘雪屏《比翼鸟
螺旋》）

其实，即使 x 不是光杆动词，"非 x"句一般也带有"得"（děi）或
"要"。我们统计了王朔的小说，发现省略式"非 x"共出现 55 次，其
中带有"得"（děi）或"要"的有 39 次，占到总数的 71%。

二是省略式"非 x"一般为当事人表达视角，而不能是言者表达视
角。所谓当事人视角（agent - oriented）指完全从句子所关涉的当事人
（行为主体）这方面来观照动作或状态的发生情况；所谓言者视角
（speaker - oriented）指从说话者的角度观照动作或状态的发生情况。
例如：

（66）我那外孙女看见汽水了，非要来一瓶儿，她一口下去，
站在那儿直翻白眼儿，不住地打嗝。（王景愚《可口可笑》）

（67）这么冷的天你还只穿一件衬衣，非冻感冒了。

例（66）为当事人（外孙女）视角，因此可以说"非要来一瓶儿"；
而例（67）为言者视角，不能说"非冻感冒了"，却能说"非冻感冒了
不可"或"非冻感冒了才好"。

从意义上看，"非 x"也是一个强调式，只突出条件，省略了结果。
虽然省略了结果，但句子的强调色彩并没有减弱，这是通过增强"非"
的功能实现的。《现代汉语词典》对"非"的解释第七个义项为：一定
要，偏偏。① 这就是"非 x"中"非"的意义，其主观强调的意味非常
浓。"非 x"构式也可以表达主观认识的"必欲"、客观情态的"必须"
和事理发展的"必然"，比如下面三例分别表达了这三种意思：

（68）在医院门口，小胖非要买糖葫芦，我没零钱，只好掏出

---

① 中国社会科学院语言研究所词典编辑室：《现代汉语词典》，商务印书馆 2005 年版，
第 393 页。

钱包，不想却叫小偷盯上了……（李才雍、郭子力《觉醒》）

（69）对于有情的人儿，传递信息何必非要靠语言？（丛维熙《雪落黄河静无声》）

（70）我就知道，这样"放"下去非得再来一次反右派斗争不可。（戴厚英《人啊，人！》）

从语用上看，"非 x"作为省略形式，口语色彩更明显，一般出现在小说、戏剧的对话中，很少出现在书面语体里。"非"从"非 x 不 y"发展到"非 x 才 y""非 x"，其意义和功能都发生了很大的变化（从否定副词发展到表强调的评注性副词），有一些"非 x"已经不太容易还原为"非 x 不 y"了，例如：

（71）怎么解释她也不听，非说有人看见了。（王朔《永失我爱》）

既然"非 x"主要用来强调一种意愿、态度或判断，一般就不会单独出现，前后往往有语义相关的句子，《现代汉语八百词》也认为"非 x"格式一般用于承接上文或反问句中，[①] 这可看作它在篇章上的语用特点。

1.2.4 "非 x 不 y"的羡余否定条件以及与肯定式和省略式的异同关系

"非 x 不 y"的羡余否定性表现在：表否定义的副词"不"可以替换为表肯定义的连词"才"，变成"非 x 才 y"而不改变整句话的意思；甚至整个否定分句"不 y"都可以删去变成"非 x"仍不改变意思。但这种替换或省略是有条件的，在下列情况下，"非 x 不 y"一般不能替换成"非 x 才 y"。

前面谈到"非 x 不 y"可以表达"必欲""必须""必然"三种意义，而"非 x 才 y"不能表达"必然"义，所以这一类的"非 x 不 y"就无法替换为"非 x 才 y"，例如：

---

① 吕叔湘：《现代汉语八百词》（增订本），商务印书馆 1999 年版，第 205 页。

（72）人要一骄傲自满了，非栽跟头不行。（雪克《战斗的青春》）

（73）照这样下去，咱们这支人马非砸锅不成，打个屁的天下！（姚雪垠《李自成》）

另外"非 x 不可"也没有对应的"非 x 才可"这种说法，例如：

（74）因为语言这东西，不是随便可以学好的，非下苦功不可。（毛泽东《反对党八股》）

因为"不"是副词，而"才"是连词，有些只允许出现副词的结构就不能把"非 x 不 y"替换为"非 x 才 y"，例如：

（75）承认其有而要掩饰为无，非有绝技是不行的。（鲁迅《"硬译"与"文学的阶级性"》）

（76）那些阔人们似乎以为四周非有墙包围着是不能住人的。（周作人《山中杂信》）

这两句话中"非……是不……的"都不能替换为"非……是才……的"，这是因为这里"是……的"结构的插入成分"不行""不能住人"都是单个短语，没有可供连接的两个成分，所以连词"才"派不上用场，无法替换"不"。

当"非"被激活为否定义时，后面的"不"也不能换成"才"，例如：

（77）这是一部文艺性传记，写孙中山的一生，涉及的面很广，若非多年辛勤耕耘，不能臻此。（金香《服务日新书录》）

这句话中"若非"连用决定了"非"只能表示否定义，如果把后面与之相配的"不"替换成"才"，句子的意思就变了。因为，把"非 x 不 y"替换为"非 x 才 y"其实不只是替换了一个"不"，其中的否定副词"非"也要同时变为评注性副词"非",二者的替换应当是同时进行的。从这个角度看,把"非 x 不 y"称为羡余否定式其实只在形式上成立,究其意义的话,还比较牵强。

至于"非 x 不 y"省略为"非 x"的限制条件,前面已经谈过,总的情况是:当 x 为光杆动词且"非"的后面没有"得"(děi)或"要"时,"非 x 不 y"不能省略成"非 x";当"非 x 不 y"句为言者表达视角时,也不能省略。例句见例(64)—例(67)。

下面再来比较羡余否定式"非 x 不 y"与肯定式"非 x 才 y"以及省略式"非 x"三者之间的异同。

从功能和意义上看,三者基本相同,都是强调结构,都表示 x 必不可少或必然实现,所以在一般情况下可以互相替换。这与它们在历史发展上存在直接的渊源关系有关,前面已经谈及,这里不再赘述。

至于不同点,仔细考察的话,三者在形式、意义和用法上还是存在某些细微差别的。首先看形式,三种构式都包含一个副词"非",但每一个"非"的功能和意义都不完全相同:在"非 x 不 y"中,"非"是一个否定副词,否定的意思很实在,与后面的"不"构成双重否定关系;在"非 x 才 y"中,"非"是一个评注性副词,不再表示否定,不过与连词"才"搭配,独立性还不是那么强;在"非 x"中,"非"已经取得了独立的评注性副词地位,赵元任(1968)说它表示"强硬的肯定"①。

三者都包含强调的成分 x,但从形式上看,"非 x 不 y"和"非 x 才 y"中的 x 一般比较简短,而"非 x"中的 x 可以比较长。比如下面这句话 x 成分比较长,后面加上"不 y"或"才 y"就不太自然:

(78)她非要当事人把自己的心思明白无误地昭示在太阳底下。
(毕淑敏《女人之约》)

"非 x 不 y"是双重否定结构,通过从反面排除其他可能和条件来肯定 x 的唯一性或必要性;"非 x 才 y"是条件限定结构,通过正面限

---

① 赵元任:《中国话的文法》,丁邦新译,中文大学出版社 1980 年版,第 388 页。

定来强调 x 的必不可少；"非 x"则是省略结构，通过改变、强化"非"的功能突出 x 的重要性。所以这三者一个从反面论证"没有不行"，一个从正面肯定"有了才行"，还有一个强调"必须那样"，它们大致相同的语义是从不同角度阐述的。

其次它们的意义也有区别，前面谈到"非 x 不 y"和"非 x"有"必欲""必须""必然"三种意义，而"非 x 才 y"一般没有"必然"义。从 x 与 y 的逻辑关系上看，"非 x 不 y"中"非 x"是"不 y"的充分条件，即只要"非 x"那么一定就"不 y"，这种条件关系还可以看作一种假设，即如果"不 x"那么就"不 y"；然而"非 x 才 y"中 x 是 y 的必要条件，即只有 x 才 y，且这种条件关系不能用于假设。可见，这两者的表义方式很不相同。

最后，它们之间的区别最主要的还是在语用上。从语体风格上看，"非 x 不 y"保留了某些文言、书面化的色彩，而"非 x 才 y"和"非 x"口语色彩更鲜明；从理解的角度看，"非 x 不 y"因为否定了两次，理解起来需要更多的大脑活动，而"非 x 才 y"和"非 x"理解起来更容易。所以"非 x 不 y"一般只用在书面化的语言里，出现频率也较低（凝固化的"非 x 不可"除外），相反"非 x 才 y"和"非 x"在日常口语中经常出现。此外，三者表达的风格和语气也有不同，试比较下面三句话：

    (79) a. 今天你非把事实摆出来我不相信。
            b. 今天你非把事实摆出来我才相信。
            c. 今天你非把事实摆出来。

例（79a）从反面强调"如果不把事实摆出来我就不会相信"，语气坚决；例（79b）从正面强调"一定要把事实摆出来我才能相信"，态度肯定，例（79c）只突出表达的焦点"一定要把事实摆出来"，口气干脆。这些不同的语气风格正好适应了交际的需要，所以它们共同存在于我们的语言当中，并将继续共存下去。

1.3　除非 x 不 y

现代汉语里，"除非 x 不 y"和"非 x 不 y"有诸多相似之处：形式上，都包含"非"，且都存在否定式（"除非 x 不 y"，"非 x 不 y"）、肯定式（"除非 x 才 y"，"非 x 才 y"）、省略式（"除非 x"，"非 x"）三种近义格式。在意义上，"除非 x 不 y"和"非 x 不 y"都表示排除条件义，在某些情况下也可以互换。所以我们将"除非 x 不 y"放在"非 x 不 y"的后面讨论。

学术界对"除非"句①的讨论也有不少，不过主要集中在逻辑关系和语义分析上，如江显芸（1990）②、张佳音（2003）③、张谊生（2004）④、赵新、刘若云（2006）⑤ 等。历时方面的研究很少，我们看到的只有胡丽珍、雷冬平（2007）⑥ 一篇。把"除非"句和"非"句放在一起比较分析的文章更少。本节重点讨论"除非 x 不 y"的产生发展过程，以及"除非 x 不 y"与相关构式的异同之处。

1.3.1　"除非 x 不 y"的产生发展

"除非"最早见于唐代文献，如：

（80）自今已后，诸王公主驸马外戚家，除非至亲以外，不得出入门庭，妄说言语。（唐元宗《诫宗属制》）

（81）除非一杯酒，何物更关身？（白居易《感春》）

（82）队马当直，拟防机急，官人以下，不得乘骑。其杂畜，除非警急，兵士不得辄骑。（李靖《李卫公兵法》）

（83）要觅长生路，除非认本元。（吕岩《五言》）

（84）免斯因缘，有何方术，除非听受法花经，如此灾殃方得出。（《敦煌变文集新书》卷二）

---

① 为讨论方面，本书把包含"除非"一词的"除非 x 不 y""除非 x 才 y""除非 x"等句称为"除非"句，包含"非"的"非 x 不 y""非 x 才 y""非 x"等句称为"非"句。另把包含"只有"的"只有 x 才 y""只有 x"称为"只有"句。

② 江显芸：《"除非"析》，《上海师范大学学报》1990 年第 3 期。

③ 张佳音：《"除非"及其句式的语义分析》，《河北大学学报》（哲学社会科学版）2003 年第 2 期。

④ 张谊生：《现代汉语副词探索》，学林出版社 2004 年版，第 355—384 页。

⑤ 赵新、刘若云：《"除非"条件句的语义和语用分析》，《语言研究》2006 年第 1 期。

⑥ 胡丽珍、雷冬平：《论"除非"的功能及其句式演变》，《中南大学学报》（社会科学版）2007 年第 2 期。

例（80）（81）中的"除非"用作介词，例（82）（83）（84）中的用作连词。在意思上，例（80）（81）（82）中的"除非"表示排除义，相当于"除了"，例（83）（84）中的"除非"表示必要条件，相当于"只有"。在格式上，例（80）（82）为否定式"除非 x 不 y"，例（83）为省略式"除非 x"，例（84）为肯定式"除非 x 方 y"。否定式中的"不"换为"方/才"，肯定式中的"方"换为"不"都不改变句子意思。还有，这些例句中的"除非"凝聚性已比较强，不能理解为"除＋非"。可见"除非"一词在唐代已经发展成熟。我们推测，"除非"的产生年代应该在唐代以前，只是因为现有的语料有限，暂未发现而已。

关于"除非"的起源，仅仅通过上述用例难以推出。如果简单认为，"除非"来自"除"和"非"的加合，则难以解释为什么"除非"既可以表示具有否定意味的排除义，又可以表示具有肯定意味的必要义。胡丽珍、雷冬平（2007）认为最早的"除非……外……不……"例（80）来自"除……外"和"非……不……"的叠套使用①。我们认为存在这种可能，不过因为缺少语料的支持，还不敢完全肯定。"除非"的来源问题仍有待考证。

唐代以后，包含"除非"的格式更加多样，比较典型的有：

除非 x，才 y

（85）向前呵粮又窄，褪后呵路不通。只除非会驾风，才出的他兵几重。（《全元曲·昊天塔孟良盗骨·第一折》）

除非 x，便 y

（86）玄德曰："除非问孔明，便知其详。"（《三国演义》第四十二回）

不 y，除非 x

---

① 胡丽珍、雷冬平：《论"除非"的功能及其句式演变》，《中南大学学报》（社会科学版）2007 年第 2 期。

（87）小弟没事不到省下，除非冬底要买过年物事，是必要到你们那里走走，专意来拜大哥、三哥的宅上便是。（《二刻拍案惊奇》卷四）

不 y，除非 x，才 y

（88）在日间经过，只有一道光，夜间连光都看不见，除非他们同道中，才能看见。（《七剑十三侠》第二回）

除非 x，否则 y

（89）除非圣人之言不足为训，否则父以子贵即不成问题。（《上古神话演义》第一百五十六回）

若要 z，除非 x，否则 y

（90）冯国璋道："总统若要挽留段总理，除非与德绝交，否则国璋亦想不出甚么良法。"（《民国演义》第八十一回）

若（要）不 z，除非 x，才 y

（91）崔仁翼厉声道："而今既处在人家掌握中，又且去国千里，若不纳土，除非是生有羽翼才能飞得回去哩！"（《宋代十八朝艳史演义》第二十回）

以上格式都是在"除非 x 不 y"和"除非 x 才 y"的基础上变换而来的。"除非"句的变式还有很多（如追补式、正推式、反推式、间隔式、插入式、隐蔽式、省略式等①），但不管变得多复杂，只要把握住"除非""不""才"这几个关键词，句子内部的逻辑关系就不难理解了。

---

① 参见张谊生《现代汉语副词探索》，学林出版社 2004 年版，第 355—384 页。

1.3.2 "除非 x 不 y"与"除非 x 才 y"的共时比较

"除非 x 不 y"与"除非 x 才 y"在现代汉语里仍是一对正反同义结构。二者主要相同点在意义上——都表示 x 是 y 不可缺少的必要条件，在多数情况下可以互相替换。很多学者发现，它们之所以同义，是因为底层形式是一致的。张谊生（2004）认为它们共同的底层形式是"不 y，除非 x，（只有那样）才 y，（否则）不 y"，因为省略或隐含了不同的部分才表现出不同的形式，主要的意思还是相同的。① 胡丽珍、雷冬平（2007）也有类似的看法，认为"除非 x 不 y"与"除非 x 才 y"的共同底层形式是"不 y，除非 x，才 y"。我们认为这种观点有一定道理，因为每一个"除非"句都可以还原出这一底层形式来，例如：

（92）只知道她是一个寡妇，有一个女儿。人很老实。虽然没有知识，但是洁身自好，不贪小便宜。除非你给她，她从不伸手要东西。（汪曾祺《鸡毛》）

（93）当了管事就是终身职务，很少听说过有东家把管事辞了的。除非老管事病故，才会延聘一位新管事。（汪曾祺《异秉》）

例（92）中的"除非你给她，她从不伸手要东西"可还原为"她从不伸手要东西，除非你给她，她才要"；例（93）中的"除非老管事病故，才会延聘一位新管事"可还原为"东家一般不会辞掉老管事（聘用新管事），除非老管事病故，才会延聘一位新管事"。通过找出共同的底层形式，可以更好地发现"除非 x 不 y"与"除非 x 才 y"的内部关联。

在功能上，二者也有相似性，即都具有追补性，它们的前面总是有一个先导句（即底层形式中的"不 y"），"除非 x 不 y"和"除非 x 才 y"都是对这个先导句的追述（补充或修正）。当然有时先导句"不 y"是显在的，有时候是隐藏的，如果隐藏了，也可以根据语境补出来。

二者的不同点往往被忽视，其实和所有的羡余否定构式一样，它们在"大同"的前提下存在诸多"小异"，相异之处主要表现在以下几方面。

---

① 参见张谊生《现代汉语副词探索》，学林出版社 2004 年版，第 380 页。为使与本书表示的字母一致，这里对原文中的字母作了更换。

第一，形式不同。一个用否定词"不"引导 y，另一个用副词"才"引导 y。

第二，表义方式不同。虽然都表示 x 是 y 不可缺少的必要条件，但"除非 x 不 y"是从反面强调 x 的不可缺少性，"除非 x 才 y"却从正面强调 x 的必要性。

第三，表义重点不同。"除非 x 不 y"表达的重点在结果"不 y"上，而"除非 x 才 y"表达的重点在条件"x"上。这可以从朗读的重音上得到体现，例如：

(94) a. 除非你有证据，我不会相信你说的话。
　　 b. 除非你有证据，我才会相信你说的话。

不考虑更多的语境，仅就上面两个句子来说，例（94a）的朗读重音应该在"不会相信"上，而例（94b）的朗读重音应该在"除非你有证据"上。因为朗读重音往往是表义的重心所在，由此可以推断否定式"除非"句强调的是结果，肯定式"除非"句强调的是条件。

第四，心理预设不同。张佳音（2003）认为，使用"除非 x 不 y"时，说话人的心理预设是否定的，即对条件 x 和结果 y 都不抱太大希望；而使用"除非 x 才 y"时，说话人的心理预设是肯定的，即对条件 x 和结果 y 还抱有一定希望。[①] 以此观点审视例（94），似乎也能看出不同的倾向来：a 句说话人对听话人拿出证据基本不抱希望，所以在心理上是倾向于不相信对方的；b 句说话人对听话人拿出证据并没有丧失希望，所以强调对方要把证据拿出来。

当然，上述差异都是十分细微的，需要仔细比较才能体会到。在一般的情况下，人们不会在意这些差别，只是凭着习惯或语感去使用和理解。不过从出现频率上看，否定式"除非 x 不 y"及其变式要比肯定式"除非 x 才 y"及其变式更常见。在北大现代汉语语料库中随机抽取的 200 个含"除非"的句子中，有 122 句属于否定式"除非 x 不 y"（占 61%），只有 35 句属于肯定式"除非 x 才 y"（占 17.5%），

---

① 张佳音：《"除非"及其句式的语义分析》，《河北大学学报》2003 年第 2 期。

剩余的 43 句属于省略式"除非 x"或其他一些特殊格式（占 21.5%）。这说明人们在总体上更习惯使用"除非"的排除义，而较少使用必要义。

1.3.3 "除非"句与"非"句、"只有"句的区别

本节开头提到"除非"句与"非"句有很多相似之处，这里再说说它们之间的区别。

从历时的角度看，"非"句比"除非"句产生得更早。另外，"非 x 不 y""非 x 才 y""非 x"之间的发展脉络较清晰——肯定式由否定式与"x 才 y"杂糅而成，省略式则是肯定式与否定式脱落尾部形成的；可"除非 x 不 y""除非 x 才 y""除非 x"之间的发展演变关系尚难以梳理清楚，在现有的语料中，它们几乎同时出现，故不敢作出与"非"句有相同演变关系的结论。

从现代汉语里"除非"与"非"的性质看，前者为介词或连词，后者却为否定副词或评注性副词。"除非"在不同的格式中都可以是连词，可"非"只在"非 x 不 y"中为否定副词，在"非 x 才 y"和"非 x"中只能是评注性副词。

从意义上看，"除非"句主要用来强调结果 y 的普遍性和绝对性，较少用来强调条件 x 的必要性；而"非"句主要用来强调条件 x 对于说话人之"必欲""必须"或"必然"。所以二者表义的重点也有所不同。

在语用上，"除非"句一般起追述作用，前面存在先导句；而"非"句中除了"非 x"有类似的篇章特征，"非 x 不 y"和"非 x 才 y"都没有追述作用。正是因为上述差异的存在，许多"除非"句都不能替换为"非"句，反之亦然。

人们还常常把"除非 x 才 y"当作"只有 x 才 y"来理解，认为这里的"除非"就是"只有"的意思。有学者对此提出了质疑，如江显芸（1990）认为把"除非"等同于"只有"是错觉、附会，没有抓住"除非"句的关键[①]；张谊生（2004）认为"除非"只表示一种语法意义，但不是强调唯一的先决条件，而是用来追加补充、排除假设性例外的。[②] 那么"除非 x 才 y"和"只有 x 才 y"到底有哪些区别呢？

从表达语气上看，"除非"句的强调语气更重。因为"只有"是从

---

① 江显芸：《"除非"析》，《上海师范大学学报》1990 年第 3 期。
② 张谊生：《现代汉语副词探索》，学林出版社 2004 年版，第 355—384 页。

正面提出某个唯一的条件，而"除非"是从反面强调结果的出现不能缺少某个唯一的条件，所以强调的语气更重。[①]

从句子的主要功能上看，"只有"条件句只用来强调条件的必要性；而"除非"条件句主要用来强调结果的绝对性或普遍性，很少用来强调条件的必要性。据赵新、刘若云（2006）统计，100 例"除非"条件句中，强调条件的只有 5 例，其余的 95 例都是用来强调结果的；相反，100 例"只有"条件句中没有一例是强调结果的，全部用于强调条件。所以"除非"条件句的语用价值是提出一个很少出现或绝对不会出现的特殊条件，通过条件的不可实现或很少实现来强调结果的普遍性或绝对性；而"只有"条件句的语用价值是提出一个真实的需求性条件，强调这个条件是必不可少的。这两种条件句实际上已有分工，基本上形成了互补的分布。[②]

2　好不……

现代汉语"好"＋形容词与其否定形式"好不"＋形容词有时可以表示相同的意思，比如：

（1）赵丹一听急了："为什么不能出院？好容易有了这个拍片机会，我不能错过。"（姜金城《赵丹最后的日子》）

（2）在一处杂乱的集市边，罗盘拉着周正下了车。他看见那里有一伙人在卖旧衣衫、旧货物，熙熙攘攘的好不热闹。（彭荆风《绿月亮》）

例（1）中的"好容易"可以替换成"好不容易"，例（2）中的"好不热闹"也可以替换成"好热闹"，都不改变原句的意思。可见"好不"＋形容词也可以看作羡余否定构式，我们记作"好不 A"。

---

① 吕叔湘：《现代汉语八百词》（增订本），商务印书馆 1999 年版，第 125 页。
② 赵新、刘若云：《"除非"条件句的语义和语用分析》，《语言研究》2006 年第 1 期。

　　学界关于"好不 A"的研究已有不少，卢钦（1981）较早列举了"好不"的三种不同类型：否定形式等于肯定形式的（例如"好不热闹"）、肯定形式等于否定形式的（例如"好容易"）、只有否定形式没有肯定形式的（例如"好不安分"）。① 袁宾（1984）把"好不"分为肯定式"好不＋A"和否定式"好＋不 A"，考察了它们在近代汉语里的产生和发展演变情况②；沈家煊（1994）从语用角度分析了"好不 A"的不同类型，用"反语用法语法化"的观点解释了"好不 A"的由来。③ 方绪军（1996）④、周明强（1996）⑤、邹立志（2006）⑥ 详细讨论了"好不 A"中 A 的特点，并以此为标准把"好不 A"分成了不同的类别。江蓝生（2010）通过对"好"和"好不"语义、功能演变的历时考察，认为"好容易"等肯定式表否定、"好不悲伤"等否定式表肯定的不对称现象是由反问句发展而来的。⑦ 总体来看，人们对"好不 A"构式的研究视野在不断扩大，认识的水平也在不断加深，不过问题和争议仍然存在，还有继续讨论的必要。本节将在前人研究的基础上，从羡余否定的角度对"好不 A"构式作更全面的考察。

2.1　历时考察

2.1.1　"好 A"和"好＋不 A"的产生

　　先从"好"谈起。"好"，《说文》解释"美也"。本为形容词，表示女子貌美，后扩展表示事物、人情之美。再引申为动词，表喜好（读去声）。这些用法在先秦均已出现。至于"好"作程度副词的产生时间，向熹（1993）⑧ 认为产生于宋代，元明普遍应用；吴福祥（1996）⑨、武

　　① 卢钦：《好不……》，《中国语文》1981 年第 2 期。
　　② 袁宾：《近代汉语"好不"考》，《中国语文》1984 年第 3 期。
　　③ 沈家煊：《"好不"不对称用法的语义和语用解释》，《中国语文》1994 年第 4 期。
　　④ 方绪军：《析"好/好不＋形容词"的同义现象》，《上海师范大学学报》（哲学社会科学版）1996 年第 3 期。
　　⑤ 周明强：《论"好不 AP"、"好 AP"中的 AP》，《汉语学习》1998 年第 1 期。
　　⑥ 邹立志：《好不"A"诸现象的语义语用考察》，《世界汉语教学》2006 年第 3 期。
　　⑦ 江蓝生：《"好容易"与"好不容易"》，载《历史语言学研究》（第三辑），商务印书馆 2010 年版，第 13—25 页。
　　⑧ 向熹：《简明汉语史》，高等教育出版社 1993 年版，第 414 页。
　　⑨ 吴福祥：《敦煌变文语法研究》，岳麓书社 1996 年版，第 133 页。

振玉（2004）①认为产生于晚唐五代，但是非常少见，入宋以后才多起来。我们检索发现，"好"作程度副词表示"很""甚"，在唐代初期就已经出现了，盛唐以后用例逐渐增多。例如：

（3）卿好不自知，每比萧何，真何如也？（《晋书·姚兴载记附尹纬》）

（4）帘前春色应须惜，世上浮名好是闲。（岑参《暮春虢州东亭送李司马归扶风别庐》）

（5）停桡静听曲中意，好似云山韶濩音。（元结《欸乃曲》）

（6）清秋华发好相似，却把钓竿归去来。（赵嘏《江上逢许逸人》）

（7）者汉大痴，好不自知，恰见宽纵，苟徒（图）过时。（《敦煌变文·燕子赋》）

上述例句中"好不"即真不、太不，"好是"即真是、甚是，"好似""好相似"即好像、很像。这些"好"的后面跟的都是动词或动词短语，其中也有否定形式的"不VP"——例（3）和例（7）中的"好不自知"，其内部结构为"好＋不自知"，表达否定义。程度副词"好"的后面接形容词出现在宋代，如：

（8）小轩独坐相思处，情绪好无聊。一丛萱草，几竿修竹，数叶芭蕉。（石孝友《眼儿媚·愁云淡淡雨潇潇》）

（9）亏你两口下着得，诸般事儿都不理。关上房门便要睡，嫂嫂，你好不贤惠。我在家，不多时，相帮做些道怎地？巴不得打发我出门，你们两口得伶俐？（《快嘴李翠莲记》②）

（10）小姑，你好不贤良，便去房中唆调娘。若是婆婆打杀我，活捉你去见阎王！（《快嘴李翠莲记》）

① 武振玉：《程度副词"好"的产生与发展》，《吉林大学社会科学学报》2004年第2期。
② 《快嘴李翠莲记》收录于明代洪楩编印的《清平山堂话本》里，不过一般认为《快嘴李翠莲记》为宋代话本。

这几例"好"都表示程度深，可用"真""太"翻译，后面接的都是形容词，其中例（9）（10）为形容词的否定形式，"好不贤惠""好不贤良"从结构上看都为"好＋不 A"，表示否定义，它们可以看作今天否定式"好＋不 A"（如：好不安分、好不公平等）的源头。所以汉语里否定义"好＋不 A"的产生过程并不复杂，可以简单概括为：好＋VP→好＋A→好＋不 A，这一过程在宋代已经完成。

2.1.2　"好不＋A"的产生

学界普遍对表肯定义的"好不＋A"感兴趣，关于其来源和产生时间，袁宾（1984）认为肯定义"好不＋A"是由否定义"好＋不 A"通过反语修辞方式演化而来的，产生的时间大约在明代下半叶。① 江蓝生（2010）认为表示肯定的"好不＋VP"是由反问句转换为感叹句过程中语法化而来的，没有说具体的产生时间，不过根据她所举的例子，这一过程大概发生于宋元时期。② 我们考察的情况是，宋代已经出现表示肯定义的"好不＋VP"用例：

（11）爷娘得恁地无见识！将个妹妹嫁与一个事马的驱口，教咱弟兄好不羞了面皮。（《新编五代史平话·汉史平话》卷上③）

不过在宋代文献中只找到这一例表示肯定义的，其余的"好不 X"都是表否定义的。到元代杂剧里，表肯定义的"好不"呈明显增长之势，至少出现了十几次，例如：

（12）如今那个不晓我与大哥做了朋友，好不奉承我，就是半夜回去，他每还要打扫一条洁净街道与我走，谁敢欺负我！（《全元南戏·杀狗记》）

（13）如今伴着一个秀才，是西川成都人，好不缠的火热！（《全元杂剧·玉箫女两世姻缘》）

---

①　袁宾：《近代汉语"好不"考》，《中国语文》1984 年第 3 期。

②　江蓝生：《"好容易"与"好不容易"》，载《历史语言学研究》（第三辑），商务印书馆 2010 年版，第 13—25 页。

③　关于《五代史平话》的成书年代，丁锡根《〈五代史平话〉成书考述》［《复旦学报》（社会科学版）1991 年第 5 期］有详细论述，确定该书出于宋光宗绍熙前后。

　　（14）江上撑开一叶舟，竿头收起钓鱼钩。箬笠蓑衣随意有，斜风细雨不须忧。俺这打渔人，好不快活也呵。（《全元杂剧·陈季卿误上竹叶舟》）

　　（15）谢天地，适值先帝驾幸中宫，刘太后忙忙的接驾去了。奴婢方才脱的这性命。好不险也！（《全元杂剧·金水桥陈琳抱妆盒》）

　　例（12）（13）为"好不＋VP"结构，例（14）（15）为"好不＋A"结构，此外还有"好不精细""好不富贵""好不苦楚""好不苦""好不疼""好不闷"等。可见表肯定义的"好不"在元代已经比较常见了。不过从比例上看，表否定义的"好不"仍占优势——我们从汉籍全文数据库元代文献中共检索到 67 例表程度的"好不"，其中肯定义的只有 19 例（占 28%），其余的 48 例（占 72%）均为否定义。另外我们统计，肯定义的"好不"后面接 VP 成分的有 2 例，接 A 成分的有 17 例。可见今天常见的肯定义"好不＋A"构式（如：好不热闹、好不悲伤等）在元代已经形成。

　　到明代，"好不……"更是大量出现，在汉籍全文数据库明代文献中，我们检索出了 1246 次"好不"，除去少量不合要求、出现在"好不好""不好不去"等格式中的用例，绝大部分都用作程度副词，其中表示肯定义的又占到一大半。我们挑选了前面 200 个用作程度副词的例句，发现表示肯定义的有 146 例（占 73%），表示否定义的有 54 例（占 27%）。这些表示肯定义的，用法多样，功能齐全，举例如下：

　　（16）我爹娘只生得我一个儿，那日不见了我在家，好不啼哭，满到处贴招子寻我，求签买卦，不知费了多少。一时间见我回家，好不欢天喜地，犹如拾得一件宝贝的一般。（《韩湘子全传》第六回）

　　（17）慌的兰花生怕打，连忙走到厨下，对雪娥说："奶奶嫌汤淡，好不骂哩！"（《金瓶梅》第九十四回）

　　（18）他生平最爱的是吹箫一事，遂取出随身的那管箫来，呜呜咽咽，好不吹得好听。（《今古奇观》第二十九卷）

　　（19）好笑那些麟袍玉带，今日都改为金带虎豹补服。忠贤心

中好不烦闷，面上好不惶恐。岂知后来连一顶纱帽也不能保全。（《梼杌闲评》第四十八回）

（20）胡鸿道："这个公子，生得好不清秀伶俐，极会读书。"（《二刻拍案惊奇》第三十二卷）

（21）经济道："他在东大街上使了一千二百银子，买了所好不大的房子，与咱家房子差不多儿，门面七间，到底五层。"（《金瓶梅》第三十三回）

（22）张千道："如今世上冒名托姓趁口认的好不多得紧。我也难信你，你且说怎么不到潮州，倒来这卓韦山上?"（《韩湘子全传》第二十七回）

从后接成分的词性上看，有的接动词或动词短语，如例（16）至例（18），有的接形容词或形容词短语，如例（19）至例（22）；从后接成分的音节数量上看，有的接单音节词，如例（17），有的接双音节词，如例（19），有的接三音节短语，如例（22），有的接四音节短语，如例（20）；从"好不……"结构的句法功能来看，有的作句子谓语，如例（16）至例（19），有的作句子补语，如例（20），有的作定语，如例（21）。值得注意的是，明代"好不"不仅能够放在一般的谓词性短语之前，还可以放在动补或形补短语的前面，比如例（18）和例（22），"吹得好听"和"多得紧"均为述补结构，其中的补语成分"好听"和"紧"已经表示程度了，但前面又加上"好不"强调程度之深，这种用法在明代以前难以见到。

总体来看，明代用于表示程度深的"好不……"大量涌现，且肯定义用法超过否定义用法，主要作句子谓语。"好不"的后接成分多数是形容词或形容词性短语，且一般是双音节或四音节的。这些特点甚至比今天的"好不 A"还要丰富。这里再列举一些明代文献中使用频率较高的肯定义表达式：好不热闹、好不快活、好不惧怕、好不作怪、好不忿恨、好不苦恼、好不喜欢、好不凉快、好不威武、好不受用、好不了得、好不值得、好不苦楚凄凉、好不逍遥自在……

清代以后，"好不……"的用例比明代还要多，不过在用法上有萎缩的趋势，主要表达肯定义，后接成分也主要是双音节形容词，这种趋势延续至今。

否定义"好不 A"是形容词"好"引申为程度副词之后,后接成分从动词短语扩展到形容词,再进一步扩展到否定式形容词的结果。那么,肯定义"好不 A"又是如何产生的呢?我们同意江蓝生(2010)的观点,即从"好"的反诘副词用法发展而来,或者说从反问句向感叹句转换过程中语法化而来。① 这是与否定义"好+不 A"完全不同的另一条发展线索。

"好"在南北朝时期发展出了助动词的用法,表示可以、宜于,例如:

(23) 夏侯太初一时之杰士,虚心于子,而卿意怀不可,交合则好成,不合则致隙。(《世说新语》卷中)

(24) 羔有死者,皮好作裘褥,肉好作乾腊,及作肉酱,味又甚美。(《齐民要术·养羊第五十七》)

根据助动词可以在反问句中转作反诘副词的规律②,助动词"好"在反问句中也可能产生反诘副词的用法,相当于"岂""难道"。其实这一用法在唐代已见用例,如:

(25) 韦曲花无赖,家家恼杀人。绿樽须尽日,白发好禁春?(杜甫《奉陪赠附马韦曲》)

(26) 春生溪岭雪初开,下马云亭酹一杯。好是精灵偏有感,能于乡里不为灾?(罗邺《谒宁祠》)

这里"白发好禁春?"即"白发岂禁春?","好是精灵偏有感?"即"岂是精灵偏有感?"因为"反问具有否定功能"③,从表义的角度看,我们一般可以把肯定反问句理解为否定感叹句,比如"难道他是坏人吗?"基本上就可以理解为"他不是坏人!"所以上述两句也分别可以理

---

① 江蓝生:《"好容易"与"好不容易"》,载《历史语言学研究》(第三辑),商务印书馆2010年版,第13—25页。
② 参见江蓝生《疑问副词"颇、可、还"》,《近代汉语虚词研究》,语文出版社1992年版,第234页。
③ 曾毅平、杜宝莲:《略论反问的否定功能》,《暨南大学华文学院学报》2004年第2期。

解为"白发不禁春!""不是精灵偏有感!"。

　　同样的道理，在宋元时期出现的"好不……"反问句中，人们也可以作两种理解，一种是反问的"岂不……"，另一种是感叹的"好不＋不……"（否定之否定即肯定，"好不不"也就是"好"）。比如上面举出的例（11）"教咱弟兄好不羞了面皮"，既可以理解为"教咱弟兄岂不羞了面皮？"也可以理解为"教咱弟兄好羞了面皮!"例（14）"俺这打渔人，好不快活也呵"，既可以理解为"俺这打渔人，岂不快活也呵？"也可以理解为"俺这打渔人，好快活也呵!"因为古书原本没有标点，也没有录音，我们现在无法断定这些话到底是反问语气还是感叹语气。既然这两种理解都行得通，就说明后来的肯定程度副词"好不"很有可能就是从表反诘语气的"好不"发展而来的，上述理解两可的句子均能看作演变过程中二者功能重叠的证据。在这个演变过程中，反问句变为感叹句，反诘副词"好"与否定副词"不"被压缩成了一个程度副词"好不"——这个过程既包含"超词"成分的词汇化（两个跨层成分"好""不"被压缩成了一个副词"好不"），也包含句法结构的重新分析和语法化（"好"表反问、"不"表否定，两种不同作用的语法结构合成了一个起加强程度作用的虚词成分"好不"），还包含了句式功能的语法化（表反诘功能的反问句演变成了表感叹语气的感叹句）。

　　元代以后"好不"在反问句中大量使用，人们越来越倾向于把"好不"看作一个整体，在理解上也无须再经过"反问＋否定＝肯定"这样一个推理过程，而直接把"好不"看作一个表示肯定义的程度副词。所以"好不热闹"就是"好热闹"，"好不苦楚凄凉"就是"好苦楚凄凉"，等等。发展到今天，我们已不再习惯把含有肯定义"好不"的句子看作反问句，而倾向于看作感叹句或陈述句。

　　现代汉语中与肯定义"好不"类似的还有"可不"和"还不"，它们原本也用于反问句中，"可"或"还"为反诘副词，"不"为否定副词，句子表达反问的语气、肯定的意义。与"好不"一样，现在"可不"也常出现在感叹句里，表达感叹的语气、肯定的意义；"还不"则多出现在祈使句里，表达命令的语气、肯定的意义。如：

　　　　（27）本来嘛，你已经跟全义是两口子了，可不得向着他说话!

（陈建功、赵大年《皇城根》）

（28）家珍还真听话，立刻站了起来。我说："你来干什么，还不快给我回去。"（余华《活着》）

例（27）"可不得向着他说话"在意思上即"可得向着他说话"；例（28）"还不快给我回去"即"快给我回去"。

所以，肯定义"好不"产生过程可大致描述为：（1）好（助动词）＋动词→（2）好（反诘副词）＋动词/好（反诘副词）＋不（否定副词）＋动词→（3）好（反诘副词）＋不（否定副词）＋形容词→（4）好不（程度副词）＋形容词。这一过程在元代基本完成。

两种"好不"的产生发展过程图示如图2。

好（形容词）→ { 好（程度副词）＋VP→好（程度副词）＋A→好（程度副词）＋不 A（否定义"好不"）
好（助动词）＋VP→好（反诘副词）＋［不＋VP/A］→好不（程度副词）＋A（肯定义"好不"）

图 2　"好不"的产生发展过程

2.1.3　"好容易"的产生和发展

"好容易"与"好不容易"比较特殊，二者在现代汉语里都表达否定义，这与一般的"好 A""好不 A"都表达肯定义不同。其实它们的产生、发展过程也与一般的"好 A""好不 A"不太一样。

一般认为"好容易"要比"好不容易"更先出现，最早的"好容易"用例出现在元代。[①] 我们的检索结果也证实了这一点，下面是出自元杂剧的两个用例：

（29）（正末云）郭马儿，我与你这一口剑，要些回答的礼物。（郭云）可要甚么回奉的礼物？（正末唱）要一颗血沥沥妇人头。（郭云）好容易也。（马致远《吕洞宾三醉岳阳楼》）

（30）（正旦哭云）姐姐，员外无了，这家私大小，我都不要，单则容我领了孩儿去罢。（搽旦云）孩儿是那个养的？（正旦云）是我养的。（搽旦云）你养的，怎不自家乳哺了？一向在我身边，煨

---

① 江蓝生：《"好容易"与"好不容易"》，《历史语言学研究》（第三辑），商务印书馆2010年版，第18页。

干避湿，咽苦吐甜，费了多少辛勤，在手掌儿上抬举长大的，你就来认我养的孩儿，这等好容易！（李行甫《包待制智赚灰栏记》）

这两句最早的"好容易"都为否定义，表示"不容易"，一开始就与表示肯定义的"好 A"结构不同。前面说过，"好"有多种词性和意义，这两句"好容易"中的"好"是什么词性呢？我们认为这与它出现的句类有关，因为如果为例（29）的"好容易也"和例（30）的"这等好容易"加上不同标点，它们就会有不同的表现：如果加上问号，把"好容易也？""这等好容易？"当作反问句，则"好"应理解为"岂、哪里"，为反诘副词；如果加上感叹号，把"好容易也！""这等好容易！"当作感叹句，则"好"应理解为"一点儿都不"，为程度副词——这与肯定义"好不 A"的特点十分相似，即所处的句子都可以作反问句和感叹句两种理解。因此我们推测，否定义的"好容易"也极有可能是在反问句发展为感叹句的过程中形成的，上述两例早期用例更可能为反问句的用法，即"好"为反诘副词，"好容易"就是"岂容易""哪里容易"。元代以后，"好容易"得到更广泛的使用，汉籍全文数据库明代文献中共出现了 48 次，下面列举几例有代表性的：

（31）妈儿道："好容易！就要去，也须得千金财礼才能去哩。"（《梼杌闲评》第四十五回）

（32）你老人家不说，小的也不敢说。这个可是使不的！不说可惜，倒只恐折了他。花麻痘疹还没见，好容易就能养治的大？（《金瓶梅》第三十四回）

（33）看起来，有情不如无情好，相逢不如不相逢，好容易，做了一个可心合意的梦，又被那畜牲惊醒了梦中，落了一场空……（《明清民歌时调集·白雪遗音》卷一）

（34）吴大舅道："孩儿们好容易养活大——"正说着，只见玳安进来……（《金瓶梅》第三十九回）

例（31）"好容易！"单独成句，可以看作一个反问句"哪里容易？"例（32）"好容易"仍用在反问句中，不过作状语，同样可理解为"哪里容易"。例（33）反问语气不那么强，带有一定的感叹语气，"好容易"可以看作"做了一个可心合意的梦"的状语，句子可理解为"好不容易做了一个可心合意的梦啊！"例（34）"好容易"作句子状语，反问语气最弱，整句话完全可以看作带有否定含义的陈述句，意为"孩儿们好不容易养活大"。最后这一例与今天的普遍用法基本相同。其实这四个例句基本上代表了"好容易"在反问句向感叹句、陈述句变化过程中，其功能和意义的演化路径——单独作反问句，意为"哪里容易?"→作反问句的状语，意为"哪里容易"→作感叹句或陈述句的状语，意为"好不容易"。虽然这些都是同一时期的用例，难以看出确切的先后顺序，但其内在的发展演变关系还是可以推导和确定的，因为例（31）—例（34），"好容易"的独立性越来越弱，句法功能却越来越强，反问语气越来越弱，陈述语气却越来越强，这符合语法化的一般规律。因此基本上可以肯定，"好容易"不是由一般的"好 A"发展而来，而是在反问句向感叹句、陈述句演变过程中一步步语法化形成的。

到了清代，"好容易"出现的次数更多，在汉籍全文数据库清代文献中我们共检索出 1357 次，其中绝大多数表示否定义，但也有极少数表示肯定义的，例如：

（35）你这奴才，"猪八戒吃人参果，全不知滋味！"说的好容易！是云片糕？方才这几片，不要说值几十两银子，"半夜里不见了枪头子，攘到贼肚里"，只是我将来再发了晕病，却拿甚么药来医？你这奴才，害我不浅！（《儒林外史》第六回）

（36）何孝先道："说得好容易！不经老公的手，他们肯叫你把东西送到佛爷面前吗?"（《官场现形记》第三十五回）

这两例中的"好容易"都作"说"的补语，句子带有一种嘲讽口气，在意思上表示"说起来容易，但做起来不容易"。此种用法特殊，也很少见，与一般的否定义"好容易"有明显不同。清代否定义的"好容易"在用法和功能上日趋统一，绝大多数都用在陈述句中作状语，有不少出现在"好容易……才……"结构中，和今天的用法基本相同。

2.1.4 "好不容易"的产生和发展

"好不容易"出现较晚，我们查到的最早用例在《浪蝶偷香》中，这部小说的作者"风月轩入玄子"有人认为是明代人，有人认为是清代人①，我们姑且认为这是一部明末清初的作品。原句如下：

(37) 好不容易，才熬到天黑，丫头秀娟送来晚饭，雪萍用罢后，便急急来至卧房，把门半掩，盼那杨三到来。(《浪蝶偷香》第二十回)

这里的"好不容易"表否定义，虽然后面有逗号停顿，但仍可看作"才熬到天黑"的状语。清代初期以前，文献中只有这一个用例，更多的例子都出现在正式进入清代以后，所以"好不容易"的产生时间宜定在清代。在清代文献中，我们检索出了26例"好不容易"，如：

(38) 太太叫道："我儿，你千山万水来到此间，好不容易。我见你这般豪杰，正在欢喜，怎么就要分离？"(《飞龙全传》第二十五回)

(39) 李十儿在外也打听不出什么事来，便想到报上的饥荒，实在也着急。好不容易听见贾政出来了，便迎上来跟着……〔《红楼梦》(程乙本) 第一百回〕

(40) 洪儒道："这是立马造桥的事，卖田如何来得及呢？"鸾吹道："你从前赌钱时，今日一百，明日五十，卖得好不容易，怎就来不及？"(《野叟曝言》卷二)

(41) 姑姑道："多谢店家。但不知登莱地方上，可有清白人家正经子弟么？"小三道："那个没有？勿要说别家，只看吾姜小三开这招商店铺，南北客人多来投宿，赚钱好不容易，花费一钱不用的。新得田三百亩，房子造了好几十间。吾年纪也不过二十岁，尚未娶妻。大娘若不嫌吾容丑陋，大姑娘就与吾了罢。"(《金台全传》第十二回)

---

① 我们用百度搜索，风月轩入玄子的《浪蝶偷香》多数标注为明代，而他的《花放春》多数标注为清代。

例（38）（39）的"好不容易"为否定义，表示很不容易；而例（40）（41）中的"好不容易"为肯定义，表示很容易。显然这两类"好不容易"性质不同。究其来源，我们认为：否定义的"好不容易"应该是在否定义"好容易"的基础上，人们为了使表达的意义更显豁，增加了一个"不"的结果；而肯定义"好不容易"则是在元代已经形成的肯定义"好不＋A"格式的影响下创造出来的。对于前者，我们与袁宾（1984）①、江蓝生（2010）②持有类似观点，主要理由是，如果否定义"好不容易"不是由"好容易"增字产生，而是在否定义"好＋不 A"格式影响下造出来的话，"好不容易"就应该比"好容易"更早产生，因为否定义"好＋不 A"格式在宋代已经形成，人们在创造新词时会优先去套用。然而事实是，元代已经产生了表示否定义的"好容易"，而"好不容易"到清代初期才有。所以否定义"好不容易"不可能是"好＋不 A"格式套用的结果。当然，这种格式对于人们创造和接受否定义"好不容易"还是有推动作用的。至于肯定义"好不容易"，却可认为由"好不＋A"格式套用而来，因为肯定义的"好不＋A"格式在清代早已成熟，除套用该格式，肯定义"好不容易"没有其他产生路径。当然从使用频率上看，"好不容易"主要还是用作否定义，清代26 处用例中，只有上面例（40）（41）两条用作肯定义。从句法功能上看，否定义"好不容易"主要作状语，而肯定义"好不容易"主要作补语或谓语。

"好不容易"与"好容易"都主要表示否定义，在使用频率上前者一般低于后者。但随着时间推移，"好不容易"的使用频率快速上升，甚至有超过"好容易"的趋势，见表1③。

表1　　　　不同年代"好容易"与"好不容易"的出现频率

	清代	民国	当代
好容易	619	401	799
好不容易	4	27	1850

① 袁宾：《近代汉语"好不"考》，《中国语文》1984 年第 3 期。
② 江蓝生：《"好容易"与"好不容易"》，载《历史语言学研究》（第三辑），商务印书馆 2010 年版，第 22 页。
③ 数据统计自北大语料库：http://ccl.pku.edu.cn：8080/ccl_corpus/。

表 1 数据表明，"好不容易"在使用频率方面后来居上。这大概是由于表示否定义时"好不容易"比"好容易"更直接、显豁，更符合人的表达、理解习惯的缘故吧。最后把"好容易"和"好不容易"的产生发展过程总结如表 2。

表 2   "好容易"和"好不容易"的产生发展过程

第一条发展线索	好容易？（反问句，表示哪里容易）→好容易……？（在反问句中作状语，表示哪里容易）→好容易……（在感叹句或陈述句中作状语，表示好不容易）→好不容易（在感叹句或陈述句中作状语，表示很不容易）
第二条发展线索	好 A→好容易（作补语，表示很容易）
第三条发展线索	好不＋A→好不容易（作补语，表示很容易）

2.2　共时分析

2.2.1　"好 A"构式的句法、语义、语用特点

"好"的语法功能很多，这里只讨论"好"＋形容词的情况。《现代汉语八百词》对"好"的解释中提到：〔副〕好＋形，表示程度深，多含感叹语气。[①] 其实，并非所有的形容词都能够受"好"修饰，一般来说不能受程度副词"很"修饰的，也不能受"好"修饰，主要有以下几类。

第一，状态形容词，如雪白、弯弯、大大、高高兴兴、整整齐齐、黑乎乎、稀里糊涂等；

第二，非谓形容词（区别词），如金、雄、大型等；

第三，已包含程度的形容词，如极大、十足等；

第四，绝对性质形容词[②]，如相同、一样等；

第五，文言形容词[③]，如滔天、嶙峋、潺潺等。

---

① 吕叔湘：《现代汉语八百词》，商务印书馆 1980 年版，第 258 页。

② 赵元任在《汉语口语语法》中引述了龙果夫的"绝对性质形容词"概念，指不能受程度副词修饰的性质形容词。见赵元任《汉语口语语法》，吕叔湘译，商务印书馆 1979 年版，第 300 页。

③ 韩玉国（2001）认为文言形容词指"构造、功能与文言词相同，可以看作是文言句法类化结果"的形容词，包括具有文言形式的动宾式、状中式、连绵词几类，这些文言形容词"无论作定语还是作谓语，与名词的搭配都非常受限，甚至是固定的"，"在句法功能上与其他形容词迥异"，可看作一个特殊的类。参见韩玉国《现代汉语形容词的句法功能及再分类》，《语言教学与研究》2001 年第 2 期。

除此之外的形容词一般可以进入"好 A"构式。从句法功能上看，"好 A"常常可以直接加上感叹语气，成为一个感叹句，比如：

（42）我们绕过雷雨，钻山沟进来了，着陆前航线右侧那座500 米高的山，只要我们飞机偏离 100 米就撞上了！好险！（李克菲、彭东海《秘密专机上的领袖们》）

（43）"娘啊！好痛快！他们败啦！"小铃儿睁了睁眼睛，又睡着了。（老舍《小铃儿》）

"好 A"还经常作句子的谓语、定语和补语，比如下面几句话中的"好热闹"：

（44）昨天的北京电影学院好热闹，门外面一片出租车，校园里到处是等待考试结果的家长。（《北京日报》2001 年 3 月 16 日）

（45）无数活动在进行中，孩子们追逐游戏，小贩摆卖，主妇们交换意见，好热闹的风景。（亦舒《七姐妹》）

（46）小白，小许，你们聊得好热闹！来，新年无事，让我也说上两句给你们醒酒！（杨沫《青春之歌》）

从语义上看，"好 A"主要表示 A 的程度深，与"很 A""非常 A"的意思差不多。① 但从语用上看，"好 A"带有感叹或渲染的语气，一般用来感叹或描述②，而"很 A""非常 A"常用于陈述。所以感叹句中的"好 A"一般不能替换成"很 A"或"非常 A"，比如例（42）（43）（46）。陈述句中的"好 A"如果替换成"很 A"或"非常 A"，句子的渲染色彩就要减弱，比如例（44）（45）。因此从这个角度看，"好 A"其实更接近于"真 A""多么 A"。

---

① "好容易"是例外，放在后面与"好不容易"一起讨论。
② 邢福义认为"好 A"是口语句式，南方人习惯使用，或者表明自我感觉，或者表明对他人或事物的评议，带有说话人鲜明的主观情绪。参见邢福义《南味"好"字句》，《华中师范大学学报》（哲学社会科学版）1995 年第 1 期。

2.2.2 "好不A"构式的种类与形成羡余否定的条件

"好不"在现代汉语中经常使用，已经凝固成一个词了，《现代汉语词典》已经收录，解释为：副词，用在某些双音节形容词前面表示程度深，并带感叹语气，跟"多么"相同。[1]《现代汉语八百词》的解释和分析也差不多。从语法限制上看，能够进入"好不A"构式的形容词，除了要满足"好A"中A的条件，在音节上还应是双音节的。只有极少数是四音节或三音节的，如"好不逍遥自在""好不识时务"等。单音节形容词一般不能进入"好不A"，比如一般不能说"好不险""好不妙"等，即使要说，也必须在形容词后面加上一个语气词，比如"好不险啊""好不妙哉"等。从句法功能上看，"好不A"一般单独成句，表感叹。也有一些作句子的谓语、定语或补语。比如下面例句中的"好不热闹"：

(47) 有的同志蒸蛋糕、点蜡烛，每人为其说句祝福的话，在生日卡上签名……好不热闹！（《人民日报》1995年7月9日）

(48) 1995年9月16日下午二时左右，江苏某市张家塘万小苟家好不热闹。（海啸《地主埋下的银元该给谁?》）

(49) 好不热闹的一个大家庭，现在却变得有些沉闷，有吃有住了，却又来了什么爱情，真叫人头疼。（陆文夫《人之窝》）

(50) 柳叶桃开得正好了，红花衬着绿叶，满院子开得好不热闹。（李广田《柳叶桃》）

"好不A"的表义比较复杂，在没有语境制约的情况下，有的倾向于表示肯定义，有的倾向于表示否定义，还有一些没有明显的倾向，存在两种理解的可能。周明强（1998）认为这与"好不A"中A的词义相关，并从A的语义特征入手把"好不A"分成了三类。[2] 我们基本认同这种分类结果，不过在意义的概括和具体词语的归类上与周文不完全一致，另外我们对造成"好不A"多义性的原因有进一步的探索。下面分类讨论。

---

① 中国社科院语言研究所词典编辑室：《现代汉语词典》，商务印书馆2005年版，第543页。

② 周明强：《论"好不AP"、"好AP"中的AP》，《汉语学习》1998年第1期。

第 1 类，表示肯定义，意思上相当于"好 A"，例如"好不热闹"＝"好热闹"，"好不悲伤"＝"好悲伤"。我们把这一类记作"好不 A1"，其中"不"需念轻声。从语义范畴来看，充当 A1 的一般是用来描写场面、概括事物属性、评价人物性格、描述人的外表和心情的形容词。比如：

1a. 描写场面的：

　　　热闹、繁华、兴旺、壮观
　　　萧条、混乱、惨烈、拥挤、嘈杂、荒凉、冷清

1b. 概括事物属性的：

　　　明亮、锋利、生动、巧妙、迷人、动人、神奇
　　　蹊跷、丑陋、肮脏、荒唐、奇怪、残酷、麻烦、伤神、扫兴、讨厌、刺耳、沉闷、吓人、可怕、晦涩、牵强、枯燥、潦草、凌乱

1c. 评价人物性格的：

　　　机智、伶俐、漂亮、能干、阔气、大方、老练、谨慎、热情、温顺、心直口快、通情达理
　　　蛮横、放肆、霸道、狡猾、狠毒、缺德、狭隘、卑鄙、吝啬、刁钻、刻薄、糊涂、小气、贪心、自卑、殷勤、奢侈、虚伪、庸俗、肤浅、下贱、残忍、阴险、势利、调皮、淘气、懦弱、圆滑、古板、愚昧、幼稚、懒散、拖沓、马虎、鲁莽、性急、冷漠、下流、冷酷无情、油嘴滑舌

1d. 描述人的外在状态的：

　　　威风、精神、逍遥、得意、强壮、亲热、起劲、优雅、洋气、潇洒、幸福、浪漫、悠闲、惬意、逍遥自在
　　　疲倦、可怜、狼狈、窝囊、寒碜、腼腆、土气、仓促、尴尬、

孤独、邋遢、难堪、难耐、柔弱、笨拙、迷茫、丢脸、委屈、冒险、孤单寂寞

1e. 刻画人的心情的：

惭愧、沮丧、痛苦、伤心、郁闷、愤慨、悲伤、恐慌、凄凉、惆怅、遗憾、可惜、难过、难受、空虚、失望、着急、提心吊胆、心烦意乱

不难发现，这些形容词虽然既有褒义词，也有贬义词，但从数量上看，贬义词要多于褒义词，特别是刻画人物心情的，全部都是贬义词，或者说都是表达消极意义的形容词。

第 2 类，表示否定义，意思上相当于"真不 A"，例如"好不讲理"＝"真不讲理"，"好不习惯"＝"真不习惯"。我们把这一类记作"好不A2"，其中"不"一般不能念轻声。从语义范畴来看，充当 A2 的一般是表示人们认同的道义标准或追求的事物理想状态的形容词，主要包括：

2a. 表示特定社会文化背景中的道德规范或行为标准的"道义词"(deontic words)[①]：

讲理、安分、争气、人道、仁义、孝顺、知足、晓事、懂礼、道德、识相、知趣、理智、实际、规矩、谦虚、踏实、自觉、负责、耐烦、像话、成器、成材、识抬举、识时务、知好歹、通人情

2b. 表示人们对事物追求的理想状态或结果的"期待词"(expect words)[②]：

公平、合理、理想、正常、景气、顺眼、经济、安全、太平、平静、自然、保险、真实、可靠、结实、中用、管用、值得、合算、习惯、乐意、得劲儿、是味儿

---

① 参见沈家煊《"好不"不对称用法的语义和语用解释》，《中国语文》1994 年第 4 期。
② 参见周明强《论"好不 AP"、"好 AP"中的 AP》，《汉语学习》1998 年第 1 期。

显然充当 A2 的都是褒义形容词，它们一般不能用程度副词"好"来修饰，即使在特定语境中出现"好 A2"，也只作反语来理解。比如"好讲理""好公平"一般情况下很少说，往往只在争吵中作反语使用。相比 A2 的双音节反义词，人们在口语中更习惯使用"不 A2"来表达意思。比如在口语中人们常说"不讲理""不公平"，而较少说"蛮横""偏颇"。

这一类里还有一个特殊的成员就是"好不容易"，它也表示否定义，但与其他"好不 A2"不同的是，"好容易"比较常见，且不必用在反语句中。这一对词语我们放在下一部分专门讨论。

第 3 类，既可能表示肯定义，又可能表示否定义。例如"好不高兴"就有两种意思，一种是"很高兴"，另一种是"很不高兴"。我们把这一类记作"好不 A3"，表肯定义时"不"念轻声，表否定义时"不"要重读。充当 A3 的主要是用来描述人的积极心情或对人、对事物积极评价的形容词，具体包括：

3a. 表示人的积极心情的：

　　高兴、自在、痛快、开心、舒服、满意

3b. 对人的性格积极评价的：

　　大方、客气、贤惠、恭敬、爽快、积极、幽默、自信、聪明
　　用功、勤快、认真、细致、利落、高明、灵通、走运

3c. 对事物状态或性质积极评价的：

　　体面、庄重、正式、严格、干净、整齐、利索、方便、顺利、
简单

这一类也主要是褒义词，不过与 A2 相比，这一类形容词在语言中的使用频率更高，它们可以与"好"或"不"自由搭配，组成的"好A3"表示程度加强，一般不作反语理解；组成的"不 A3"表示程度减

弱，介于 A3 和 A3 的反义词之间。比如"好高兴"意思是"很高兴"；"不高兴"并非就是"愤怒"，其程度介于"高兴"和"愤怒"之间（当然距离"愤怒"更近，离"高兴"更远）。虽然"好不 A3"有两种理解，但在具体的语境里，其意义却是明确和单一的，并不存在歧义。例如下面两个例句中的"好不高兴"，例（51）表肯定义"很高兴"，例（52）表示否定义"很不高兴"：

(51) 这时，蔡二来、小曼、葛三都跑进来，屋里一下子热闹起来了，大家说说笑笑，好不高兴。（雪克《战斗的青春》）

(52) 朱筱堂腼腆地望了徐义德一眼，见姑爹器宇轩昂，坐在沙发上，面孔对着书橱里的《万有文库》，连看也不看他一眼，心中好不高兴。（周而复《上海的早晨》）

以上三类其实并不能截然分开，我们在套用一些形容词的时候常常有为难之感，不知归入哪一类更合适。比如"光滑"，人们平时很少说"好不光滑"，语料库中也没有找到用例，但凭语感分析，应该也能说，至于把它归入 A1 还是 A3 就难以抉择。我们认为这样的词是能进入"好不 A"构式的非典型成员，可以不必深究，但典型的 A1、A2、A3 属性应当弄清楚。据考察，它们至少在以下几个方面各具特点。

第一，在感情色彩上，A1 多数表示贬义或消极义，而 A2 和 A3 都表示褒义或积极义。

第二，在与副词"好"与"不"的搭配概率上，A1 常和"好"搭配，较少与"不"搭配；A2 极少与"好"搭配（即使能够搭配也一般表示反语），却经常和"不"搭配（甚至某些词的否定形式比肯定形式更常见[1]）；A3 则能与"好"和"不"自由搭配，"好 A3"和"不 A3"都很常见。我们从每一类 A 中挑选了一个代表词，然后在北大现代汉语语料库中检索"A""好 A"及"不 A"的出现次数，结果也证实了这一点：

———————————

[1] 有的辞书在某些形容词后面注明"一般只有否定形式"，这些形容词都属于 A2 类。参见许德楠《怎样处理若干形容词肯定式、否定式的不对称》，《辞书研究》1982 年第 5 期；翟颖华《论"不"和反义形容词构成的否定式》，《汉语学习》2009 年第 1 期。

A1：狠毒（351 次），好狠毒（3 次），不狠毒（1 次）→A1 常与"好"搭配，较少与"不"搭配

A2：讲理（752 次），好讲理（0 次），不讲理（389 次）→A2 极少与"好"搭配，常与"不"搭配

A3：开心（3119 次），好开心（49 次），不开心（188 次）→A3 能与"好"和"不"自由搭配

第三，在组成"好不 A"的内部结构和意义倾向上，"好不 A1"结构为"好不＋A1"，表肯定义，"好不 A2"结构为"好＋不 A2"，表否定义，"好不 A3"则存在两种可能，既可以是"好不＋A3"，表肯定义，也可以是"好＋不 A3"表示否定义。以上特点可用表 3 反映。

表3 　　　　　　　　不同类别"好不 A"中 A 的特点

类别	A1	A2	A3
典型例词	蛮横、狠毒、悲伤、尴尬	讲理、像话、公平、习惯	开心、自在、客气、干净
感情色彩	贬义/消极义	褒义	褒义/积极义
与"好"的搭配概率	高	很低	高
与"不"的搭配概率	较低	很高	高
"好不 A"的结构和表义倾向	"好不＋A1"表肯定义	"好＋不 A2"表否定义	"好不＋A3"表肯定义或"好＋不 A3"表否定义

其实这几个特点之间也是相互关联的，沈家煊（1994）[①] 认为，凡是贬义词都可以用程度副词"好"来加强，而褒义词（特别是"道义词"）常常与"不"搭配来代替对应的贬义词。这符合语言运用中的"礼貌原则"[②]，即评价人或事物时，对坏的要说得委婉，对好的要说得充分。比如对话中使用"不讲理"要比使用"蛮横"更礼貌，使用"不安分"要比使用"放肆"更礼貌等。而褒义词一般不能与"好"搭配，

[①] 参见沈家煊《"好不"不对称用法的语义和语用解释》，《中国语文》1994 年第 4 期。

[②] Brown, P. & S. Levinson, *Universals in Language Usage：Politeness Phenomena.* In：Questions and Politeness：Strategies in Social Interaction，ed. by E. Goody，pp. 56 - 311. Cambridge：Cambridge University Press，1978.

如果出现这种搭配往往只能作反语理解。这符合 Sperber 和 Wilson 提出的反语的"引述理论"①。比如，"好讲理"中的"好"是个引述性加强副词，"讲理"是引述加强的对象，总体表达反语之意。可见形容词的感情色彩是造成与"好"和"不"搭配不平衡的重要条件。至于 A3 为什么是褒义词却既能和"好"搭配，又能和"不"搭配，我们认为这是因为 A3 相对于 A2 来说，基本都是常见的高频词，而一般的高频词在语法功能上都比较丰富，在承担句法成分，以及与其他词语进行搭配方面都相对自由，所以能够突破 A1 和 A2 的局限，与"好"和"不"自由搭配。

进一步来看，A1、A2、A3 与"好"和"不"的搭配概率又直接影响到"好不 A"的内部结构和表义倾向。因为 A1 多与"好"搭配，少与"不"搭配，所以"不 A1"出现频率低，可接受程度低，在"好不 A1"组合中，人们很难将其看作"好＋不 A1"，而倾向于看成肯定义的"好不＋A1"；同样的道理，A2 经常与"不"搭配，而很少与"好"搭配，所以"不 A2"的出现频率高，可接受程度高，在"好不 A2"组合中，人们很容易将其看作否定义的"好＋不 A2"，而不会看成"好不＋A2"；A3 因为与"好"和"不"都能搭配，所以在"好不 A3"组合中，人们没有明显的倾向，其结构既可以分析为"好＋不 A3"，表示否定义，也可以分析为"好不＋A3"表示肯定义。

此外我们发现四音节形容词只可能进入"好不＋A1"，三音节形容词只能进入"好＋不 A2"。其实这也跟它们与"不"的搭配概率有关——四音节形容词很难与"不"组合，因为组合后就有五个音节，比如"不逍遥自在""不心烦意乱"等，这些过长的表达式一般很难得到高频重复且被人接受，所以在四音节形容词构成的"好不 A"组合中，人们倾向于把"不"与 A 分开，将结构分析为肯定义的"好不＋A"。同样的道理，三音节形容词常常要和"不"组合，形成惯用的四字格表达式，比如"不识抬举""不通人情""不讲道理"等，这种优先组合导致在"好不 A"结构中，人们倾向于把"好"与"不 A"分开，将其分析为否定义的"好＋不 A"。可见形容词与"不"的组合特点在决定"好不

---

① Sperber D. & D. Wilson, *Irony and the Use‐mention Distinction*. In: Radical Pragmatics, ed. by P. Cole, New York: Academic Press, 1981.

A"的结构与意义倾向上具有不可忽视的作用。

弄清楚这三类不同的格式之后，我们就不难找到"好不A"构式形成羡余否定的条件，即只有表示肯定义的"好不A"才能看作羡余否定构式，具体包括"好不＋A1"和在语境中表示肯定义的"好不＋A3"，只有这些才能删去"不"仍保持原意。而剩下的"好＋不A2"和在语境中表示否定义的"好＋不A3"不能看作羡余否定构式。

总的来看，现代汉语中"好不A1"的数量最多，"好不A3"次之，"好不A2"的数量最少。或者说肯定义的"好不＋A"要比否定义的"好＋不A"多。我们知道，从历史发展的角度看，虽然否定义的"好＋不A"更早出现，但在今天，肯定义的"好不＋A"已经超过否定义的"好＋不A"占据了主流。

最后再看"好不A"的语用特点。虽然"好不A"有多种意义，但在语用功能上都表示一种评价，或是对人、事物作正面的评价，比如"好不潇洒""好不热闹"，或是对人、事物作负面的评价，比如"好不刻薄""好不讲理""好不中用""好不萧条"等。不过从数量上看，表达负面评价的要多于正面的。

2.2.3　羡余否定式"好不A"与肯定式"好A"的共时比较

前面提到，只有"好不A1"和在语境中表达肯定义的"好不A3"为羡余否定式，它们与"好A"的意思基本相同，这是羡余否定式和肯定式的主要相同点。下面重点分析它们的区别。

第一，从"好"的性质上看，"好A"中的"好"是个程度副词，而肯定义"好不A"中的"好"只能看作一个语素，不具有词的独立性。

第二，从音节结构上看，表肯定义的"好不"绝大多数接双音节形容词，组成四个音节、两个音步，节奏感很强，而"好"对后接成分没有这样的限制。所以，非双音节形容词构成的"好A"一般不能替换成"好不A"。比如下面两句中的"好惨""好难为情"就不能替换成"好不惨""好不难为情"：

（53）玉儿爸又说：跑日本反的时候，我们一家几个给害得好惨！多亏舍儿妈，领小孩子拖大人，一日一日地捱过来。（戴厚英《流泪的淮河》）

（54）在坐数百人见之大笑，咸言今日老黄拜倒石榴裙下了，弄得我好难为情。（张中行《关于发事隐的批注》）

反过来，虽然绝大部分肯定义的"好不A"都能替换成"好A"，但替换后原有的双音步韵律结构就被打乱了，在有些句子里会造成节奏上的不和谐，比如：

（55）娶妻需花钱，生儿养女需花钱，负担日大，肩背日弯，好不伤心。（老舍《婆婆话》）

（56）他的府第内外，红灯高挂，宾客如流，好不热闹。（沈永兴、朱贵生《二战全景纪实》）

这两句话中的"好不伤心""好不热闹"都可以删去"不"字，变成"好伤心""好热闹"。替换之后，虽然意思不变，但读起来就不那么自然了。原句"负担日大，肩背日弯，好不伤心""府第内外，红灯高挂，宾客如流，好不热闹"都是十分整齐的"2＋2"节奏，替换成"1＋2"节奏的"好伤心""好热闹"之后，原来整齐和谐的韵律节奏就被破坏了，读起来就有些别扭。

第三，从意义上看，"好不A"和"好A"也并非完全相同，刘晓静（2010）认为二者的表达重点和感情程度有所不同，"好A"重在描述，表达感情柔和圆润，而"好不A"重在感慨，表达感情强烈鲜明，带有浓重的主观色彩和个性特征。[1] 我们认为这符合一般人的语感。

第四，从语体色彩上看，"好A"的口语色彩较强，而"好不A"带有某些文言色彩，体现了雅俗之别[2]。比如下面两句：

（57）孩子晚上对他妈妈说，江爷爷和我一起照像啦，我好高

---

[1] 参见刘晓静《"好不A"结构的三维考察》，《文学教育》2010年第4期。

[2] 冯胜利：《论语体的机制及其语法属性》，《中国语文》2010年第5期；认为正式/非正式、典雅/俗便构成了语体范畴的基本要素。"好A"与"好不A"在语体色彩上的区别主要表现在典雅与俗便上，前者偏俗便，后者偏典雅。

兴呀！（《人民日报》1994 年 4 月 6 日）

（58）这四盏大灯呈八角形，看着果然好不辉煌也哉！（林希《善人坊》）

如果把"好高兴"换成"好不高兴"，把"好不辉煌"换成"好辉煌"，则有不和谐之感，主要是因为：例（57）为孩子跟母亲说话，口语性很强，"好不高兴"则有些文绉绉的，不合乎小孩的身份和亲近交谈的语境；例（58）为场面描述，"好不辉煌"与"也哉"都具有文雅、正式的色彩，换成口语化较强的"好辉煌"，就与"也哉"不协调。

第五，二者的使用频率也有所不同。"好 A"因为表义更显豁、更符合口语表达特点，所以在总体上要比"好不 A"常用。不过在不同文体、不同作家作品里的表现也不尽相同。比如，对话文本中"好 A"一定比"好不 A"常见；而在抒情散文、议论文中，后者出现的机会就有可能高于前者；在法律文本、说明书等严肃文体中，二者都很罕见。另外不同作家有不同偏好，有的人喜欢使用"好 A"（特别是南方人），有的人却习惯使用"好不 A"，所以具体到不同作家作品里，二者的表现也不一致。表 4 是我们做的一个抽样统计数据[①]，大概能够说明这一点。

表 4　　　　不同类别文本中"好 A"与"好不 A"的出现频率

所选文本	文本类别和特点	"好 A"出现次数	"好不 A"出现次数
《雷雨》《茶馆》	戏剧作品，口语对话体	3	0
《文化苦旅》《我与地坛》	散文、议论文，书面语体	2	4
《宪法》《国家中长期教育改革和发展规划纲要》	法律、文件，严肃文体	0	0
《王朔作品集》《贾平凹作品集》	作家作品 1	2	2
《陈映真作品集》《白先勇作品集》	作家作品 2	11	2
以上文本总和		18	6

---

① 只统计表示肯定程度的"好"和"好不"出现次数，排除了其他不相关的用法。

2.2.4 "好容易"与"好不容易"的特点及其异同比较

在现代汉语中"好容易"有两个意思,一个是很容易,另一个是很不容易。"好不容易"则只有一个意思,表示很不容易。这与其他的"好A""好不A"正好相反。

"好容易"绝大部分作句子的状语,有时作补语。作状语时,意思为很不容易;作补语时,意思为很容易。例如:

(59) 他怕桃子汁弄脏裤子,只伸小指头到袋里去勾手帕,勾了两次,好容易拉出来,正在擦手,苏小姐声音含着惊怕嫌恶道:"啊哟!……"(钱钟书《围城》)

(60) 她有一把好锋利的水果刀,有次她拿那把刀削椰子壳,削得好容易,当时,她笑着说:这刀子用来杀人倒简单!(琼瑶《月朦胧 鸟朦胧》)

现代口语中还有一个常用的反语表达"说得好容易",意思为说起来容易,做起来不容易,例如:

(61) 我发誓要杀尽天下的奸细!说得好容易,那末请元帅去杀呀!想必奸细的脸上一定有特别的记号,元帅一认就认了出来。(顾仲彝《梁红玉》)

这种反语的用法一般用来讽刺别人说出的某种观点或建议,重音在"说"上,暗含的意思"做起来哪儿那么容易"一般不说出来。

"好不容易"也主要作状语,有时作补语,除此之外还可以作句子谓语或单独成句,意思都是很不容易。例如:

(62) 全义夫妇挽着金一趟爬楼梯,走走歇歇,好不容易才来到陈玉英的单元房门口。(陈建功、赵大年《皇城根》)

(63) 说是别个怕早就有了保姆了,用不到我了,劝我转回去算了……你们哪个晓得,我来得好不容易哟!(刘心武《白牙》)

(64) 况且政治上的势力又是那么四分五裂,各据一方,找个

地位好不容易。(老舍《文博士》)

　　(65) 好不容易，总算越过了激流。(映泉《同船过渡》)

　　人们一般认为"好容易"和"好不容易"同义，经常可以互换，其实也是有条件的，比如上面 6 个例句中只有例(59)中的"好容易"可以换成"好不容易"，例(62)中的"好不容易"可以换成"好容易"。这两例都是作状语的用法，所以方绪军(1996)提出："好容易"和"好不容易"只有在作句子状语时，二者才是同义的。[①] 我们认为这一概括基本上是正确的。不过我们在北大语料库中也发现了一例"好容易"虽然作句子状语，但意思是"很容易"，无法替换成"好不容易"。这个例句是：

　　(66) 楚楚扬著睫毛说："像丁中一，他的名字好容易写，我会写丁中一，阿姨，我改名字叫丁中一好不好？"(琼瑶《月朦胧　鸟朦胧》)

　　这段话出自琼瑶小说，琼瑶是南方人[②]，根据邢福义(1995)的说法，"好 A"具有浓厚的"南味"色彩，只有南方人才经常使用，同样的意思普通话一般用"很 A"，北京话一般用"特 A"。[③] 所以这一条表示肯定义的"好容易"用法可以看作具有南部方言特点的特例。

　　最后看看二者在使用频率上的差异。我们知道，"好容易"比"好不容易"出现得更早，使用年代更久远，然而在现代汉语里"好容易"的出现频率却远远低于"好不容易"。在北大现代汉语语料库中，我们检索出了 799 例"好容易"(其中还包括少数应当剔除的肯定义"好容易")，而"好不容易"却出现了 1850 次。复杂式的用例高于简单式，这显然与其他的羡余否定构式有些不同。究其原因，大概与人们的接受心理有关，"好不容易"与"好容易"都表示否定义，但前者在表义上

---

　　① 方绪军：《析"好/好不＋形容词"的同义现象》，《上海师范大学学报》(哲学社会科学版) 1996 年第 3 期。

　　② 琼瑶祖籍湖南衡阳，出生在四川成都，1949 年后定居台湾。

　　③ 邢福义：《南味"好"字句》，《华中师范大学学报》(哲学社会科学版) 1995 年第 1 期。

更直接、明确。人们一般追求字面形式和词语意义一致，所以在使用中更倾向于使用"好不容易"。

3 难免不……

《现代汉语八百词》在解释"难免"的时候提到："主要用在动词前。动词前有时加'不'，但意思不变，不表示否定。"例如"难免不犯一些错误"＝"难免犯一些错误"；"难免不被人误会"＝"难免被人误会"。①

此外，当"难免"后面的动词为"有"时，二者之间加"没"也常常不改变意思。如：

> （1）他觉得，这种缺乏信念的情绪，并不是他个人特有的，连徐鹏飞，连老奸巨猾的特别顾问，也难免没有类似的情绪。（罗广斌、杨益言《红岩》）

这句话中的"难免没"也可以替换为"难免"，它们与《现代汉语八百词》所举例句中的"难免不"都表示其后所述的情况不容易避免。"难免不/没……"与"难免……"的形式相反，意义却相同，否定词"不"或"没"不起否定作用，所以我们把"难免不/没……"也看作一种羡余否定构式。

目前学界关于"难免不/没……"的研究已有不少，但还不够深入。20世纪八九十年代，白文（1980）②、孙德仁（1981）③、刘春龙（1993）④、秦仲文（1995）⑤ 等都讨论过"难免不"，但均局限在与"难免"的意义比较上，文章不长，观点也比较片面。同时期的工具书只有少数提到

---

① 吕叔湘：《现代汉语八百词》（增订本），商务印书馆1999年版，第408页。
② 白文：《关于"难免"和"难免不"的问题》，《语文学习》1980年第8期。
③ 孙德仁：《对"难免"、"难免不"讨论的一点浅见》，《教学研究》1981年第5期。
④ 刘春龙：《难免不≠难免》，《语文知识》1993年第9期。
⑤ 秦仲文：《"难免不≠难免"质疑》，《语文知识》1995年第1期。

"难免"与"难免不"的同义关系,分析也不够详细。在研究方式上有所突破的是以下几篇文章:张谊生(1999)分析了"难免"的多种词性,用虚化环链模式讨论了"难免"的演变过程,并讨论了"p 难免 q"与"p 难免- q"之间的差异及造成这种差异的原因[①];高育花(2008)从历时角度探讨了副词"难免"的语法化过程,认为它是由动词"难免"通过语法隐喻发展而来的;[②] 李治平(2010)则从语用的角度讨论了"难免"与"难免不"的不对称关系。[③] 这几篇文章对我们的研究都有一定的启发。下面仍从历时与共时两个层面对"难免"与"难免不/没"展开分析。

3.1 历时考察

3.1.1 "难免"的产生与发展

张谊生(1999)认为"难免"最早出现在唐朝,用作形容词;高育花(2008)则在魏晋南北朝时期的文献中找到"难免"用作动词的例子。[④] 不过根据我们的考察,"难免"早在三国时期就出现了,如:

(2) 其世颠倒,父子为仇,王政伤民,犹雨众刃,民虽避之,难免其患矣。(《六度集经》卷八)

《六度集经》是三国吴康僧会在太元元年至天纪四年间(251—280年)译出的。这句话中的"难免"意为"难以避免",和今天的动词性"难免"在意思上差不多,但还不能看成一个固定的动词,而只能看作形容词"难"和动词"免"临时构成的状中短语。在结构上,"免"与后面的名词宾语结合得更紧,"难免其患"应当切分为"难+免其患"。

---

① 张谊生:《说"难免"——兼论汉语的虚化方式和羡余否定》,《中国语言学报》1999年第 9 期。

② 高育花:《不免""难免""未免"的语法化》,《云南师范大学学报》(对外汉语教学与研究版)2008 年第 3 期。

③ 李治平:《"难免"和"难免不"》,《长沙理工大学学报》(社会科学版)2010 年第 2 期。

④ 参见张谊生《说"难免"——兼论汉语的虚化方式和羡余否定》,《中国语言学报》1999年第 9 期。高育花《不免""难免""未免"的语法化》,《云南师范大学学报》(对外汉语教学与研究版)2008 年第 3 期。

不过直到唐代以前，"难免"都不常见。我们在魏晋时期的文献中也只找到一个用例：

> （3）加又洪流混瀁，有成山之难，海行无常，风波难免，倏忽之间，人船异势。（《三国志·吴志·薛综传》）

这句话中的"难免"同样是形容词"难"和动词"免"的松散组合，与例（2）稍有不同的是它的后面不带宾语。

到了唐代，"难免"的用例有所增加，绝大部分都像例（2）那样带体词宾语或例（3）那样不带宾语，如：

> （4）臣以身奉国，义尽忠贞，陛下既立异图，而乃云臣反覆。以匹夫加诸，尚或难免，况人主推恶，复何逃命，欲加之罪，其无辞乎？功大身危，自古然也。（《北齐书·高乾列传》）
>
> （5）暗毒应难免，羸形日渐枯。（元稹《虫豸诗·蟆子》）
>
> （6）朽株难免蠹，空穴易来风。（白居易《病中诗十五·初病风》）
>
> （7）因醉暂无事，在山难免愁。（王建《醉后忆山中故》）

例（4）至例（7）中的"难免"仍应看作状中短语，但因为出现频率的增加，将其看成形式和意义都比较固定的动词似乎也可以。

在敦煌文献里，出现了"难免"带谓词宾语的用法，如：

> （8）如今设使取珠呈，难免悲啼只忆兄。（《敦煌变文集》卷二）

宋元时期，"难免"的出现频率继续增加，在用法上，不带宾语、带体词宾语和带谓词宾语的情况都有，不过带谓词宾语的比例逐步上升。发展到明清时期，"难免"的后面带谓词宾语已经成为该词的主要用法。[①]

---

① 据高育花统计，唐代至元代"难免"不带宾语的情况占60%，带体词宾语的情况占16%，带谓词宾语的情况占16%，带介词结构的占8%；而到明清时期，"难免"带谓词宾语的情况上升到了54.55%。参见高育花《"不免""难免""未免"的语法化》，《云南师范大学学报》（对外汉语教学与研究版）2008年第3期。

例如：

（9）汉室倾危天数终，无谋何进作三公。几番不听忠臣谏，难免宫中受剑锋。（《三国演义》第三回）

（10）流连光景，不觉又是半年有余，盘缠俱已用尽，虽不学伍大夫吴门乞食，也难免吕蒙正僧院投斋。（《警世通言》第十七卷）

（11）家人们见贾政忠厚，凤姐抱病不能理家，贾琏的亏缺一日重似一日，难免典房卖地。（《红楼梦》第一零七回）

（12）北侠对此三秋之景，虽则心旷神怡，难免几番浩叹：想人生光阴迅速，几辈英雄，而今何在？（《七侠五义》第六十五回）

这些例句中"难免"的后接成分均为谓词性短语，比起不接宾语或接体词宾语的"难免"而言，它们的动词性有所减弱，副词性却得到增加。特别是例（12），"难免几番浩叹"中的"难免"基本上应该看作副词。

清代"难免"还发展出了形容词的用法，比如：

（13）诸如此类，也是世间难免之事，何足为怪！（《镜花缘》第二十五回）

（14）古人说"天若有情天亦老"，可是天为无情方才不老。这春也是无情，为何也有老的时候？人家词上说："春光老"，你我们这些人不是草木，焉能无情？这"老"之一字是难免了。（《风月鉴》第十回）

这两个例句中的"难免"具有形容词的特点，一个作定语，另一个作谓语，可看成形容词。至此"难免"的用法已发展完备，这一过程可概括为图3。

状中短语→带体词宾语或不带宾语的动词→ { 带谓词宾语的动词→副词 / 形容词 }

图3 "难免"的历时发展过程

3.1.2 "难免不/没……"的产生与发展

"难免"的后面跟否定词最早出现在唐代，如：

(15) 修短皆由命，暗怀师出尘。岂知修道者，难免不亡身。（姚合《哭砚山孙道士》）

这是我们找到的最早例句，句中的"难免不亡身"意即"难免亡身"。直到清代以前"难免不/没……"都不多见，在北大古代汉语语料库中宋、元、明三朝只出现了一次[①]：

(16) 田宝珠恁般光景易于上钩者，单便宜了秘和尚，一网打尽。若非如此，难免不泄风声。（《媚史》第五十三回）

到了清代晚期和民国，羡余否定式的"难免不/没……"才有较多用例，在北大语料库中，我们检索到这段时期共出现了 38 例"难免不……"、12 例"难免没……"，例如：

(17) 不过所虑者，他一闻大人起程，他难免不来劫狱，此事却不可不防。（《施公案》第五回）

(18) 况且赵公胜既着王虎明火执仗前来攻打北门，而赵公胜不曾见面，难免不用声东击西之计。（《续济公传》第一百一十二回）

(19) 今天会上，因见人多口杂，难免没有东王的心腹在内。（《大清三杰》第二十七回）

(20) 那班嫔妃，都是曾经服伺始皇、二世、子婴过的，内中难免没有忠烈之妇。（《汉代宫廷艳史》第三回）

这些例句中的"难免不/没……"与今天相同，都与肯定式"难免……"同义。因为唐代和明代的那两条用例均为孤例，且唐代的那

---

① 明代小说《周朝秘史》中有一例"难免不孝之罪"，《醒世恒言》中也有一例"难免不测之忧"。这两个例句中的"难免不"均非羡余否定结构，不计。

条还出现在诗歌当中，可能与诗歌体裁有关，所以我们认为，羡余否定式"难免不/没……"产生于清代，定型于民国。

至于为什么会产生"难免不/没……"，我们认为与人的语用心理有关。"免"即避免，一般来说，只有人们不情愿发生的事情才会尽力去避免，"难免"就表示这些不情愿发生的事情偏偏不容易避免。很多人已经认识到，"难免"的后面一般跟消极意义的名词短语或动词短语，我们观察到的情况也是如此，从例（2）到例（12），只要"难免"有后接成分的，这些成分都表示消极义，如"患""蠢""愁""悲啼""受剑锋""吕蒙正僧院投斋""典房卖地""浩叹"等，都是说话人不希望发生的结果。

"难免"其实包含两层意思，一层是事情的发生不容易避免，另一层是说话人对这件事情的发生持不情愿态度。前一层意思是显性的，后一层意思则是隐性的。有时说话人为了突出隐性的意思（即对某事的发生持不情愿态度），就可能把它说出来，表明不希望某件事情发生，或希望某件事情不发生的态度。例如一个人说"从这么高的地方跳下去，难免扭伤脚"。显性的意思是从这么高的地方跳下去，把脚扭伤是难以避免的，隐性的意思是说话人不希望把脚扭伤。如果要突出这层隐性的意思，这句话就可以说成"从这么高的地方跳下去，难免扭伤脚，不过但愿不扭伤脚"。这句完整的表达省略后，就变成"从这么高的地方跳下去，难免不扭伤脚"。因为"难免"的后面一般都是表示消极意义的词语，所以这句话中的"难免不扭伤脚"一般不会被理解为"难免＋不扭伤脚"，因为"不扭伤脚"是不需要避免的。听话人完全能够根据常识和语境将其理解为"难免扭伤脚，但愿不扭伤脚"。这样一来，羡余否定式的"难免不"就出现了。看似增加的否定词其实是完整表达省略的结果，"难免"在语义上的搭配特点和语境因素保证了人们对"难免不/没……"的表达和理解不会出现混乱。由于现代以前"难免……"和"难免不/没……"的用例有限，难以找到确切的语料证据，以上分析只是一种猜测。张谊生（1999）也有类似的分析，他认为"难免"是一个表示委婉肯定的双重否定式推断词，在"p 难免 q"中，能够揭示 p 和 q 之间客观上是必然的而主观上又很不情愿的联系。当人们强调客观结果而淡化主观意愿时，就倾向于使用"p 难免 q"，当人们强调主观意愿而淡化客观结果时，就倾向于隐含客观结果、保留主观意愿和认识，使用"p 难免不 q"。可见，羡余否定式"难免不"是人们在表达时用主观意愿和认识代替了客观结果而形成的。①

3.2 共时分析

3.2.1 "难免"的句法、语义、语用特征

不少辞书都收录了"难免"一词，然而对其语法性质的概括却不同。《现代汉语词典》②《现代汉语八百词》③《词类辨难》④ 等将其归入形容词，《现代汉语虚词词典》⑤ 却将其归入副词，《汉语动词用法词典》⑥ 又将其归入动词。张谊生（1999）还提出"难免"除了上面三种词性，还存在向连词虚化的可能。⑦ 我们认为，"难免"在现代汉语中具有动词、副词、形容词三种词性，主要的语法特点如下。

作动词时，后面一般跟名词或名词短语，一起充当句子的谓语。如：

（21）本队无论在身体上还是技术上都处于劣势，虽然发挥不错，但还是难免败局。（新华网，2004 年 2 月 13 日）

（22）将土生土长的训诂学硬放在西洋学术语言学或语文学的框架里，找它的位置，自然难免乖舛之处。（张月明《训诂学性质研究述评》）

作形容词时，一般用在句末，或用在"是……的"结构里，另外也可以充当定语放在名词性成分之前。如：

---

① 参见张谊生《说"难免"——兼论汉语的虚化方式和羡余否定》，《中国语言学报》1999 年第 9 期。

② 中国社科院语言研究所词典编辑室：《现代汉语词典》，商务印书馆 2005 年版，第 981 页。

③ 吕叔湘：《现代汉语八百词》（增订本），商务印书馆 1999 年版，第 408 页。

④ 邢福义：《词类辨难》（修订本），商务印书馆 2003 年版，第 55 页。

⑤ 张斌主编：《现代汉语虚词词典》，商务印书馆 2003 年版，第 407 页。

⑥ 孟琮、郑怀德等编：《汉语动词用法词典》，商务印书馆 1999 年版，第 258 页。

⑦ 张谊生：《说"难免"——兼论汉语的虚化方式和羡余否定》，《中国语言学报》1999 年第 9 期。

（23）然而在观剧中间听有些词句是"囫囵吞枣"，似懂非懂，这也很难免。（裘克安《莎士比亚的现代化》）

（24）这次当然并不会使她伤心，但扫兴总是难免的……（李广田《到桔子林去》）

（25）日子似乎越过越快，应当做的事总是不能及时完成，堆积成山，压得使人难受。这可能是人到老年难免的苦处。（费孝通《〈云南三村〉序》）

作副词时，一般用在动词或形容词性的短语之前充当状语，如：

（26）钻石放在家里，好比烫手的山芋，时间长了难免会出事。（张琦、鲁香武《钻石之争》）

（27）可是，和这样的男人做夫妻就难免有点惨。至少我是不行的。（潘虹《潘虹独语》）

在现代汉语里，"难免"主要作副词和形容词，作动词的情况比较少见。我们检索北大现代汉语语料库，前200个例句中有141个为副词，55个为形容词，只有4个作动词用。可见"难免"在现代汉语里的语法化程度已经比较高了。

虽然"难免"的词性和用法比较复杂，它的意思却相对单一，一般都表示"不容易避免"。作动词的时候，表示宾语所指的事物不容易避免，如例（21）表示败局不容易避免，例（22）表示乖舛之处不容易避免；作形容词的时候，表示小句主语或短语中心语所指的事物不容易避免，如例（23）表示观众在观看戏剧过程中"囫囵吞枣、似懂非懂"的情况不容易避免，例（24）表示"使她扫兴"的结果不容易避免，例（25）表示"时间不够用"这样一种苦处不容易避免；作副词的时候，则表示它后面的谓词性短语所指事物不容易避免，如例（26）表示"出事"不容易避免，例（27）表示"有点惨"不容易避免。

在语用上，"难免"所指的对象往往是说话人不希望发生的事情，所以动词"难免"的宾语、形容词"难免"的主语、副词"难免"所修饰的中心语，一般都是消极意义的词语。这样的"难免"句一般包含两个方面的含义，一方面表示某些事情极有可能发生，因此难以避免，另一方面又表示这些难以避免的事情是说话人所不希望发生的。例（21）至例（27）均是如此，比如例（26），"难免会出事"指的是"难免会出坏事"，这句话表达了小说中的当事人一方面不希望钻石出现意外，另一方面又担心钻石放在家里时间长了肯定会出意外的复杂心情。既表明了当事人对事情发展的主观推断，又反映了当事人对事情发展趋势的主观态度。

只有少量的"难免"句不出现消极义词语，这些句子往往只强调事情不容易避免、极有可能发生，而不反映说话人的态度。比如：

（28）几位同行凑到一起，难免要"侃"一会儿，从某种意义上讲，"侃"也是一种交流，可以增进理解、促进友谊、沟通感情、互通表里，达到肝胆相照、心心相印的目的。（于济川《夸妻》）

（29）路过中关村电子一条街，总有人走上前来赠发一些在销软件的清单。翻开细看，大多会夹杂一些像"择日通圣""紫微论命""奇门遁甲"之类的算命软件。见得多了，难免好奇。（《人民日报》1995 年 1 月 2 日）

（30）三十多年未见，这次重逢当然大家都很高兴，难免畅谈一番。（杨立信《给〈读书〉编辑部的信》）

结合语境分析，这三个例句中"难免"的后接成分都是中性或者褒义的，句子主要强调"侃一会儿""好奇""畅谈一番"难以避免，说话人对这些事情并没有不情愿的态度。这样的句子只是客观叙述，并不反映更多的情感态度。当然，这样的句子极少，在我们检索到的前 500 例"难免"句中，符合上述特点的就只有这 3 例，其余的 497 例都与消极义词语相关——既表达说话人对事情发生必然性的推断，又体现说话人对此事发生的不情愿态度。

3.2.2 "难免不/没"的句法、语义、语用特征

在句法上，"难免不/没"的后面一定要跟上某个谓词性的成分。当这个后接成分的中心词是"有"时，一般用"难免没"，除此之外一般都用"难免不"。如：

（31）图书"限折令"难免不尴尬。（《京华时报》2010 年 1 月 17 日）

（32）不仅外行人要上当，就是内行人，是多年从事宝石业的老手也感到很伤脑筋，稍一疏忽也难免不上当。（罗益清《宝石与宝石矿》）

（33）在一刹那间，她想着可能是红娘子同李岩是新婚夫妻，感情正浓，乍然分别，难免不心中难过。（姚雪垠《李自成》）

（34）开封城内有百万人口，原是有准备的，又有各大衙门在内，加上周王号召，难免不在城内拼死抵抗。（姚雪垠《李自成》）

（35）住在下面的孩子每次探头都要先拧着脖子看看上边有没有人，一时大意，难免不被一口痰吐中。（王朔《看上去很美》）

（36）归来已傍晚，但刚好秋白夫妇住在这里，难免不把当时情况复述一番。（许广平《鲁迅回忆录》）

（37）他觉得，这种缺乏信念的情绪，并不是他个人特有的，连徐鹏飞，连老奸巨猾的特别顾问，也难免没有类似的情绪。（罗广斌、杨益言《红岩》）

"难免不/没"的后接成分往往是比较复杂的动词短语。比如上面这 7 例，只有前两例跟的是形容词和简单动词，其他例句"难免不/没"后面跟的都是比较复杂的主谓短语、偏正短语、被字短语、把字短语、动宾短语等。为讨论方便，下面把"难免不/没……"记作"难免不/没 VP"。

从结构上看，"难免不/没 VP"可分为两类，一类是"难免不/没＋VP"，另一类是"难免＋不/没 VP"。二者在意义上有很大区别，前一类表示肯定义，相当于"难免 VP"，表示"VP"极可能发生、不容易避免；后一类则表示否定义，与"难免 VP"的意思相反，表示"不 VP"极可能发生、不容易避免。上述例（31）至例（37）均属第一类，如例（31）"难免不上当"表示肯定义，相当于"难免上当"，表示上当是不容易避免的。例（37）"难免没有类似的情绪"也表示肯定义，相当于"难免有类似的情绪"，意为类似的情绪（缺乏信念的情绪）是不容易避免的，等等。

下面举几个"难免＋不/没 VP"（即第二类）的例子：

（38）当然，快就容易出纰漏，是局外人就难免不知情，何况
又涉及这么多门类、这么多人物，因之鲁鱼亥豕，错误不当之处是
不能为编者曲讳的。（吴祖光《江山代有才人出》）

（39）有时候别人向他问路，或打听什么事，他也这样点头哈
腰微笑地"咿咿唔唔"。别人就以为他在敷衍，难免不高兴。（陈世
旭《将军镇》）

（40）许多经理都是这样，给自己设定的标准很高，有时就难
免没有办法达到那样的标准。（佚名《哈佛管理技能培训教程》）

这三个例句中的"难免不知情""难免不高兴""难免没有办法"都
表达否定义，内部结构分别为"难免＋不知情""难免＋不高兴""难
免＋没有办法"。与之相似的还有"难免不周全/不一致/不规范/不准
确/不理想/不实用/不干净/不够用/不恰当/不公平/不熟悉/不融洽/
不好受/不够完善/不够客观/不负责任/不令人满意/不被看好/不是滋味/
不尽如人意"，等等。这一类"难免不/没 VP"中的 VP 成分有很大一
部分都是形容词。严格来说，此类结构中的"难免"与否定词"不/没"
并无直接关系，因为它们不在同一个层次上。否定词"不/没"先与后
面的形容词或动词短语发生关系，然后才一起与"难免"组合。

不难发现，例（31）至例（37）中的 VP 成分都是消极义的，如
"上当""尴尬""难过""拼死抵抗""被一口痰吐中"等；而例（38）
至例（40）中的 VP 成分都是中性义或积极义的，如"知情""高兴"
"有办法"等。由此推断，当"VP"为贬义词语时，"难免不/没 VP"
一般属于第一类（"难免不/没＋VP"），而当 VP 成分为中性或褒义词
语时，"难免不/没 VP"往往就属于第二类（"难免＋不/没 VP"）。此
外还有一个规律：两类"难免不/没 VP"中的 VP 成分都既可以是动词
短语，也可以是形容词，不过在比例上，第一类结构中的 VP 成分以动
词短语为主，第二类结构却以形容词为主。

为什么"难免不/没 VP"的意义与 VP 成分的感情色彩相关呢？我
们认为有两个原因：一是前面提到过的，只有人们不愿意发生的事情才

会尽力去避免，所以"难免"的后面常常跟贬义词语。受此规律影响，当VP成分为贬义词语时，"不/没VP"就是褒义的了，人们倾向于把"不/没VP"理解为说话人的期望，而不把它当作"难免"的对象。相反会认为"难免"的对象应该是贬义的"VP"，只不过被省略罢了。即"难免＋不/没＋VP$_{(贬义)}$"＝"难免＋VP$_{(贬义)}$，但愿＋不/没＋VP$_{(贬义)}$"＝"难免＋VP$_{(贬义)}$"而当VP成分为中性或褒义词语的时候，"不/没VP"就是贬义的了，人们又倾向于把贬义的"不/没VP"直接理解为"难免"的对象。即"难免＋不/没＋VP$_{(中性、褒义)}$"＝"难免＋不VP$_{(中性、褒义)}$"。

二是受礼貌原则的影响，人们习惯直接用褒义词语表示积极态度（如"理想"），或用"不/没＋褒义词语"表示消极态度（如"不理想"），却尽量少用"不/没＋贬义词语"表示积极态度（如"不失望"），或直接用贬义词语表示消极态度（如"失望"）。久而久之，否定词"不/没"与褒义词语的结合就比较紧密，而与贬义词语的结合相对松散。如人们常说"不周到、不一致、不理想、不干净、不够用、不恰当、不公平、不融洽"，等等，却很少说"不疏忽、不相反、不失望、不肮脏、不短缺、不失当、不偏颇、不尴尬"。如果出现"难免不周到"和"难免不疏忽"，大家自然倾向于把"不周到"拼在一起，而把"不疏忽"分开，因为"不周到"常见，而"不疏忽"少见。这样一来，"难免不周到"就会被切分为"难免＋不周到"，而"难免不疏忽"会被切分为"难免不＋疏忽"。其他的例子也是如此。

在语用上，"难免不/没VP"具有模糊语义、缓和语气，使表达更加委婉的特点。"难"表示不容易，相当于一个否定词，"免"表示避免，也相当于一个否定词。"难免"作为二者的组合，"大致相当于一个表示委婉肯定的双重否定式推断词"[1]。"难免不/没"在其基础上又多了一个否定词，这个否定词到底起不起作用，要结合语境来判断。所以"难免不/没VP"的意义大多复杂而模糊。在表达推断语气的肯定程度上，"难免"比一般的肯定式弱，"难免不/没"又比"难免"弱。例如：

---

① 张谊生：《说"难免"——兼论汉语的虚化方式和羡余否定》，《中国语言学报》1999年第9期。

(41) a. 常在河边走，一定会湿鞋。

b. 常在河边走，难免会湿鞋。

c. 常在河边走，难免不湿鞋。

例（41a）用"一定"，表达断定的语气，相当于"常在河边走，不可能不湿鞋"，推断的肯定程度最高；例（41b）用"难免"，相当于"常在河边走，极可能会湿鞋"，肯定程度有所降低；例（41c）用"难免不"，相当于"常在河边走，很可能会湿鞋"，肯定程度进一步降低。如果这三句话放在对话中，最容易被听话人接受的是例（41c），因为这种表达在语气上更委婉。

3.2.3 "难免不/没 VP"的羡余条件

通过前面的分析可知，并非所有的"难免不/没 VP"在意思上都等于"难免 VP"。"难免不/没 VP"要成为羡余否定构式，必须符合一定的条件。这些条件主要跟 VP 成分的感情色彩相关。

前面谈到，当 VP 成分表示消极意义的时候，"难免不/没 VP"一般应切分为"难免不/没＋VP"，整个结构表示肯定义，相当于"难免 VP"；而当 VP 成分为表示中性或积极意义的时候，"难免不/没 VP"一般要切分为"难免＋不/没 VP"，整个结构表示否定义，不等于"难免 VP"。显然只有前一种情况才构成羡余否定。所以"难免不/没 VP"的羡余条件是：VP 成分为表示消极意义的谓词短语。具体分析和例句见上一小节。

3.2.4 "难免不/没 VP"和"难免 VP"之间的异同比较

羡余否定式"难免不/没＋VP"和肯定式"难免 VP"在理性意义上基本相同，都表示"VP 的发生不容易避免"，所以常常可以互换。这已是人们的共识，不必详述。至于二者之间的差异，我们认为主要体现在以下几个方面。

第一，在表义的丰富性上，"难免 VP"只侧重表示"VP 的发生是不容易避免的"，强调了事情发生的必然性。而羡余否定式"难免不/没 VP"除了这层意思，还显示了说话人不希望 VP 发生的主观态度。因此羡余否定式的内涵更为丰富。例如：

（42）看守所不是生活在真空里，难免不受社会的影响。（《人民日报》1995 年 1 月 24 日）

这句话里的"难免不受社会的影响"是一个羡余否定结构，一方面强调了"看守所受到社会的影响"是难以避免的，另一方面也反映了叙述者对这种现象的发生持担心和不情愿的态度。如果把"难免不"替换为"难免"，句子的大意不变，但原句的第二层意思就没有了。为什么这样说呢？根据张谊生（1999）的观点："难免不 VP"其实是"难免 VP，但愿不 VP"的省略，它是一种"隐含客观结果、保留主观意愿和认识的紧缩句"，[①]"不 VP"即说话人的主观意愿和认识。这种保留下来的主观态度是肯定式"难免 VP"所不具备的。

第二，在反映说话人的主观性上，"难免不/没 VP"比"难免 VP"更鲜明。虽然"难免 VP"也具有主观性，表达了说话人对事情必然性的主观推断，但仍不及"难免不/没 VP"。因为后者除了这些，还能够反映说话人对 VP 成分所指事物的不情愿态度，也即"难免不/没 VP"的主观性更为浓厚。

第三，在表达效果上，"难免不/没 VP"要比"难免 VP"更间接、委婉。这一点在分析"难免不/没 VP"的语用特点时已经谈过："难""免""不/没"都有否定的意味，放在一起容易使表达的意义变得模糊。当句子中的 VP 成分为贬义词语的时候，"不/没 VP"就不是"难免"的对象，而是说话人省略对象之后保留下来的主观意愿和认识。这种特点使"难免不/没 VP"的表达不那么直接，推断的语气也不那么绝对。相比之下，肯定式"难免 VP"就没有这么复杂，意义和语气的表达都比较直接。所以前者在表达效果上比后者更间接、委婉。

第四，在使用频率上，羡余否定式"难免不/没 VP"要比肯定式"难免 VP"低得多。在北大语料库现代汉语部分，"难免"出现了 4115 次，而"难免不"和"难免没"一共才出现 194 次。这主要跟"难免"的词性复杂、用法多样，而"难免不/没"功能和用法都比较单一有关。"难免"可以作副词、形容词、动词用，而"难免不/没"在功能

---

① 张谊生：《说"难免"——兼论汉语的虚化方式和羡余否定》，《中国语言学报》1999年第 9 期。

上只相当于副词。在与相关成分的搭配方面，羡余否定式"难免不/没 VP"受到的限制条件也比"难免 VP"严格。一般来说，"难免"的后面可以跟否定形式的谓词短语，也可以存在某些副词或助动词"要"，但"难免不/没"都不能。比如下面这些例句就只能用"难免"，而不能用"难免不"：

(43) 后来我才觉悟到，开车灯是给对方看的，因为车子经过隧道，对方是从亮处进入暗处，视觉难免调整不过来，加上对面来车不开灯，那实在太危险了……（陈招池《照亮别人》）

(44) 马是一种有灵性的动物，记事又记人。这是第二次和众人相见了，难免也很激动，也很亲昵。（冯苓植《雪驹》）

(45) 二十年前，棉纺业有一位百万富翁死了，留下了两个儿子，把家财挥霍得干干净净，弄得两手空空，靠借债过日子，生活一天比一天艰难。他怕徐守仁将来难免要走上这条悲惨的道路。（周而复《上海的早晨》）

第四章　杂糅型羡余否定构式

杂糅型羡余否定构式主要包括"差点儿没……""没……之前""怀疑……不……""防止……不……"四种。其中"防止……不……"在语料库中的出现频率很低，典型性不强，故本章仅重点讨论前面三种。

1　差点儿没……

在现代汉语羡余否定构式中，最早被讨论，研究成果也最多的当属"差点儿没……"。已有研究主要有：朱德熙（1959，1980）①、李小玲（1986）②、马庆株（1992）③、石毓智（1993，2001）④、渡边丽玲（1994）⑤、蒋平（1998）⑥、沈家煊（1999）⑦、董为光（2001）⑧、周一

①　朱德熙：《说"差一点"》，《中国语文》1959 年第 9 期。朱德熙：《汉语句法中的歧义现象》，《中国语文》1980 年第 2 期。

②　李小玲：《北京话里的"差点儿"句式》，《汉语学习》1986 年第 1 期。

③　马庆株：《与"（一）点儿"、"差（一）点儿"相关的句法语义问题》，载《语法研究和探索》（六），语文出版社 1992 年版，第 130—144 页。

④　石毓智：《对"差点儿"类羡余否定句式的分化》，《汉语学习》1993 年第 4 期。石毓智：《肯定和否定的对称与不对称》，北京语言文化大学出版社 2001 年版，第 218—221 页。

⑤　渡边丽玲：《"差一点"句的逻辑关系和语义结构》，《语言教学和研究》1994 年第 3 期。

⑥　蒋平：《汉语"差一点＋（没）DJ"句式的再讨论》，《南昌大学学报》（哲学社会科学版）1998 年第 2 期。

⑦　沈家煊：《不对称和标记论》，江西教育出版社 1999 年版，第 119—121 页。

⑧　董为光：《语言认知心理对"差点儿 DJ"结构的影响》，《语言教学与研究》2001 年第 3 期。

民（2003）①、邱斌（2007）②、刘永耕（2007）③、侯国金（2008）④、吴庚堂（2008）⑤、郭彦（2008）⑥、朱燕（2008）⑦、张玲（2008）⑧、赵万勋（2009）⑨ 等。这些研究主要集中在"差点儿没……"的歧义分化、羡余条件、形成原因，以及"差点儿没……"与"差点儿……"的区别等方面，虽然研究不断走向深入，但是仍存在诸多疑问和争议。本节将在前人研究的基础上，对"差点儿没……"和"差点儿……"的历时发展过程及使用条件、表达功能等作进一步探讨。

"差点儿没……"有时也写作"差点没……""差一点没……""差点没有……"，与其相近的还有"就差没……""险些没……"等。例如：

（1）老李当过侦察员，打太原的时候差点儿没在护城河里呛死，后来去了朝鲜的上甘岭，又差点儿没给炸死。（刘恒《老卫种树》）

（2）小王这家伙，差点没捅出大漏子来。（陈建功、赵大年《皇城根》）

（3）团圆媳妇的婆婆，差一点没因为心内的激愤而流了眼泪。（萧红《呼兰河传》）

（4）两人在烈日下被调度了几十分钟，反复折腾，差点没有中暑。（钟洁玲《拥有诗意世界的王小波》）

（5）我啥好话都说了，就差没给她跪下！（潘方《老大不难》）

（6）侯玉成逃婚，险些没把他老娘气得发了疯。（林希《糊涂老太——府佑大街纪事》）

---

① 周一民：《北京话里的"差点儿没VP"句式》，《语言教学与研究》2003年第6期。
② 邱斌：《Nn类"差点儿没"的固化》，《北方论丛》2007年第1期。
③ 刘永耕：《从义素传承看"差（一）点儿Vp"、"差（一）点儿没Vp"的语法化——兼论一批所谓对立格式》，《福建师范大学学报》（哲学社会科学版）2007年第3期。
④ 侯国金：《冗余否定的语用条件——以"差一点＋（没）V、小心＋（别）V"为例》，《语言教学与研究》2008年第5期。
⑤ 吴庚堂：《"差点儿没"及其相关结构的隐涵特性》，《现代外语》2008年第4期。
⑥ 郭彦：《"差一点儿"句式研究》，硕士学位论文，东北师范大学，2008年。
⑦ 朱燕：《"差（一）点（儿）"研究》，硕士学位论文，上海师范大学，2008年。
⑧ 张玲：《关于"差点儿＋（没）VP"句式及相关句式的研究》，硕士学位论文，上海师范大学，2008年。
⑨ 赵万勋：《北京话里"差点儿"句式的调查与分析》，《北京社会科学》2009年第3期。

因为此类构式后面跟的基本都是动词或动词短语，下面就以"差点儿没 VP"来代指此类羡余否定构式，以"差点儿 VP"代指与其对应的肯定式。马庆株（1992）认为，"差（一）点儿"实际有三种性质：动词性、形容词性、副词性。动词性的表示数量不足，缺少一点儿；形容词性的表示质量稍次，不够好；副词性的有否定义，表示"接近但没有达到"的意思。① 我们基本同意这一看法，不过认为副词性的"差一点"还可以再一分为二：一种是具有明确否定义的副词性成分，另一种是否定义模糊的主观化成分。下面举例说明：

(7) 他想不到阿芳却顺着范大妈的话，回答说："姑，要说够不够嘛？还差一点，我们自己攒吧！"（李国文《危楼记事》）

(8) 杂志社与〇三所相比，工作人员的福利要差一点，但也相当好了。（张炜《柏慧》）

(9) 凤钗从山石上跳下来，差一点儿被一长藤萝绊倒。（刘绍棠《狼烟》）

(10) 我差点儿笑了出来，这个嘻嘻哈哈的人倒也有那么一手。（陆文夫《人之窝》）

(11) 小墩子一愣，后退半步，手里的碗差点儿没托稳。（刘心武《小墩子》）

(12) 金秀差点儿没叫她拿话噎死，眼泪都憋出来了，也只说出来一个字："你……"（陈建功、赵大年《皇城根》）

这些都是现代汉语里的例句，反映出"差一点"其实身兼四重不同身份：例（7）中的为动宾短语；例（8）中的为形补短语；例（9）（10）（11）中的为表否定义的副词性成分；例（12）中的为否定义模糊的主观化成分。后两种身份的"差一点"都相当于一个副词，但意义的虚实、主观色彩的强弱以及韵律特征等并不相同：第三种"差一点"意义实在，突出"接近但没达到"的否定含义，相当于一个否定词②；主

---

① 马庆株：《与"（一）点儿"、"差（一）点儿"相关的句法语义问题》，载《语法研究和探索》（六），语文出版社 1992 年版，第 130—144 页。

② 朱德熙：《汉语句法中的歧义现象》，《中国语文》1980 年第 2 期。

观色彩不够强，更倾向于客观叙述；在口语表达中要重读。而第四种"差一点"否定义不那么强，更多的是突出说话人的主观情感，口语表达中一般要轻读。下面还是从历时与共时两个层面对"差点儿没VP"及其相关问题展开讨论。

1.1 历时考察

1.1.1 "差一点"的产生与发展过程

"差"的早期义为差错、差别。作为动词表示"缺少"义，大约出现在唐代。[①] 如：

> （13）按偶章句，隐别古籀奇惑之字，文得正隶，不差篆意也。（《北史·江式传》）

"不差篆意"即不缺少篆书的笔意。"差一点"却出现得较晚，最早用例见于元末的《宋史》中[②]：

> （14）付礼部议，各具先见，指定太阴亏食分数、方面、辰刻，定验折衷。诏师鲁、继周监之。既而孝荣差一点，继明等差二点，忠辅差三点，乃罢遣之。（《宋史》卷八十二）

这里"差一点"与"差二点""差三点"并列，可知"一点"是个确定的量，"差一点"只是个意义实在的临时动宾结构，与今天的固定结构"差一点"还很不相同。直到清代以前，"差一点"都极少出现，在北大汉语语料库中，我们只发现上面这一例。令人奇怪的是，进入清代以后，"差一点"突然大量出现，而且似乎副词性用法比动宾式、形补式用法出现得更多、更早。《醒世姻缘传》是明末清初的作品，里面

---

① 朱燕在《"差（一）点（儿）"研究》中认为"差"作动词表示缺少，最早出现在汉代，但所举例句均为"相差"义。我们认为汉代尚未引申出"缺少"义。

② 我们在元代以前的文献中检索出不少用作动词的"差（chāi）点"，因与我们讨论的问题无关，故排除不论。

开始出现大量副词性的"差一点",例如:

(15) 只见珍哥的脸紫胀的说道:"肚子胀饱,又使被子蒙了头,被底下又气息,那砍头的又怪铺腾酒气,<u>差一点儿</u>就鳖杀我了!如今还不曾倒过气来哩!"(《醒世姻缘传》第四回)

(16) 童奶奶道:"亏了到底男子的见识眼力比妇人强,他舅爷说他不是好人,果真不是好人!<u>差一点</u>没吃了他的亏。"(《醒世姻缘传》第八十四回)

《醒世姻缘传》中出现了 13 次"差一点",全部是副词性用法。动宾式、形补式用法在更晚一些的清代文献中才有用例,如:

(17) 郎如豹忙着问道:"那事曾办妥了不曾?"黄天霸听说,暗道:"上了路咧!"即跟着说下去:"办是办了,但是还<u>差点儿</u>。"郎如豹道:"难道那个整数还不敷用吗?"(《施公案》第二百十七回)

(18) 共合去了六只船,有本领的主要人物俱都在前三只船上,武学稍微<u>差一点</u>的在后三只船上。(《三侠剑》第七回)

马庆株曾认为:"副词性的'差(一)点儿'是由谓词性的'差(一)点儿'虚化而来的。"[1] 然而历时语料的检索结果却让我们对此观点产生怀疑,因为"差一点"的几种用法几乎是同时出现的,用语法化的要求看,它们之间缺乏虚化演变的时间条件和数量基础。张玲也发现了这一问题,认为"差一点"不是自身形式逐渐虚化的结果,而是由另一个相关表达"争些"一步步类推、替换而来的。[2] 经过考察,我们大致认同替换的观点,不过认为是对"争些""差些"综合替换的结果。下面谈谈具体演变过程。

"争"在古代有"相差、不够"的意思,如:"百年身后一丘土,贫

<hr/>

① 马庆株:《与"(一)点儿"、"差(一)点儿"相关的句法语义问题》,载《语法研究和探索》(六),语文出版社 1992 年版,第 138 页。

② 张玲:《副词"差一点"溯源》,《湖州师范学院学报》2007 年第 5 期。

富高低争几多?"（杜荀鹤《自遣》）"些"也很早就表示"少许，一点儿"。二者组合而成的"争些"最早在北宋出现，如：

（19）仁之与恕，只争些子。自然底是仁，比而推之便是恕。（《朱子语类》卷二十七）

（20）笑鲈鱼虽好，风味争些。（方岳《满庭芳·擘蟹醉题》）

例（19）中的"争些子"为动词；例（20）中的"争些"为形容词，表示"相差一点、欠缺一点儿"。意义和用法都与后来的"差一点"基本相同。

到元代，"争些"发展出了副词性的用法，如：

（21）时遇冬天，大风大雪将俺三口儿争些冻杀。（《全元曲·邯郸道省悟黄粱梦》）

（22）我有些心气疼的病，今日起的早了些儿，感了些寒气，把你兄弟争些儿不疼死了。（《全元曲·降桑椹蔡顺奉母》）

在明代，"争些"几乎全都是副词性用法，已经凝固成一个词了。如：

（23）武松劈手夺来，泼在地下，说道："嫂嫂！休要恁地不识羞耻!"把手只一推，争些儿把那妇人推一交。（《水浒传》第二十三回）

统计发现，北大语料库元、明文献中副词性的"争些"共出现68次，像例（21）（23）那样接肯定成分的有65次，而像例（22）那样跟否定成分的只有3次。可见，副词性的"争些"绝大多数只用作肯定形式。

在"争些"发展的同时，还有一个同义表达式"差些"也开始兴起。"差些"最早也出现在北宋《朱子语类》里：

（24）初间只是差些子，少间究竟将去，越见差得多。（《朱子语类》卷四十四）

这时的"差些"为动宾结构，形容词和副词的用法到明代才衍生出来，例如：

（25）其时同里有个人，姓胡名绥，有妻门氏，也生得十分娇丽，虽比狄氏略差些儿，也算得是上等姿色。（《初刻拍案惊奇》卷三十二）

（26）等我也对大娘说去，就交与他这银子去。昨日骑骡子差些儿没吊了他的。[《金瓶梅》（崇祯本）第三十七回]

例（25）中的"差些儿"为形容词，例（26）中的为副词。统计表明，明代"差些"共出现 12 例，其中动词 1 例，形容词 8 例，副词 3 例；3 例副词性的用法全部为否定形式"差些没"或"差些不"。可见，"差些"在明代主要用作形容词，用作副词的也只接否定形式的谓语。

北宋至明朝是"争些"和"差些"共存时期，二者意思和用法基本相似，不过在各个朝代的表现却不尽相同：在宋代，"争些"主要用作动词和形容词，"差些"则主要用作动词；元、明时期，"争些"发展出副词的用法之后，这一功能被扩大，动词和形容词的用法却萎缩甚至消失了。而此时"差些"衍生出形容词的用法，并主要承担了这一功能。用作副词时，"争些"后面主要连接肯定成分，而"差些"主要连接否定成分。很明显，二者在用法上实现了分工，具有互补的特点。

至此，"差一点"还孕育在摇篮里，没有走上历史的舞台。据香坂顺一考证，在明代以前的资料里，"些儿""一些儿""些个"等"些"系的词占优势[1]，因此"点儿""一点儿"等"点"系词就缺少发展的机会。进入清代以后形势发生改变，"些"系词急剧衰退，而"点"系词大举进入，代替了前者的位置，"争些""差些"被替换成了"差点"。这种替代是全方位的，包括动词、形容词、副词各种用法。因此我们在

---

① ［日］香坂顺一：《白话词汇研究》，江蓝生、白维国译，中华书局 1997 年版，第 314、339 页。

语料库中看到：北宋至明代，"争些"和"差些"二分天下；可进入清代以后，"差一点"一统江山，一下子涌现出副词（包括肯定形式和否定形式）、动词、形容词各种用法；而"争些"开始销声匿迹，"差些"也仅仅保留部分形容词的用法。至于是什么因素导致了替换，又为什么会发生在清代，暂时还不清楚，但这个替换过程确实发生了。

我们于是可以得出这样的推断："差一点"没有像"争些""差些"那样经历了漫长的语法化过程，而是在特定的时期通过对"争些""差些"的全方位替换走进人们的语言，直接搭建了"四重身份"格局。

1.1.2 "差一点"类副词的发展历程及形成羡余否定的原因

既然"差一点"不是自身形式语法化的结果，那么对其否定形式"差一点没"歧义形成的讨论就应该跳出自身范围，把目光投向其他的同类表达。古代汉语中表达"接近但未达到"意义的，除了上面谈到的"争些""差些"，还有"几乎""险些"等。我们来看看这一类词语的发展演变对"差一点没"有何影响。

香坂顺一提到：文言文里表示"几近"的副词有"几、殆、仅、危、将、且、垂、宜"等，其中被白话文继承的是"几"。"几"又作"几乎""几几""几几乎"，用得最多的是"几、几乎"。① 这两个词最早都可以追溯到先秦，如：

(27) 鲁朝夕伐我，几亡矣。（《左传·昭公十三年》）

(28) 乾坤毁，则无以见易；易不可见，则乾坤或几乎息矣。（《周易·系辞》）

我们发现，早期"几""几乎"后面所接的词语大多具有消极、负面的意义，比如"亡""灭""息"等。秦汉以后，"几"的后面出现了"不"引导的词语，这些词语本来是积极或中性的，加上"不"以后多表示消极义（即说话人不希望发生的事情）。如：

(29) 阖庐试其民于五湖，剑皆加于肩，地流血几不可止。

---

① ［日］香坂顺一：《白话词汇研究》，江蓝生、白维国译，中华书局1997年版，第178页。

（《吕氏春秋·离俗》）

　　（30）先时中山负齐之强兵，侵掠吾地，系累吾民，引水围鄗，非社稷之神灵，即鄗几不守。（《战国策·赵策二》）

"几乎"后面跟否定式成分出现得晚一些，不过宋代已有用例，如：

　　（31）仁宗固是仁厚，末年纪纲几乎不振，所幸得韩琦，遂无事。（谢采伯《密斋笔记》）

在此之后，近代文献中的"几乎"后接成分慢慢不再受消极义的限制，而扩大到中性或积极义的词语（即说话人无所谓或希望发生的事情）。如：

　　（32）懒龙笑道："吾几乎忘了。前日那家金银一箱，已到手了。"（《二刻拍案惊奇》卷三十九）
　　（33）一时怒发，将金箍棒打伤鬼判，唬倒阎王，几乎掀翻了森罗殿。（《西游记》第七十四回）

"几乎"后接成分的范围不断扩大，到明代出现了羡余否定式"几乎＋不 X"，如：

　　（34）女便入房索浴更衣，出厅白父："念奴适来几乎不得其死，不如及早拜辞父母去矣。"（《永乐大典》卷七千五百四十三）

此处"几乎不得其死"表示几乎要被处死，但实际上没有，"几乎不"表示否定，与例（29）至例（31）中表示肯定义的"几不""几乎不"不同。
　　"险些"的产生发展过程与"几乎"相似。文言里很少用"险"而用"危"，与"几"一样，"危"常常接消极义的动词，表示几乎、将要。如《汉书·赵后传》："今儿安在，危杀之矣。"颜师古注："危，险也，犹今人言险不杀耳。"宋代始见"险"作副词的用法：

(35) 失意险为湘岸鬼，浩歌又作长安客。(《全宋词·侯寘·满江红》)

元代以后用例更多，并出现了"险些"，如：

(36) 我也骑着马看，险些打着我。(《西厢记》第五本第三折)

(37) 云长曰："险些惊杀我两个！"(《三国演义》第二十一回)

明代以前，"险""险些"只限于接消极义的成分。进入明代以后，后接成分的范围逐渐扩大，可以跟否定形式的词语了。

有一部分为"险（些）＋不/没＋积极义词语"，整体表示肯定义。如：

(38) 父母一眼看去，险些不认得了。(《二刻拍案惊奇》卷二)

(39) 这个李三若非雷神显灵，险些儿没辨白处了。(《二刻拍案惊奇》卷三十八)

(40) 单贵道："宁龙写船，中途被劫，小人之命险不能保，安顾得他。"(《包公案》第九回)

还有一部分是"险（些）＋不/没＋消极义词语"，整体表示否定义。如：

(41) 不提防鲁华又是一拳，仰八叉跌了一交，险不倒栽入洋沟里。(《金瓶梅》第十九回)

(42) 我的性命，险些儿不着这狲狲害了！(《西游记》第六十回)

(43) 只听得滑浪一声把金莲擦下来，早是扶住架子不曾跌着，险些没把玉楼也拖下来。(《金瓶梅》第二十五回)

这三句与例（38）至例（40）虽然都包含"险（些）不/没"，但表义相反，例（41）至例（43）属于羡余否定的用法。

　　以上简单回顾了清代以前"几乎""险些"的发展历程，连同上一部分描写的"争些""差些"，我们不难得出这样一个结论：表示"十分接近但尚未达到"义的副词表达式大致都经历了一个后接成分范围不断扩大的过程：从最早肯定形式的消极义动词，到否定形式的消极义动词，然后扩展到中性、积极义的动词，最后发展出羡余否定式。如上面所列例（27）至例（34）中"几（乎）"后接成分的变化就体现了这一特点：亡、息→不可止、不守、不振→忘了、掀翻了森罗殿→不能忘怀。这一过程发生在先秦至元、明时期，羡余否定式用法到明代基本定型。这是一个后接成分范围不断扩大而非替换的过程，各个时期的用法都得以保留，从而形成了清代至今"差一点"类副词（差一点、几乎、险些等①）复杂的表义状况。

　　虽然"差一点"是来自对"争些""差些"的历时替换，本身没有经历上述过程，但从源头上讲，它的多重身份和复杂语用格局却与"几乎""险些""争些""差些"等词的意义和后接成分的扩展变化不无关联。

　　所有"差一点"类副词都表示"非常接近却终究没有达到"，一方面表明无限接近某种状态的趋势，另一方面又否定了这种状态的实现。这样一种近似矛盾的意义内涵为其表义的丰富性奠定了基础，当说话人要突出"无限接近某种状态的趋势"时，它就相当于一个肯定词，而当说话人想突出"终究没有达到"时，它就相当于一个否定词。从这类词语历时发展的情况来看，它们主要是用作否定义的。最初它们后面接的都是消极义的词语，比如"亡""杀""休""陨灭""成病"等，这些都是人们不愿意发生的事情，用"几乎"等副词修饰，突出的是否定义"终究没有达到"，有一些庆幸的意味。后来"几乎"等副词的后接成分扩展出表中性义和积极义的动词，人们在这些动词前加上否定成分使其仍然表示消极义，如"不守""不保""不振""没了性命"等。消极义谓语的大量出现容易使人对"几乎"类副词产生一种惯性思维，即它们的后接成分都是人们不希望发生的。当说话人为了突出这样一种否定的意愿，便有可能在消极义动词前也加上一个否定词"不"或"没"，

――――――――――

　　①　包括某些方言里表示接近程度的"差些""争些""差不点""几几乎""险险""险乎儿""争点点""差眼"等。

强调后面所说的事没有发生。这样我们今天所说的羡余否定就产生了。比如：

（44）卢才不曾堤防，踉踉跄跄，倒退了十数步，几乎跌上一交。（《今古奇观》卷十五）

（45）猛然起来，心里又急待着要出去，只是怎么站立得起来！往前一抢，几乎不跌一交。（《醒世姻缘传》第九十一回）

例（44）用肯定形式"几乎跌上一交"，例（45）用羡余否定式"几乎不跌一交"，都表示没有跌跤，但例（45）通过增加否定词"不"进一步强调和显化"跌一跤"没有发生。加上"不"之后，"几乎"的语义重点不再倾向于"终究没有达到"，而倾向于"非常接近"，句子的否定义也不再由"几乎"承担，而由专门增加的"不"来承担。从这个角度看，我们所谓的羡余否定式"几乎不VP""险些没VP""差点没VP"等，严格来说并不算羡余，因为每一个词都是有意义的："没"或"不"表示否定，而"几乎""险些""差一点"等表示"非常接近"。如果同意这一观点，就要承认"差一点"类副词在不同语境下意义的侧重点会有区别。而上面我们已经谈到，"差一点"类副词的意义的确很特殊，并非不能做两种理解。

既然"差一点"是对同类表达式替换的结果，弄清了上述"几乎不""险些不"的产生发展过程，便不难理解"差一点没"产生歧义和羡余的原因了，即"差一点没"的歧义和羡余并非凭空产生，而是对"几乎"等副词后接成分逐步扩展和强化否定表达所产生结果的历史继承。

1.2 共时分析

这一部分主要讨论现代汉语中"差点儿没VP"的句法特点，构成羡余否定的条件，以及与"差点儿VP"的异同比较。

1.2.1 句法特点

第一，"差点儿没"相当于一个副词，能进入"差点儿没……"结构的绝大部分是复杂动词短语。如：

（46）好不容易挤上车，差点儿没把我挤成豆饼。（肖复兴《中学生梦幻曲》）

（47）她的心直往下沉，脚下差点没被苇根绊倒，两人钻出了苇塘，面前呈现出一片葫芦腰形闪出暗光的水洼。（崔璇《芦苇萧萧》）

（48）周学美听到刘太太送进医院，差一点没晕倒过去。（陈定兴《香港之滨》）

（49）不料，她马上汇报上去，差点没要了我那几个小兄弟的命。（张宝发《浪迹丝路》）

（50）他姐姐？白璐的心差点儿没从胸膛跳出来。（何冰《灵魂曲》）

上述五例"差点儿没"的后接成分分别为"把"字结构、"被"字结构、动补结构、动宾结构、状动结构。虽然我们在语料中也发现"差点儿没"后接光杆动词和形容词的例子，但所占比例极少，在121例中仅各出现1例，列举如下：

（51）阿猫气得眼珠都要弹出来了，只差一点没有哭。（边震遐《秋鸿》）

（52）前一阵子，欣荣在你手里学得差点没傻了，常老师来了，照毛主席说的领着孩子们走正路，这才刚有点往回转。（天津话剧团《风华正茂》）

而且这两例如果分别改为"只差一点没有哭出来""学得差点没变傻了"，似乎更合乎人们的语感。

第二，"差点儿没VP"作为一个整体，一般充当句子的谓语，比如上面列举的例（46）至例（51）；有时也可以充当补语，比如上面列举的例（52）。

1.2.2　羡余条件

"差点儿没VP"是一个歧义结构，并非所有能进入该结构的谓词性成分都能造成否定词羡余。如：

(53)"文化大革命"期间，他差点儿没让人打死。(张洁《沉重的翅膀》)

(54)你比以前长得更高大更漂亮了，我真差点没把你认出来哩。(黄汉扶《老少代表》)

例(53)中的"差点儿没"是羡余的，因为可以删去"没"而不影响整句话的意思；例(54)却不是，因为删去"没"之后，句子意思就改变了。判断"差点儿没VP"是否羡余的条件是一个十分有趣也很有挑战性的问题，有不少学者都讨论过，但至今没有一个确切的答案。

朱德熙先生(1959)曾提出过"企望说"，即"差一点怎么样""差一点没怎么样"两个格式到底是什么意思，要看所说的事情是说话的人所企望的，还是他不企望的。对于"差点儿没VP"来说，如果VP是说话人所企望的，则整句话表示肯定义，不存在羡余否定；如果VP是说话人不企望的，则整句话表示否定义，否定词"没"就是羡余的。① 石毓智(1993)则认为判断企望与否过于主观，提出"积极、消极成分说"，他通过讨论述补结构中积极、消极成分与补语之间关系的松紧程度来区分两种同形的"差点儿没VP"，即VP为消极成分时，"差点儿"和"没"只相当于一个否定词，"差点儿没VP"是羡余结构；而当VP为积极成分时，"差点儿"和"没"是两个独立的否定词，"差点儿没VP"就不是羡余否定结构。② 周一民(2003)讨论了北京话中的"差一点没VP"，发现是否形成羡余只能从事实和语境去判断。③ 朱燕(2008)认为影响"差一点没VP"羡余性的主要有两个因素，一个是VP的积极性程度，另一个是句子的夸张、强调程度。如果VP以及中心动词是[−积极]的，且又同时具有了夸张性的[＋程度强调]，那么，"差一点没VP"中的"没"最容易羡余；如果VP为

---

① 朱德熙：《说"差一点"》，《中国语文》1959年第9期。
② 石毓智：《对"差点儿"类羡余否定句式的分化》，《汉语学习》1993年第4期。
③ 周一民：《北京话里的"差点儿没VP"句式》，《语言教学与研究》2003年第6期。

［＋积极］的，且没有夸张性的［＋程度强调］，那么一般情况下，"没"是非羡余的。①

张玲（2008）借鉴标记理论从异态、常态的角度分析了"差点没VP"的羡余条件，认为当"VP"是异态时，"没"为羡余成分，而"没VP"是异态时，便不存在羡余。关于影响异态的认定因素，她认为有四类：某事件在现实生活中发生概率的大小、主观企望与否、客观事实、社会已有的道德与认知规范。② 我们大致同意张玲的观点，下面结合实例具体讨论影响"差一点没VP"羡余性的因素。

第一，VP事件在现实生活中发生概率的大小。一般来说，现实生活中容易发生的事是常态，不易发生的事为异态。当VP事件发生概率小时，"VP"就是异态，那么"差点没VP"一般就是羡余否定式，相反则不是。例如：

（55）今天我差点儿没赚到十块钱。
（56）今天我差点儿没赚到一千块。

在缺少更多语境的情况下，普通人一天赚十元钱，发生概率大，所以例（55）的VP为常态，"差点儿没VP"就倾向于表肯定，即赚到十元钱了；普通人一天赚到一千元钱，一般来说发生的概率比较小，所以例（56）的VP为异态，"差点儿没VP"就倾向于为羡余否定式，即没赚到一千元钱。当然这是一般理解，如果增添更多的语境，也可能改变常态和异态，从而改变句子意思，比如：

（57）今天我把那点旧报纸卖了，差点儿没赚到十块钱。

一点旧报纸不值钱，能卖到十元钱的概率不大，所以例（57）中的VP便为异态，"差点儿没"就是羡余否定的，意思是没赚到十元钱。

第二，主观企望与否。朱德熙（1959）最早对这一点进行过论述，

---

① 朱燕：《"差（一）点（儿）"研究》，硕士学位论文，上海师范大学，2008年。
② 张玲：《关于"差点儿＋（没）VP"句式及相关句式的研究》，硕士学位论文，上海师范大学，2008年。

此后很多辞书和学者都认同这一认识，即如果 VP 为说话人不企望发生的事，那么"差点儿没 VP"就为羡余否定结构，表示否定，反之则不构成羡余否定。这一观点概括了"差点儿没 VP"在语用中是否构成羡余的关键因素，因为一般来说，人们企望发生的事为常态，不企望发生的事为异态，这正好符合总的规律——当"VP"是异态时，"没"为羡余成分。主观企望与否既可以针对句子主语而言，也可以针对说话人而言。从语用效果上看，主要是针对说话人而言的，比如：

(58) 刚才好险，我方球员差一点儿没踢进那个球。

(59) 刚才好险，对方球员差一点儿没踢进那个球。

从主观企望与否上看，例（58）中句子主语和说话人都企望把球踢进，不管从哪一角度来判断，把球踢进（VP）都是常态，因此句子不构成羡余否定，即踢进了那个球；例（59）中句子主语（对方球员）企望把球踢进，但说话人不企望把球踢进，二者矛盾时需按说话人态度判断，所以在这里把球踢进（VP）就是异态的，句子构成羡余否定，表示没有踢进那个球。

第三，客观事实。这是周一民（2003）主张的观点，即判断"差点儿没 VP"到底表示肯定还是否定，首先取决于客观事实和语境背景。从常态、异态的角度来说，当 VP 是客观发生的事实，那它就是常态，整个句子就表示肯定义，不构成羡余否定；当 VP 不是客观发生的事实，那它就是异态，整个句子就表示否定义，是羡余否定的。例如：

(60) 奥巴马差点儿没当上本届美国总统。

(61) 麦凯恩差点儿没当上本届美国总统。

2008 年美国大选，奥巴马战胜麦凯恩，当上了本届美国总统，这是客观事实，这直接决定了例（60）表肯定义，不构成羡余否定，例（61）表示否定义，存在羡余否定。再例如周一民（2003）所举的例子：

(62) 她差点儿没留起辫子来，后来嫌麻烦改短头发了。

（63）她差点儿没留起辫子来，几次嫌麻烦想给铰了。

根据语境补充的信息可知，在例（62）里，"她"最终没有留起辫子，例（63）里，"她"最终留起辫子了。那么根据事实因素来判断，例（62）里的 VP（留起辫子来）不合事实，为异态，整个句子构成羡余否定，表达否定义，即没留起辫子；例（63）里的 VP（留起辫子来）合乎事实，为常态，整个句子不构成羡余否定，表达肯定义，即留起辫子了。客观事实是确定"差点儿没 VP"是否存在羡余否定的第一要素。

第四，社会已有的道德与认知规范。毫无疑问，社会道德和认知规范是人们推崇和认可的社会常态，反之，违反道德和规范的可视为社会异态，据此也可判断句子是否存在羡余否定。例如：

（64）眼看时间快到了，他急得差点儿没闯红灯。
（65）眼看时间快到了，他急得差点儿没遵守交通规则。

遵守交通规则是社会认可的道德规范，所以例（64）中的 VP（闯红灯）为异态，句子存在羡余否定，表达的是否定义"没闯红灯"；例（65）中的 VP（遵守交通规则）为常态，句子不存在羡余问题，表示肯定义"遵守了交通规则"。

我们认为，常态、异态分析抓住了"差点儿没 VP"是否构成羡余的核心，以前人们认同的"企望说""积极消极成分说""合意性说""事实说"等，都可以归结到句中 VP 成分是否为异态的判断上去。

判断"差点儿没 VP"构式是否存在羡余，除了常态、异态这样的语用标准，还可以从句子的形式上找到依据，主要包括韵律特征和词语添加条件两种。

第一，通过停顿、轻重音来区别。在羡余否定式"差点儿没 VP"中，"差点儿没"一般轻读，"VP"则需要重读，同时"差点儿没"要连起来读；而在表示肯定义的"差点儿没 VP"中，"差点儿"轻读，"没"与"VP"重读，停顿在"差点儿"和"没"之间。例如：

（66）差点儿没｜摔一跤。（没摔跤）

（67）差点儿｜<u>没赶上末班车</u>。（赶上末班车了）①

第二，通过能否加词来区别。凡是能够在"差点儿没"和"VP"之间加能愿动词"能"的，都是非羡余的，反之无法加"能"的为羡余否定。比如上面举到的例子，例（54）（58）（60）（63）（67）都能在"差点儿没"和"VP"之间添加"能"，因此是非羡余的，表达肯定义；而例（53）（59）（61）（62）（66）都无法添加"能"，因此是羡余的，表达否定义。再如例（55）和例（57），如果加上"能"，这两句话就都是非羡余句了。这种方法之所以可行，是因为"能"可以增强VP成分的可控性和企望度，前面说过企望发生的事件为常态，所以"差点儿没能VP"倾向于表示肯定义，不构成羡余否定。

1.2.3　羡余否定式与肯定式的异同比较

羡余否定式"差点儿没VP"与肯定式"差点儿VP"都表示否定义，即VP事件没有发生，在一般情况下可以相互替换。

二者的相异之处主要体现在使用频率和细微意义的差别上。从使用频率上看，肯定形式"差点儿VP"明显高于"差点儿没VP"。我们检索北大现代汉语语料库，肯定形式的"差（一）点（儿）"共出现3009次，而羡余否定式的"差（一）点（儿）没"只出现292次，可见羡余否定式"差点儿没VP"的使用频率还不到肯定形式"差点儿VP"的十分之一。为什么会如此？我们认为有两个原因，一是"差点儿VP"形式简短、表义明确，更符合语言经济原则；二是很多时候只存在肯定形式而没有对应的羡余否定式。这种不对称的情况主要有：当VP中含有其他的否定成分时，一般只能用"差点儿VP"，不能用"差点儿没VP"，例如"差点儿回不了家""差点儿无法参加比赛"；当VP中含有能愿动词"能"时，"差点儿VP"不能替换为"差点儿没VP"，否则句子意思就变了。例如"差点儿能赶上"表示没有赶上，替换成"差点儿没能赶上"意思就变成赶上了；当VP前面有副词"就要"时，只能用"差点儿"不能用"差点儿没"，例如"当时比赛差点儿就要赢了"，不能说成"当时比赛差点儿没就要赢了"。

---

① 竖线表示停顿，下划线表示重读，括号里面表示意义。

关于"差点 VP"和"差点没 VP"意义上的细微差别,很多学者都注意到了。一般认为,二者理性意义基本相同,但"差点没 VP"中"没"是一个主观标记成分,标记了一种主观性的程度、态度或语气。"差点 VP"和羡余否定式"差点没 VP"表达的都是否定义,但承担否定义的词语不同,体现出来的主观色彩也不一样。在"差点 VP"句中,承担否定义的词是"差点",这是一个意义很特殊的词,表示"十分接近某一程度却又未达到"的意思,既表示一种接近的趋势,又表示了否定。所以"差点"所表达的否定义与一般的否定词"不""没"等并不完全一样,只能说它相当于一个否定词。而在"差点没 VP"中,突出否定义的是所谓的羡余成分"没","差点"的否定义则相对模糊,更多地传达了一种主观色彩。当然,从主观性上说,"差点儿 VP"和"差点儿没 VP"都含有说话人的主观认识和主观情感,但在强烈程度上,后者一般要高于前者。比如张萍(2000)[①] 举到的例子:

(68)真悬,差点儿轧着了那孩子。
(69)真悬,差点儿没轧着那孩子。

两句对比便能发现差异,例(68)用"差点儿"相对来说是一种平缓的叙述;而例(69)用"差点儿没"除了叙述事实,还包含有紧张、担心、庆幸等情感。再例如:

(70)医生说:"你准备着办后事吧。"做医生的只要一句话,就能要我的命。我当时差点没栽到地上……(余华《活着》)

这是小说中的一段话,讲的是备受命运打击的主人公富贵在刚刚死了儿子之后,妻子又病危。虽然富贵知道妻子的病很重,却没想到这么快就要"准备办后事"。"差点儿没栽到地上"是作者描述富贵听到医生那句话之后的感受。如果把"差点儿没"换成"差点儿",意思虽然没有改变,但感染力就弱了很多。因为"差点儿栽到地上"基本上

---

① 张萍:《漫谈"差点儿"和"差点儿没"的用法》,《晋东南师范专科学校学报》2000年第 2 期。

是一种直接的陈述，没有太多的感情色彩；而"差点儿没栽到地上"突出了一种强烈的感情色彩，能让读者更深切地感受到这个小说人物命运的悲惨。

1.2.4　"就差没 VP"与"差点儿 VP"

"就差没 VP"也是一个羡余否定结构，从形式上看和"差点儿没VP"十分相似，但意义和用法却不完全相同，只在少数情况下能够互换。

首先，二者的性质、结构、意义不同。"就差没"很难说是一个词，一般情况下应该看作副词"就"、动词"差"和否定词"没"的组合，准确地说，"就差没 VP"的结构实际为：［就］差［没］VP，VP 的后面经常接语气词"了"，意思为其他的都已经具备，只缺 VP 了；而"差点儿没"基本上已经凝固成一个副词，意为十分接近 VP（或没VP）但又没有达到。

其次，二者的用法存在较大差异。一是，所有的"就差没 VP"都是羡余否定式，可以替换为"就差 VP"；但"差点儿没 VP"有两种可能，一种为羡余否定结构，可以替换为"差点儿 VP"，如"差点儿没气死" = "差点儿气死"；另一种表达肯定义，不能替换为"差点儿 VP"，如"差点儿没认出来" ≠ "差点儿认出来"。二是，"就差没 VP"句表达的都是否定义，即 VP 都没有发生，如"就差没跪下了"表示没跪下；而"差点儿没 VP"不一定，只有在羡余否定式的用法中 VP 才没有发生，如"差点儿没气死"表示没气死，但"差点儿没认出来"就表示认出来了。三是，从替换的角度说，绝大部分的"差点儿没 VP"都不能替换成"就差没 VP"，比如上面列举的例句，除了例（51）至例（54）之外，根本不能用"就差没 VP"来替换。像"真悬，差点儿没轧着孩子"如果换成"真悬，就差没轧着孩子"，意思就完全变了，前者表示因没轧着孩子而感到庆幸、后怕，后者却表示因没轧着孩子而感到可惜。即使能替换的，意思也有细微区别，如"小黄气得眼珠都要弹出来了，只差一点没有哭"可替换成"小黄气得眼珠都要弹出来了，就差没有哭"。意思虽然相近，但前者倾向于表示小黄快要哭了，或者说已经有哭的迹象了，而后者却倾向于表示除了没有哭，其他可能的事情都发生了。所以二者的蕴含是不一样的，羡余否定式的"差点儿没 VP"蕴含接近 VP，而"就差没 VP"蕴含只有 VP 没有发生。限于篇幅，这里不详细展开，但"就差没 VP"无疑也是一个值得讨论的话题。

以上讨论了"差点儿没 VP"的句法特点、羡余条件以及跟肯定形式"差点儿 VP"的异同，这些分析都可以类推到其他同类表达式上，比如"几乎不 VP""险些没 VP"等。应该说，这一类表达式语义特殊、用法复杂，在以后的研究中还会发现更多的问题需要我们去思考。

2　没……之前

在现代汉语里，"没……之前"和"……之前"都可用来表示比某个时间早的一段时间，多数情况下也能够互换。如：

（1）在道静没进来之前，他们正谈着什么，一见她来就打住了。（杨沫《青春之歌》）

（2）我几次想向余重打听一下章竹安的下落，他们本来就认识的，余重在我认识章竹安之前就认识他了。（姜丰《爱情错觉》）

把例（1）中的"没进来之前"改为"进来之前"，把例（2）中的"我认识章竹安之前"改为"我没认识章竹安之前"，都不影响原句的意思。所以我们把"没……之前"也看作一个羡余否定构式。与"没……之前"相似的还有"没有……之前""未……之前""没……以前""没……前"等，例如：

（3）我知道许多导演在没有接受审查之前已经开始自我审查、自我审定，中国在文艺上始终只有政策，没有法律，我一直希望中国真正完善法制……（刘心武《你只能面对》）

（4）中国古代在纸张未发明之前，典籍、文书主要写在以竹、木质地的简条上，再用丝线捆扎联结，便于阅读和保存。（新华社通讯稿，2000 年 12 月 21 日）

（5）耳朵里没塞上这东西以前，我耳朵背得像根木桩。现在

呢，如果我在楼上卧室里而厨房里茶壶水开了，我能立刻听得见。（佚名《先生与助听器》）

（6）在这个厂还没被接收前，总得有个人临时维持着不是？不能叫人家来接收一盘散沙无首人群吧？（梁晓声《钳工王》）

这些都可以看作"没……之前"的变式，其中的否定词"没""没有""未"都可以删去而不改变意义。因为"没……之前"的插入成分一般都是动词或动词短语，为了行文方便，下面用"没 VP 之前"来表示"没……之前"及其变式，用"VP 之前"来表示与其对应的肯定式。

"没 VP 之前"与"VP 之前"异形同义的特点很早就被发现了，吕叔湘、朱德熙（1952）①、吕叔湘（1985）②、毛修敬（1985）③、贾甫田（1986）④ 等都有所提及。不过对其展开专门研究的文章到最近几年才出现，主要有王灿龙（2004）⑤、曾少波（2004）⑥、许有胜（2006）⑦、徐永生（2008）⑧、江蓝生（2008）⑨、程伟民（2009）⑩ 等。这些文章主要在共时层面讨论了"没 VP 之前"和"VP 之前"的语法语义特点，对二者之间的区别也作了较详细的探讨，所得出的结论对加深人们的认识、引导人们正确使用这两个表达式都有积极作用。然而不足的是，这些研究很少联系到其他羡余否定现象，也没有考察它们的历时发展过程，在这些方面仍有进一步研究的必要。下面我们就从历时、共时两个层面对"没 VP 之前"及其相关构式展开讨论。

---

① 吕叔湘、朱德熙：《语法修辞讲话》，开明书店 1952 年版，第 243 页。

② 吕叔湘：《疑问·否定·肯定》，《中国语文》1985 年第 4 期。

③ 毛修敬：《汉语里的对立格式》，《语言教学与研究》1985 年第 2 期。

④ 贾甫田：《现代汉语中形式上的否定和意义上的否定不一致的几种情况》，载《第一届国际汉语教学讨论会论文选》，北京语言学院出版社 1986 年版，第 160 页。

⑤ 王灿龙：《说"VP 之前"与"没（有）VP 之前"》，《中国语文》2004 年第 5 期。

⑥ 曾少波：《肯定、否定和羡余》，《黔南民族师范学院学报》2004 年第 2 期。

⑦ 许有胜：《"VP 之前"和"没有 VP 之前"语义差别探微》，《宁夏大学学报》（人文社会科学版）2006 年第 1 期。

⑧ 徐永生：《"VP 之前"与"没（有）VP 之前"区别特征分析》，《十堰职业技术学院学报》2008 年第 2 期。

⑨ 江蓝生：《概念叠加与构式整合——肯定否定不对称的解释》，《中国语文》2008 年第 6 期。

⑩ 程伟民：《语体和篇章特点对同义 VP 结构选择的影响——以"VP 之前"与"（在）没有 VP 之前"为例》，《修辞学习》2009 年第 5 期。

2.1　历时考察

"前"本为动词,义为前进、向前走;后引申表示方位,义为前面;进一步引申又可以表示时间,指较早或过去的时间。"前"的这些意义和用法在先秦时代都已具备。如:

(7) 孔子下车而前,见谒者曰:"鲁人孔丘,闻将军高义,敬再拜谒者。"(《庄子·杂篇·盗跖》)

(8) 今君左为倡,右为优,谗人在前,谀人在后,又焉可逮桓公之后者乎?(《晏子春秋·内篇问下第四》)

(9) 前以士,后以大夫,前以三鼎,而后以五鼎与?(《孟子·梁惠王下》)

例(7)中的"前"为动词,例(8)中的为方位名词,例(9)中的为时间名词。以某个时间为参照,表示更早时间的"……之前""……以前"在汉代出现,如:

(10) 轩辕之前,遐哉邈乎,其详不可得闻也。(司马相如《封禅书》)

(11) 殷、周以前,颇载《六经》,儒生所不能说也。(《论衡·效力篇》)

这两例"……之/以前"中的参照时间"轩辕""殷、周"均为名词性成分。到南北朝时期,该格式里的参照时间也可由动词短语来充当。例如:

(12) 至长安之前,遂等破走,太祖始以十六年得入关耳。(《三国志·魏书二十一·王卫二刘傅传》"太祖并以琳、瑀为司空军谋祭酒,管记室"句裴松之注)

(13) 咨尔梁王,惟昔邃古之载,肇有生人,皇雄大庭之辟,

赫胥尊卢之后，斯并龙图鸟迹以前，悦忽杳冥之世，固无得而详焉。（任昉《禅位梁王策》）

例（12）中的"至长安"，例（13）中的"并龙图鸟迹"均为动词短语，表示相关事情发生的时间，"……之/以前"即指比此事发生时间更早的那段时间。如果在这两例"VP之/以前"的前面各加上一个否定词"未"，变成"未至长安之前""未并龙图鸟迹以前"，则意思不变。这和今天的"VP之前"已基本相同。

也是在南北朝时期，出现了否定形式的"未 VP 之前""未 VP 前""未 VP 以前"等。例如：

（14）刘备未破魏军之前，尚未与孙权相见，不得有此说。故知蜀志为是。（《三国志·蜀书二·先主传》"先主至京见权，绸缪恩纪"句裴松之注）

（15）作酿池，以藁茹瓮，不茹瓮则酒甜，用穰则太热。黍米淘须极净。以九月九日日未出前，收水九斗，浸麹九斗。（《齐民要术·笨曲并酒第六十六》）

（16）而自去岁正月十三日世宗晏驾以后，八月一日皇太后未亲览以前，诸有不由阶级而权臣用命，或发门下诏书，或由中书宣敕，擅相拜授者，已经恩宥，正可免其叨窃之罪。（《魏书·列传第十九　于栗磾》）

这些例句中的否定词"未"删去，都不影响意思。可以认定，羡余否定式的"未 VP 之前"在南北朝时期已经产生。不过否定词为"没"的"没 VP 以前""没 VP 之前"出现得很晚，直到晚清才见用例，如：

（17）这也非门生一人的意思。没接着老师的信以前，并且还不曾看见京报，便接着管子金、何麦舟他两家老伯的急脚信，晓得了老师这场不得意。（《儿女英雄传》第十三回）

（18）清之介没见兄弟之前，预备了许多话要说。谁知一见面，

喉间好象有什么鲠住似的，一句话也挣不出来。（《孽海花》第二十
八回）

发展到今天，"没 VP 之/以前"已成为最常见的形式，"未 VP 之/
以前"则很少出现。这应该与汉语历史上否定词"未"被替换为"没"
的过程相关。

"VP 之前"和"没 VP 之前"形式相反、意义却相近，后者究竟是
如何在前者基础上生成的呢？很少有人回答这个问题。我们的推测是，
"没 VP 之前"不是由"VP 之前"添加否定词直接得到的，而由相同意
义的两个表达式"未 VP 之时"和"VP 之前"杂糅而来。

在南北朝以前（含南北朝），"未 VP 之时"和"VP 之前"都已出
现，均表示比 VP 发生时间更早的那段时间。"VP 之前"产生于南北
朝，上述例（12）（13）即为例证。"未 VP 之时"产生得更早，先秦时
期就有用例，之后的秦、汉、魏晋南北朝更是大量出现用例，如：

（19）途旁之树未沐之时，五衢之民男女相好，往来之市者罢
市，相睹树下，谈语终日不归。（《管子·轻重丁》）[1]

（20）未有蚩尤之时，民固剥林木以战矣，胜者为长。（《吕氏
春秋·孟秋纪》）

（21）古未有天地之时，惟像无形，窈窈冥冥。（《淮南子·精
神训》）

（22）周亚夫未封侯之时，许负相之，曰："君后三岁而入将
相，持国秉，贵重矣，于人臣无两。其后九岁而君饿死。"（《论
衡·骨相篇》）

（23）夫犊犫、铎鸣，晋国之贤大夫也，赵简子未得意之时，
须而后从政，及其得意也，杀之。（《三国志·魏书二十一·王卫二
刘傅传》"赵杀鸣、犊，仲尼回轮"句裴松之注引刘向新序）

"未 VP 之时"和"VP 之前"为形式不同的同义结构，它们的存在

---

① 《管子》是托名管仲的一部论文集。不是一人一时之笔，也不是一家一派之言。写作
年代大抵始于战国中期直至秦、汉。

为人们表达提供了多种选择。一个人要表达"比某个事情发生时间更早的时间"时，大脑里既可能想到"未VP之时"，也可能想到"VP之前"，不论使用哪个都能完成表达任务。不过在这一思维过程中，往往还存在第三种可能，即这两个结构同时出现在人的大脑里，在不加选择的情况下一起被表达出来，结果要么造成叠加，要么形成杂糅。① 叠加即把这两个同义结构叠在一起连缀表达出来，说成"未VP之时，VP之前"②；杂糅则是把它们糅合在一起，经过加工、变换表达出来，说成"未VP之前"——这个过程实际上包含同现和噬同两个步骤：首先，"未VP之时"和"VP之前"同时在人脑中出现，形成一种立体结构；其次在省力原则的影响下，重合"未VP之时"和"VP之前"中的相同部分，最终形成"未VP之前"。

虽然未能找到反映上述杂糅过程的例句，但杂糅作为一种常见的成词造句方式，已经得到不少学者的肯定——比如沈家煊（2006）认为汉语中存在一种"好比是将两根绳子各抽取一股重新拧成一根"的构词造句方式，他把这种方式称为"糅合"，并认为这种构词造句方式具有心理上现实性，在汉语里比较常见。③ 江蓝生（2008）则明确指出，"没VP之前"就是由"具有同一性的正反两个概念表达式叠加整合而成的"，这种形成机制具有一定的普遍性，一大批正反同义结构都是这样形成的。④ 所以我们有理由相信，"未VP之前"由"未VP之时"和"VP之前"杂糅而来，"没VP之前"又是"未VP之前"进一步发展的结果。这一过程可描述为图1。

$$\left.\begin{array}{l}未\ VP\ 之时\\ VP\ 之前\end{array}\right\} \xrightarrow{杂糅} 未\ VP\ 之前 \xrightarrow{替换} 没\ VP\ 之前$$

图1　"没VP之前"的产生过程

---

① Carl James 把这种思维过程描述为：说话的人或写作的人激活了两种意义相关的结构，两者单用都能完成交际任务，但是未能作出明确选择，取而代之的是将其混用，产生了一个兼具两者特征的结构。参见 Carl James, *Errors in Language Learning and Use：Exploring Error Analysis*，外语教学与研究出版社 2001 年版。

② 这只是一种可能，在语料中并未找到这样的例句。

③ 参见沈家煊《"王冕死了父亲"的生成方式——兼说汉语"糅合"造句》，《中国语文》2006 年第 4 期；沈家煊《"糅合"和"截搭"》，《世界汉语教学》2006 年第 4 期。

④ 江蓝生：《概念叠加与构式整合——肯定否定不对称的解释》，《中国语文》2008 年第6 期。

2.2　共时分析

2.2.1　"VP之前"的句法、语义、语用特征

肯定式"VP之前"在现代汉语里很常见。从结构上看，它是一个偏正式的名词短语，时间名词"前"为中心成分，VP为修饰成分。"VP之前"一般作句子的状语，有时也充当定语。作状语时，前面常常有一个介词"在"。表达式中的VP一般是比较复杂的动词短语。如：[①]

（24）痛苦的化疗开始了，化疗之前，大夫建议服用一片进口止吐药"枢复宁"。（孙黎平《母爱》）

（25）大队上街之前，要由地保事先通知沿街店铺，凡有鸟笼的（有的店铺是养八哥、画眉的），都要收起来，因为土匪大哥看见不高兴……（汪曾祺《大淖记事》）

（26）在夺占长春之前，国民党的愿望就是要和共产党决战。（张正隆《雪白血红》）

（27）人应该在老得不能动弹之前死掉。（苏雪林《当我老了的时候》）

（28）老猎人突然产生了一种奇特的意念：要在狼群把他嚼成粉末之前，再最后看一眼这些恨不能一下就斩尽杀绝的对手们。（王凤麟《野狼出没的山谷》）

（29）在犯人被叫来之前，他顺便看了看挂在谈话室墙壁上的谈话记录簿。（张平《十面埋伏》）

（30）这时，我心里正在想邓颖超大姐约我来之前，肯定已看过我的档案材料，她还会从各方面了解我的情况。（张佐良《周恩来的最后十年》）

（31）他想起了自己呱呱落地之前的情景：天风横吹，乱云如箭，他偶然落在一片名叫中国的土地。（张贤亮《绿化树》）

---

① 这里只列举了"VP之前"的例子，实际上"VP以前""VP前"也基本相同。下面举例，如果不是需要，也只举"VP之前""没VP之前"的例子。

上述例句除了例（31）中的"VP之前"作定语之外，其他都作句子的状语。其中的VP分别为简单动词、主谓短语、动宾短语、动补短语、"把"字短语、"被"字短语和兼语短语。

在意义上，"VP之前"表示比VP发生时间更早的那段时间。VP的发生时间可以是一个短暂的时点（如上述例句中的"大队上街""犯人被叫来""邓颖超大姐约我来""自己呱呱落地"等），也可以是一段具有长度的时段（如"化疗""夺占长春""老得不能动弹""狼群把他嚼成粉末"等）。当VP的发生时间为时点时，"VP之前"即指在此时点之前的那段时间，且倾向于指接近该时点的某个时间；当VP的发生时间为时段时，"VP之前"则指事情发生起点之前的那段时间，也倾向于指接近起点的某个时间。[①] 比如例（24）中的"化疗之前"一般应指比化疗开始时间早一点点（如早一分钟、早半个小时等）的某个时间，例（25）中的"大队上街之前"也指比大队上街时间早一点点的某个时间。从VP是否已经发生来看，"VP之前"又可分为已然的和未然的两种，上述八个例句中，例（27）（28）是未然的，其余都是已然的。

"VP之前"句总包含两个时间，一个是参照时间，即VP的发生时间；另一个是所述时间，即句子所述事件的发生时间。这两个时间存在先后关系——所述时间要晚于参照时间。"VP之前"即反映说话人对这两个时间先后关系的判断。一般来说，这种先后关系是显而易见的，所以在语用上，"VP之前"的客观性比较强，特别是对已然事件发生时间的判断，基本上都是客观描述，并不包含说话人太多的主观情感和态度。

2.2.2　"没VP之前"的句法、语义、语用特征

"没VP之前"在结构上也是一个偏正式的名词短语，主要作状语，有时也作定语。它的前面也可以加上"在"，但与"VP之前"不同的是，它的前面还可以加副词"还"。"没VP之前"中的VP也可以是各种类型的动词或动词短语。例如：

---

① 参见王灿龙《说"VP之前"与"没（有）VP之前"》，《中国语文》2004年第5期；徐永生《"VP之前"与"没（有）VP之前"区别特征分析》，《十堰职业技术学院学报》2008年第2期。

（32）如果我们在实验室化验结果还没出来之前就宣布这是禽流感，将会引发更大的恐慌。（新华网 2004 年 1 月 25 日）

（33）在他没能消灭文城的人们之前，只要他看见地上有个虫子，就必定把它踩死。（老舍《火葬》）

（34）在他没把事情弄明白之前，只能支支吾吾地说："唔唔……实在对不起！打扰啦……我是来找金枝的。"（陈建功、赵大年《皇城根》）

（35）初春，我还没有被大病危害之前，我以你的材料，拟了一幕"雪夜里的哀声"的剧。（白薇《情书》）

（36）站在这儿可以望见无边无际的波涌——它在更早的时候竟是一片陆地，是没有发生陆沉之前的老铁海峡……（张炜《柏慧》）

上述例（36）中的"没 VP 之前"在句中充当定语，其他例句中的"没 VP 之前"则作状语。各例句中的 VP 成分分别为简单动词、动宾短语、动补短语、"把"字短语和"被"字短语等。可见"没 VP 之前"中的 VP 也主要是复杂的动词短语。

在意义上，"没 VP 之前"同样表示比 VP 发生时间更早的那段时间。其中 VP 的发生时间可以是一个时点，也可以是一个时段。如上述例句中"出来"是一个瞬间动作，其发生的时间就是一个时点；"消灭文城的人们""把事情弄明白""被大病危害""发生陆沉"等的发生时间则是一个时段。当 VP 的发生时间为时点时，"没 VP 之前"就指在此时点之前的那段时间；当 VP 的发生时间为时段时，"没 VP 之前"就指事情发生起点之前的那段时间。与"VP 之前"不同的是，"没 VP 之前"所指的时间并不倾向于接近 VP 发生的时点或起点，而泛指早于 VP 的整个时间。比如例（32）就指在化验结果出来之前的任何时间宣布这是禽流感都会引发更大的恐慌；例（33）也指在他能消灭文城人之前的任何时间，只要看见地上有个虫子就必定会把它踩死，等等，其他例句也都可以作类似的分析。从 VP 是否已经发生来看，"没 VP 之前"也包括已然的和未然的两种，上述例（32）至例（34）是未然的，例（35）（36）是已然的。

在语用上，"没 VP 之前"具有一定的强调意味。上节分析"没 VP 之前"的来源时，我们提到"没 VP 之前"应该来自"没 VP 之时"和"VP 之前"两个同义表达式的杂糅，也就是说"没 VP 之前"实际上相当于把同一个意思表达了两遍，只不过浓缩在一个表达式里罢了。其中的羡余否定词"没"并非毫无意义，而是保留了"没 VP 之时"的意义，它对整个构式的意义也起到了强调作用——强调句子所述事件发生的时候 VP 还没有发生，即事件发生的时间要比参照时间早。从这个角度看，"没 VP 之前"带有一定的主观性。

此外，从篇章的角度看，"没 VP 之前"的上下文经常出现起连接作用的词语，如例（32）中的"如果……就……"、例（34）中的"只能……"、例（36）中的"竟……"，等等。许有胜（2006）认为这反映出"没 VP 之前"结构具有表示条件或原因的特点，而且还隐含有对比的意义。在"没 VP 之前"构式中人们一般可以获得两个信息：一是客观时间，二是导致后面情形发生的条件或原因。[①] 我们赞同这一观点，并认为这从另一个角度说明了"没 VP 之前"具有一定程度的主观性。因为"没 VP 之前"具有隐含对比的特点，当句子说出"VP 之前"怎么样的时候，往往隐含"VP 之后"又怎么样，这种隐含的对比实际上也反映了说话人的主观态度。

2.2.3 "没 VP 之前"与"VP 之前"的异同比较

与所有的羡余否定构式一样，"没 VP 之前"与其对应肯定式"VP 之前"在基本意思上是相同的，所以在很多情况下都可以互换。

至于二者之间的不同点，往往被忽视。其实深入进去之后我们会发现，它们之间的差异也并不少：在句法方面，"VP 之前"中的 VP 可以是主谓短语，而"没 VP 之前"中的 VP 却不能。比如可以说"在贝贝回家之前，妈妈已经把饭菜做好了"，却不能说"在没贝贝回家之前，妈妈已经把饭菜做好了"。因为否定词"没"的后面只能跟谓词或谓词短语，不能跟体词或以体词开头的小句。所以上面这句话要套用"没 VP 之前"就只能说成"在贝贝没回家之前，妈妈已经把饭菜做好了"。

在语义方面，肯定式"VP 之前"倾向于表示最接近 VP 发生时点或

---

① 许有胜：《"VP 之前"和"没有 VP 之前"语义差别探微》，《宁夏大学学报》（人文社会科学版）2006 年第 1 期。

起点的某个时间，而羡余否定式"没 VP 之前"没有这种倾向。比如：

(37) a. 上学之前，小东已经认得几十个字了。

b. 没上学之前，小东什么都不懂。

例（37a）的意思是，临近上学之前不久，小东已经认得几十个字了。小东认得几十个字和小东上学这两个时间隔得很近，根据常理应该是几天或一个月，而不可能超过半年、一年或者更长；例（37b）的意思是，在上学前的所有时间里，小东什么都不懂。小东什么都不懂和小东上学这两个时间并不需要挨得很近，所以可以认为小东上学前一年、两年、三年……什么都不懂。

从 VP 是否已经发生的角度看，二者也有不同的表现。肯定式"VP 之前"中的 VP 大部分是已经发生的事情，而羡余否定式"没 VP 之前"中的 VP 大部分是没有发生的事情。在我们统计的 100 例"VP 之前"中，VP 是已然事实的有 91 例，是未然假设的只有 9 例；而 100 例"没 VP 之前"中，VP 是已然事实的有 35 例，是未然假设的有 65 例。

在语用方面，"VP 之前"和"没 VP 之前"的主观性、使用频率都有不同。首先，羡余否定式"没 VP 之前"包含了说话人更多的主观认识，主观性更明显。前面谈到，"没 VP 之前"中的"没"实际上具有一种强调意味，它提醒人们：句子所述事情发生时，参照事件 VP 还没有发生。而肯定式"VP 之前"往往只在客观上叙述对象事件和参照事件在时间上的先后关系，主观性不明显。这也和"VP 之前"中的 VP 多数是已然事实、"没 VP 之前"中的 VP 多是未然假设有关，因为任何人对已然事实的叙述都不能太过主观，而对未然假设的表述较少受到限制，完全可以根据交际意图灵活表达。此外，"没 VP 之前"还具有隐含对比的特点，"VP 之前"则不一定有这方面的表现，比如例（37b）"没上学之前，小东什么都不懂"。其实暗含"上学之后，小东懂了不少东西"，例（37a）"上学之前，小东已经认得几十个字了"则没有这种隐含对比，不能说通过这句话联想到"上学以后，小东认的字更多了"。这种隐含对比的特点也可以看作"没 VP 之前"主观性的表现，因为它包含了说话人的某种认识或态度。

其次，在使用频率上，肯定式"VP之前"要明显高于羡余否定式"没 VP 之前"。在我们以"之前"为检索词从北大现代汉语语料库检索到的前 500 个例句中，属于"VP 之前"句的有 388 例，属于"没 VP 之前"句的只有 86 例，虽然这只是很粗略的统计，但足以说明前者的使用频率要高于后者。导致这种状况的一个重要原因就是，"没 VP 之前"在使用中要比"VP 之前"受到更多的条件限制。比如：当句首或 VP 的前面带有表示具体时间的历法时间名词时，当 VP 短语中含有明显表示事件临近性、当前性或肯定性特征的词语时，当说明操作规程或陈述某项规定时……都只能用"VP 之前"构式表达，而不能用"没 VP 之前"表达。① 所以，只能说"1 月 29 日上任时"，不能说"1 月 29 日没上任时"；只能说"临上楼之前"，不能说"临没上楼之前"；只能说"每天买东西之前"，不能说"每天没买东西之前"；只能说"吃饭之前要洗手"，不能说"没吃饭之前要洗手"，等等。所以"VP 之前"的使用范围要远远大于"没 VP 之前"。从替换的角度看，差不多所有的"没 VP 之前"都可以替换为"VP 之前"，但只有一部分"VP 之前"可以替换为"没 VP 之前"。

可见"VP 之前"和"没 VP 之前"并不完全等同，二者既有大致相同的意义，也有各自独特的语义、语用特点。我们在使用这两个表达式的时候，应注意它们之间的差别，力求用得准确、用得合适。

3   怀疑……不……

"怀疑"是一个意义比较特殊的词，有时"怀疑……不/没……"在意思上等于"怀疑……"比如：

（1）有人认为《满江红》是一首激昂慷慨的英雄诗，与岳飞写

---

① 参见王灿龙《说"VP 之前"与"没（有）VP 之前"》，《中国语文》2004 年第 5 期。

词的格调和风格大不相同，因而怀疑《满江红》不是岳飞写的。（百度贴吧《满江红是不是岳飞写的?》）

（2）她愈是想要讨人喜欢，便愈是怀疑自己没有讨人喜欢的本领。（简·奥斯汀《傲慢与偏见》汉译本）

这两句都可以把"不"或"没"删去而不影响意思。所以吕叔湘（1985）也将"怀疑……不……"看作"否定作用模胡（糊）化"现象的一种。①

学界关于"怀疑"一词的讨论主要集中在它的意义上：李兴亚（1987）指出，"怀疑"有两个意思：一是"不很相信"（倾向于否定），二是"猜测"（倾向于肯定）"，"怀疑"取哪种意义与宾语的语法性质有关。"怀疑'后头带体词性宾语或不带宾语时，"怀疑"是"不很相信"的意思；"怀疑"后头带谓词性宾语时，"怀疑"是"猜测"的意思。②李运熹（1988）不完全认同这一点，认为当"怀疑"前加上否定词时，即使带谓词性宾语，"怀疑"表示的也是"不很相信"的意思。③ 沈家煊（1999）④ 利用动态交际值理论揭示了出现在"怀疑"前后词语不对称的规律，即出现在"怀疑"前面的怀疑对象词语可以表示如意的事情，也可以表示不如意的事情；但出现在"怀疑"后面作宾语的怀疑对象词语一定是表示不如意的事情。韩蕾（2001）认为"怀疑"＋陈述小句存在语义模糊的问题，影响词义选择、句义理解的因素有焦点、概率和礼貌原则等。⑤ 张宝胜（2002）把"怀疑"分为"怀疑₁"（表猜测）和"怀疑₂"（表不很相信），并认为"怀疑₁"接贬义宾语，"怀疑₂"接褒义宾语是两个无标记组配，不过在语境中，如果出现"可能"标记，"怀疑₁"也可以跟褒义宾语组配，如果出现"超预期"标记，"怀疑₂"也可以跟贬义宾语组配。若"怀疑"前出现否定词，又有更复杂的情况。⑥

---

① 吕叔湘：《疑问·否定·肯定》，《中国语文》1985 年第 4 期。

② 李兴亚：《"怀疑"的意义和宾语的类型》，《中国语文》1987 年第 2 期。

③ 李运熹：《也谈"怀疑"的意义》，《中国语文》1988 年第 2 期。

④ 沈家煊：《不对称和标记论》，江西教育出版社 1999 年版，第 231 页。

⑤ 韩蕾：《"怀疑"的词义、宾语和句义》，《徐州师范大学学报》（哲学社会科学版）2001 年第 1 期。

⑥ 张宝胜：《再说"怀疑"》，载《语法研究和探索》（十一），商务印书馆 2002 年版，第 110 页。

不过总体来看，从历时层面和羡余否定角度进行的研究还很少。

下面我们从历时和共时两个方面对"怀疑……"及"怀疑……不/没……"的意义、用法以及羡余否定等相关问题展开讨论。

3.1 历时考察

"怀疑"来源于单音节的"疑"。《说文》解释："疑，惑也。"其本义为迷惑、不明白；由此引申出怀疑、不相信，以及猜度、估计等义。"疑"的这些义项在上古均已存在，如：

> (3) 将叛者其辞惭，中心疑者其辞枝。（《易·系辞下》）
>
> (4)《春秋》之义，信以传信，疑以传疑。（《谷梁传·桓公五年》）
>
> (5) 凡燕见于君，必辨君之南面，若不得，则正方，不疑君。（《仪礼·士相见礼》）

例（3）"疑"为疑惑，例（4）"疑"为怀疑，例（5）"疑"为猜度。"疑"作为动词，后面可以跟体词宾语，如例（5）；还可以跟小句宾语，如：

> (6) 秦王闻之，必疑公叔为楚也。（《战国策·韩策一》）
>
> (7) 大司空行视考问，或云寒民舍居桥下，疑以火自燎，为此灾也。（《汉书·王莽传》）

"疑"后面接的小句宾语常常含有否定词，并且可以删去而不影响句子意思，例如：

> (8) 苏秦曰："臣固疑大王之不能用也……"（《战国策·秦策一》）

这句话意为："苏秦说：我本来就猜想大王不能采用连横之策。"删去否定词"不"，可以理解为"苏秦说：我本来就不太相信大王能采用连横之策。"可见有没有"不"并不影响整句话的大意，但其中的"疑"要作不同的理解。

可见，早在完成双音化之前，"疑"已经具备了"怀疑"的所有义项和用法，"怀疑"应是单音节"疑"的继承。"怀疑"最早出现在东汉，早期凝固性不够强，可以看作一个动宾式的词组，表示"怀有疑惑"，例如：

(9) 其愚暗蔽顿之人，不事见为说之，犹复心怀疑，故敢具问天师。(《太平经》卷三十七)

此后"怀疑"一词多次出现，大多既可以看作一个动宾词组，也可以看成一个动词，意义也较模糊；既可以作"心怀疑惑"理解，也可以作"犹豫""不很相信"理解。例如：

(10) 向使曹氏不信子远，怀疑犹豫，不决於心，则今天下袁氏有也。(《三国志·吴志·胡综传》)

(11) 门人怀疑，前进谏曰："大师德高先哲，名擅当时，远近学徒莫不推谢。"(《大唐西域记·秣底补罗国》)

(12) 师斥曰："观公见解，未出常流，何得名喧宇宙!"拂衣而去。其徒怀疑不已，乃追师扣问……(《五灯会元·卷二·跋陀禅师》)

(13) 参拜已毕，权曰："兴霸来此，大获我心，岂有记恨之理？请无怀疑。愿教我以破黄祖之策。"(《三国演义》第三十八回)

(14) 王三老道："老汉都曾讲过。他主意已决，不必怀疑，宅上庚帖，亦交付在此，大郎请收过。"(《醒世恒言》卷九)

我们发现，直到清代以前，几乎所有的"怀疑"都不接宾语，这应该与"怀疑"本身为动宾结构有关，在它完全凝固成一个动词之前，是不容易再接一个宾语的。这种特点也使"怀疑"与"疑"虽在意义上相近，却在用法上有所分工，二者共存了很长一段时期。直到清代以后，"怀疑"才慢慢凝固成一个典型的心理动词，完成对单音节词"疑"的替换。下面列举几例清代晚期"怀疑"一词带宾语的用例：

（15）一时文武群臣皆上表称贺。惟寇准等怀疑是事。（《杨家将》第二十九回）

（16）钟离权笑道："我总怀疑好好一个人为甚和这等孽畜有什么世谊哩。"（《八仙得道》第四十回）

（17）那披发仙又牢牢扯住了她的一只玉手，轻轻问道："姊姊，我说得那么样儿了，你还怀疑我不是真心么？"（《八仙得道》第五十一回）

例（15）中的"怀疑"为"疑惑、不明白"义，例（16）为"不相信"，例（17）为"猜度、以为"。其中例（17）也可以把否定词"不"删去，改为"你还怀疑我的真心么"。这样整句话的意思不变，但"怀疑"需作"不相信"义理解。可见直到晚清，"怀疑"的意义和用法才与今天基本一致。

通过以上梳理不难发现，"疑"和"怀疑"作为反映人的心理的动词，均存在复杂的意义，都有"心存疑惑""不很相信""猜度、以为"等多个义项。后两个义项由本义引申而来，但引申的方向相反：从否定趋向上看，既然心存疑惑，就表明提供判断的证据不充分，于是引申为"不很相信"（相当于英语中的 doubt）；从肯定趋向上看，既然心存疑惑，就要根据已有的证据去推想，从而引申出"猜度、以为"（相当于英语中的 suspect）。如图 2。

不很相信（否定趋向引申义）←—疑惑（本义）—→猜度、以为（肯定趋向引申义）

图 2 "怀疑"的两个引申义

这反映了人类思维的多向性和辩证性。在语言使用中，趋向相反的两种义项导致"疑"和"怀疑"在缺少语境支持时常有多种理解。"怀疑……不……"构式的羡余否定性便由此而生。

3.2 共时分析

3.2.1 "怀疑"的词义与宾语之间的关系

既然"怀疑……不……"与"怀疑"的多义性密切相关，那么在正式讨论"怀疑……不……"之前，我们先把现代汉语里"怀疑"的词义选择条件弄清楚。

《现代汉语词典》对"怀疑"的解释为：动词。（1）疑惑；不很相信：他的话叫人～｜对于这个结论谁也没有～。（2）猜测：我～他今天来不了。这里把本义"疑惑"与否定引申义"不很相信"合为一个义项，并不完全妥当，因为在有些时候"怀疑"就是表示"疑惑、不明白"，没有明显的肯定或否定倾向性，例如：

（18）我开始怀疑我们到底活在什么样的地球上？（廖元《特工眼中的政要》）

这里的"怀疑"只表示疑惑，不能理解为不相信，也不宜理解为猜测。这样看来，现代汉语里动词"怀疑"仍有三个义项：A. 疑惑、不明白；B. 猜忌、不很相信；C. 猜测。其中用作第一个义项时，后面主要跟问句式的宾语，表示疑问或不明白。这种用法容易判断，且意思明了，不存在理解上的困难。容易让人混淆的是后面两个义项，一个倾向于否定，另一个倾向于肯定，在语境不足的情况下人们常常难以判断。因此我们的讨论也主要集中在这两个义项的判断上。

已有的研究认为，"怀疑"的意思主要跟宾语有关，不论是宾语的形式、位置，还是宾语的意思，都直接影响到"怀疑"义项的选择。

从宾语的形式和位置来看，李兴亚（1987）[1] 和韩蕾（2001）[2] 认为，当"怀疑"的后面没有宾语或后面只有体词宾语时，"怀疑"就倾向于否定义"不很相信"。例如：

（19）杨部长讲的这么肯定，又不容他怀疑。（周而复《上海的早晨》）

（20）人们常说："小孩没有理解能力。"但我对此深深地表示怀疑。（戴金林《理解能力》）

（21）方玉飞忽然打断了他的话，道："只可惜你早就在怀疑

① 李兴亚：《"怀疑"的意义和宾语的类型》，《中国语文》1987年第2期。
② 韩蕾：《"怀疑"的词义、宾语和句义》，《徐州师范大学学报》（哲学社会科学版）2001年第1期。

我。"（古龙《银钩赌坊》）

（22）"小李飞刀，例不虚发。"这句话已经流行了百余年，却从没有人怀疑过它的真实性。（古龙《圆月弯刀》）

这条规则的概括力比较强，我们在语料中没有发现例外。沈家煊（1999）运用动态交际值理论对此解释为："怀疑"作"不很相信"讲时，动态交际值（即对推动交际、达到交际目的所发挥的作用）高，放在句末遵循"线性增量原则"（即在无干扰情况下，随着句子向右移动，句子成分负载的意义越来越重要）[1]；张宝胜（2002）利用象似性原则解释为：从事理逻辑上说，猜测的内容一般都是未成之事或未获之果，自然应当"猜测"在先，内容在后，所以宾语居前时，"怀疑"不可能是"猜测"义，而只可能是"不相信"义。[2] 两位先生的观点不无道理。此外我们还认为，这与"猜测"和"不相信"的句法特征也有关系："猜测"主要用作及物动词，需要带宾语，且因为"猜测"的内容往往是一种判断，而不能是单个概念，所以当"怀疑"后面没有宾语或只有体词性宾语时，就不能用"猜测"义来理解；相反"不相信"一般情况下既可以不带宾语，也可以带体词性宾语或小句宾语，出现上面情况时，作"不相信"理解是完全符合这一义项的搭配特点的。

复杂的情况在于当"怀疑"后面有小句宾语时，既有可能为"猜测"义，也有可能为"不很相信"义。沈家煊（1999）[3]、张宝胜（2002）[4]考虑到意义因素，认为当"怀疑"后面的小句宾语相对于怀疑对象来说为不如意的事情时，"怀疑"一般倾向于肯定义"猜测"；反之，宾语为如意的事情，"怀疑"就倾向于否定义"不很相信"。例如：

（23）我怀疑他是坏人。

---

① 沈家煊：《不对称和标记论》，江西教育出版社1999年版，第231页。
② 张宝胜：《再说"怀疑"》，载《语法研究和探索》（十一），商务印书馆2002年版，第110页。
③ 沈家煊：《不对称和标记论》，江西教育出版社1999年版，第231页。
④ 张宝胜：《再说"怀疑"》，载《语法研究和探索》（十一），商务印书馆2002年版，第110页。

（24）我怀疑他是好人。

这两句话都缺少语境信息，存在歧解的可能性。不过一般情况下，例（23）倾向于被理解为"我猜想他是坏人"，例（24）倾向于被理解为"我不太相信他是好人"。这种观点具有一定的普遍性，再比如：

（25）当初他们中的一个走后，她觉得玻璃板下少了一张父亲的照片，怀疑可能那人偷走了。（梁晓声《冉之父》）

（26）后来我写交待材料，双筒猎枪也是一个主题。人家怀疑我拿了它要打死谁。（王小波《黄金时代》）

（27）三十年代我对艾略特的诗一度入迷，当时就怀疑这些诗能够翻译。（唐弢《译诗和注诗》）

（28）其实，我自己一向不大相信有某种"方法"可以包打天下，更怀疑存在着能够完全独立于研究对象的客观方法。（陈福民《相契与超越》）

根据宾语中的"偷走""打死""能够翻译""存在客观方法"等字眼，我们很容易判断例（25）（26）中的"怀疑"为"猜测"义，而例（27）（28）中的"怀疑"为"不很相信"义。

张宝胜（2002）对此规则的解释为：从道义的角度看，"怀疑"应当是个贬义词，以"怀疑"为谓语动词的句子从整体上看也应当是贬义的，至少不是褒义的。所以当"怀疑"表示"猜测"义时，后面一般跟贬义性质的宾语，当"怀疑"表示"不相信"义时，后面一般跟褒义性质的宾语，这种组配跟"怀疑"的贬义性质正相吻合，因此是无标记的。[1] 当然这是总的原则，也有一些例外，如：

（29）我怀疑他竟然如此富有。

（30）我怀疑他竟然如此贫寒。

（31）我怀疑他大概会当官。

---

[1]　张宝胜：《再说"怀疑"》，载《语法研究和探索》（十一），商务印书馆 2002 年版，第114—115 页。

（32）我怀疑他大概会丢官。

例（29）（31）为褒义宾语，例（30）（32）为贬义宾语。但例（29）和例（30）的"怀疑"意义却一样，都为"不相信"，例（31）（32）的"怀疑"意义也一样，为"猜测"。张宝胜用标记理论解释为，褒贬搭配为无标记组配，在有标记的情况下规则会有变化，例（29）至例（32）四个例句中的"竟然"和"大概"就是标记，前者为"超预期"标记，后者为"可能"标记。句中有"超预期"标记时，"怀疑"只能作"不很相信"理解；句中有"可能"标记时，"怀疑"只能作"猜测"理解。

还有一类例外是，"怀疑"的前面有否定标记"不"时，"怀疑"都表示"不很相信"；前面有否定词"没有"时，"怀疑"都表示"猜测"。如：

（33）我不怀疑他偷了邻居家的东西。
（34）我不怀疑他会说五种语言。
（35）我没有怀疑他偷了邻居家的东西。
（36）我没有怀疑他会说五种语言。

例（33）（34）中的"怀疑"为"不很相信"义；例（35）（36）中的"怀疑"为"猜测"义。对此张宝胜又用词的连续性和离散性搭配来解释，即"不相信"与"不"都是连续性的，而"猜测"和"没有"都是离散性的，因此用"不"否定的只能是"不相信"义，用"没有"否定的只能是"猜测"义。

应该说，这些规则的概括基本上是有效的，也有一定的解释力。但我们仍然在语料中发现一些例外，这些例外均与语境的制约有直接关系。比如：

（37）我是个信任别人的人，从来也不怀疑任何人有鬼。（菲茨杰拉德《了不起的盖茨比》汉译本）
（38）这些疲劳的人从来没有怀疑过修玛能够带领他们取得胜利。他们知道修玛不会背叛他们……（崔西·西克曼《白银和钢

铁》汉译本）

例（37）中的"怀疑"受"不"修饰，但义为"猜测"；例（38）中的"怀疑"受"没有"修饰，但义为"不相信"。

张斌（1998）把句子分为具体的句子和抽象的句子，具体的句子指"交际中实际使用的、能引起听话人（或阅读者）作出反应的句子"，抽象的句子指"脱离语境的句子"。① 具体的句子有形式（form）、意义（meaning）和内容（content），而抽象的句子只有形式和意义，没有内容。前面所述几位学者对"怀疑"词义的研究大多使用抽象的句子作例证，考虑的是理想状态，不容易观察到例外的情况，也难以发现词语在实际运用中的倾向性。我们认为，多义词的理解和义项选择跟语境有十分密切的关系，对"怀疑"一词意义的判断要在肯定基本规律的前提下，考虑语境因素的制约。即我们基本认同以上概括的规则，同时主张对更多反映语境要素的有标记情况作更细致的分析。

这些标记除了张宝胜提到的"超预期"标记和"可能"标记，还有"程度"标记、"疑问"标记等。"程度"标记主要指出现在"怀疑"前面的程度副词。据我们考察，"怀疑"前面有极性程度副词（表示程度极高或极低）时，"怀疑"一般都表示"不很相信"义，这些极性程度副词有"非常""绝不""丝毫不""一点也不"等。比如下面的例句：

（39）我要离开了，而且，我非常怀疑我还会有回来的机会，哪怕是一次拜访的机会。（考琳·麦卡洛《荆棘鸟》汉译本）

（40）但是自从美国参战以来，我就绝不怀疑我们肯定可以得救，并且相信为了取得胜利我们只要尽力作战就行。（丘吉尔《第二次世界大战回忆录》汉译本）

（41）王自力毫不怀疑李开玲在为自己工作。（池莉《小姐，你早》）

---

① 张斌：《汉语语法学》，上海教育出版社 1998 年版，第 30 页。

(42) 现在他一点也不怀疑对方真是平遥王家的后人了。(朱秀海《乔家大院》)

为什么会有这样的规律呢？我们认为从意思的搭配上看，"非常""绝不""丝毫不""一点也不"等极性副词可以和"不相信"搭配，而不能和"猜测"搭配。所以在出现这些极性副词的情况下，基本可以把"怀疑"理解为"不相信"。但如果"怀疑"前面不是极性程度副词，而是一般程度的副词，如"有些""有点"等，"怀疑"的意思就不具有倾向性。如：

(43) 好一个明智的态度。但我以为你也做得太过了点，我们都有些怀疑你何以能做到如此无忧无虑。(詹姆斯·希尔顿《消失的地平线》汉译本)

(44) 他听到时钟清楚的滴嗒声，有些怀疑刚才自己是在打瞌睡。(西奥多·德莱塞《嘉莉妹妹》汉译本)

例（43）中"怀疑"为"不相信"；例（44）中"怀疑"为"猜测"。

"怀疑"后面的宾语常常包含"是否""是不是""会不会"等正反疑问词，表明一种不确定的态度。这些句子中的"怀疑"既可以理解为"不相信"，也可以理解为"猜测"。如：

(45) 于是她怀疑女儿的生辰八字是否与女婿的有所冲突。(余华《世事如烟》)

(46) 她马上赞成，表示自己也怀疑重点试纺是不是能解决问题。(周而复《上海的早晨》)

例（45）可以理解为"她猜测女儿的生辰八字与女婿的有所冲突"或"她不相信女儿的生辰八字与女婿的没有冲突"；例（46）可以理解为"她也猜测重点试纺不能解决问题"或"她也不相信重点试纺能解决问题"。这里存在两种可能，一种是"猜测……是……"或"不相信……不是……", 另一种是"猜测……不是……"或"不相信……是……", 至于选择哪种搭配, 还是要考虑宾语的意义和语境。

以上是人们在书面表达中理解"怀疑"意义的主要依据, 除此之外, 在口语表达里, 人们还能够根据说话人的重音配置来判断句子的真实意思。当说话人把逻辑重音放在"怀疑"上面时, "怀疑"为"不很相信"的意思; 当说话人把逻辑重音放在"怀疑"后面的宾语小句上面时, "怀疑"为"猜测"的意思。为了证明这一语感, 我们做了一个小小的调查:

(47) a. 我怀疑他是好人。b. 我**怀疑**他是好人。 c. 我怀疑**他是好人**。

(48) a. 我怀疑他是坏人。b. 我**怀疑**他是坏人。 c. 我怀疑**他是坏人**。

(49) a. 我怀疑他是工人。b. 我**怀疑**他是工人。 c. 我怀疑**他是工人**。

第一步, 用书面形式列出例 (47a)(48a)(49a), 让受调查者选择这些句子的意思; 第二步, 用口语的形式把例 (47b)(48b)(49b)(47c)(48c)(49c) 读出来, 读的时候有下划线的黑体字重读, 然后让受调查者选择这些句子的意思。调查结果如表 1 (注: 一共调查了 20 个人, 表格中的数字为选择该意思的人数)。

表 1　　　　　　重音配置与"怀疑"词义的关系调查

句子	意思		
(47a) 我怀疑他是好人。	我猜想他是好人 4	我不太相信他是好人 15	我不知道他是不是好人 1
(47b) 我**怀疑**他是好人。	我猜想他是好人 0	我不太相信他是好人 19	我不知道他是不是好人 1
(47c) 我怀疑**他是好人**。	我猜想他是好人 20	我不太相信他是好人 0	我不知道他是不是好人 0
(48a) 我怀疑他是坏人。	我猜想他是坏人 18	我不太相信他是坏人 2	我不知道他是不是坏人 0
(48b) 我**怀疑**他是坏人。	我猜想他是坏人 0	我不太相信他是坏人 19	我不知道他是不是坏人 1

续表

句子	意思		
(48c) 我怀疑<u>他是坏人</u>。	我猜想他是坏人 20	我不太相信他是坏人 0	我不知道他是不是坏人 0
(49a) 我怀疑他是工人。	我猜想他是工人 11	我不太相信他是工人 7	我不知道他是不是工人 2
(49b) 我怀疑他是工人。	我猜想他是工人 0	我不太相信他是工人 19	我不知道他是不是工人 1
(49c) 我怀疑<u>他是工人</u>。	我猜想他是工人 20	我不太相信他是工人 0	我不知道他是不是工人 0

可见，在既没有语境补充，又没有重音标记的情况下，人们对"怀疑"的理解主要根据它的宾语来选择，即宾语为褒义时，倾向于把"怀疑"理解为"不太相信"；宾语为贬义时，倾向于把"怀疑"理解为"猜测"；宾语为中性时，理解因人而异，但选择"猜测"义的人数稍多于选择"不太相信"的人数。而在有重音提示的情况下，人们对"怀疑"义项选择的倾向性非常明显，即"怀疑"重读时，它为"不很相信"的意思；宾语小句重读时，"怀疑"为"猜测"的意思。可见，虽然"怀疑"具有多义性，但在具体的语境中一般并不会造成误解。

最后，从两个义项的总体使用频率上看，"猜测"义要明显高于"不很相信"义。我们从北大语料库（现代汉语部分）共检索到12070条含"怀疑"的例句，随机选取其中200条带小句宾语的例句统计，发现只能理解为"猜测"义的有118条，比例占到59%；只能理解为"不很相信"义的仅29条，比例为14.5%；其余53条既可以理解为"猜测"也可以理解为"不很相信"，比例为26.5%。"怀疑"义理解两可的句子主要是宾语包含"是否""是不是""会不会"等肯定否定并列词的句子，虽然这些句子中的"怀疑"可以有两种理解，但整句话的意思还是唯一的，并不存在歧义。

3.2.2 "怀疑……不/没……"句式与羡余否定

"怀疑"作为一个表示不确定判断的心理动词，后面常常跟包含否定词"不"或"没"的小句宾语，构成"怀疑……不/没……"句式。本节开头提到，这些句子往往可以删去否定词，具有羡余否定构式的特点。不过，也不是所有的"怀疑……不/没……"句式都可以删去否定词，比如宾语中形容词前的"不"一般就不宜删去：

(50) 有人一查万国地图，找不到什么"大西洋国"，就怀疑利玛窦来历不明，要明神宗把他撵走。(《中华上下五千年·徐光启研究西学》)

(51) 我还怀疑有个别的律师目的不纯、不公正，甚至给当事人出馊主意。(《人民日报》1994 年 12 月 27 日)

这些句子删去"不"的话，就不通顺了，即使换成一个相反的双音节形容词，也没有原句的表达自然。还有，一些习惯性的表达删去否定词就不能说了，或者会引起句子意思的改变，也不宜看作羡余否定，例如：

(52) 下一步是让你的对手吞咽和消化，不过要怀疑你的对手不一定会这么做的。(网络文章《哈佛经典商战谈判技巧的 20 法则》)

(53) 警方甚至怀疑维斯特谋杀的人数恐怕不止 12 个，仍在继续调查。(《人民日报》1995 年 1 月 6 日)

(54) 我怀疑他什么也没听进去。(张起辉《唱片》)

(55) 多年以后，我仍然怀疑我从来就没有真的爱过章竹安。(姜丰《爱情错觉》)

这些例句中的"不一定……""恐怕不止……""什么也没……""从来就没有……"都是惯用表达，删去否定词意思就全变了，或者根本不能说。这些情况都应当排除在羡余否定范围之外。另外，有的语境制约只能用否定形式的，也不能删去否定词，如：

(56) 我怀疑自己来到的不是文化部，而是什么兵种的司令部。(梁晓声《京华闻见录》)

(57) 他开门一看，只见坪内睡着黑压压的人群。开始他怀疑是两眼发蒙，没看清楚，走近细看，"哎呀，我的天！全是武装整齐的军队。"(《人民日报》1994 年 5 月 11 日)

(58) 他等着，他怀疑院里也许没有人，要不然为什么这样的安静呢，安静得几乎可怕。(老舍《骆驼祥子》)

这三个例句根据语境提示，都不能删去否定词"不"或"没"，否则会前后矛盾，或句子不通。还有一种情况是，宾语包含"是不是""会不会""有没有"等副词时，也不能简单地删去"不"或"没"，如：

（59）就是在前几个月，我还怀疑我是不是把你看错了。（张平《十面埋伏》）

（60）这种歌曲我不想写，或者说不是不想写，而是怀疑自己有没有能力去写。（沈颢《"岭南乐鬼"李海鹰》）

3.2.3 羡余否定式与肯定式、正反式的比较

我们把可删去否定词却不改变意义的"怀疑……不/没……"称为羡余否定式，把删去否定词之后的"怀疑……"称为肯定式，把宾语中含有"是不是""会不会""有没有"等肯否副词的"怀疑……X 不/没X……"称为正反式。这三种结构关系密切，有同有异。先来看一组例子：

（61）在我初读这本回忆录时，竟怀疑这是不是他亲自执笔写成的。

（62）在我初读这本回忆录时，竟怀疑这是他亲自执笔写成的。

（63）在我初读这本回忆录时，竟怀疑这不是他亲自执笔写成的。

这三句话从意思上看基本相同，都表示"不确定这本回忆录是否他亲自执笔写成"，但在"怀疑"的意思、逻辑重音的选择和表达倾向几个方面都有细微差别：

从"怀疑"的意思上看，例（61）中的"怀疑"既可以理解为"不太相信"，也可以理解为"猜测"，还能够理解为"疑惑"；而例（62）中的"怀疑"只能理解为"不太相信"，例（63）中的"怀疑"需要理解为"猜测"。前面谈到，"怀疑"义项的选择在很大程度上是由宾语的性质和语境决定的。从语境上分析，当"我"读这本回忆录时，书的作

者自然是已经确定的，然而"我"对这个显而易见的事实产生疑惑。因此宾语为肯定形式时（例62），"怀疑"应作"不太相信"理解；当宾语为否定形式时（例63），"怀疑"应作"猜测"理解；当宾语里肯定、否定形式同时出现时，"怀疑"作任何一种理解都可以。

再从句子的逻辑重音上看，例（61）要重读"是不是"，例（62）要重读"怀疑"和"亲自执笔写成"，例（63）要重读"不是"和"亲自执笔写成"。如此不同的重音配置方式跟句义和表达重心直接相关：例（61）强调"是不是"，突出的是一种疑惑、不确定的心理；例（62）强调"怀疑"，突出对事实的不肯定、不相信；例（63）则强调"不是"，表明了猜测的倾向性。

所以这三种句式在表达倾向上也有细微差别。正反式强调的是怀疑主体疑惑、不确定的心理，没有肯定或否定的倾向性；肯定式强调的是怀疑行为，倾向于"不很相信"的态度；否定式则更进一步，表明了"猜测"的内容。为了更清楚地看到这一区别，我们再找几个有语境提示和证明的例子：

（64）感到脑子很乱，总搞不清自己是否真的写了脏话，每到一个地方他总怀疑自己是不是写了脏话，并将其丢在了什么地方……（王登峰、张伯源《大学生心理卫生与咨询》）

（65）见诸记载的只今人调查材料中的菜农韦绍光，但卞哲同志不相信今人调查，怀疑韦绍光其人其事存在。（陆力《关于三元里人民抗英斗争的领导问题》）

（66）穗珠埋头耕耘了两年，结果没有一个印刷体铅字的收获。她怀疑自己不是这块料，就打住了。（张欣《掘金时代》）

例（64）中"脑子很乱……搞不清……"突出行为主体疑惑、不确定的心理状态，与"怀疑……是不是……"句式十分相合；例（65）中的"不相信"与"怀疑"呼应，强调怀疑不信的态度，反映了肯定式"怀疑……"句式的特点；例（66）中"耕耘了两年结果没有收获"提示了"怀疑"的宾语"自己不是这块料"为猜测的内容，说明否定式"怀疑……不……"的表达重心在宾语小句，而非"怀疑"行为本身。

　　综上所述，"怀疑……不/没……"的羡余否定性不是绝对的，一方面，羡余否定有条件，不是所有句子中的"不"或"没"都能够删去；另一方面，即使能够删去否定词，羡余否定式"怀疑……不/没……"与肯定式"怀疑……"也不完全等同，二者在"怀疑"的词义、重音配置和表达倾向上都有细微差别。与其他羡余否定构式不同的是，"怀疑……不/没……"存在羡余否定的原因主要是由"怀疑"的多义性引起的，宾语小句里有没有否定词，会直接影响到"怀疑"的词义。从这点上说，"怀疑……不/没……"构式并不是严格意义上的羡余否定构式，只是在表面上与羡余否定具有形似性。

第五章　并列型羡余否定构式

并列型羡余否定构式主要包括"小心别……""拒不……""后悔不该……""忍住不……""别不是……"五种。由于后面三种的出现频率也不够高，本章只重点讨论"小心别……"与"拒不……"两种。

1　小心别……

"小心别……"也是一个认可度比较高的羡余否定构式，吕叔湘(1985)[①]、毛修敬（1985)[②]、贾甫田（1986)[③]等都提到过它，认为其中的否定词"别"可以省去而不改变句子的意思。例如：

　　（1）远航说："娘，你就坐在这儿吧，手把着点护栏，小心别闪下去。"（张宪彬《老少鸳鸯展翅飞》）

例句中"小心别闪下去"即"小心闪下去"，表示一种提醒。

近几年，有好几位学者对"小心别……"构式进行过专门研究。主要有：戴耀晶（2004）讨论了"小心别 VP"产生羡余的语义和句法条

---

　　① 吕叔湘：《疑问·否定·肯定》，《中国语文》1985 年第 4 期。
　　② 毛修敬：《汉语里的对立格式》，《语言教学与研究》1985 年第 2 期。
　　③ 贾甫田：《现代汉语中形式上的否定和意义上的否定不一致的几种情况》，载《第一届国际汉语教学讨论会论文选》，北京语言学院出版社 1986 年版，第 160 页。

件，即必须用在祈使句中，"小心"和 VP 之间是提醒和防止的语义关系，VP 是非可控词语或可控动词的非可控用法。[①] 黄均凤（2006）认为"小心 VP"祈使句是个多义句式，可以表达"提醒"和"警告"两种功能，决定其表达功能的是祈使句的外部分布和 VP 的语义特点。另外还讨论了"小心别 VP"的来源，以及否定式和肯定式的区别。[②] 邱斌（2006）讨论了"小心 VP"的歧义问题，认为产生歧义的原因是深层结构不同，可以通过替换法和添加法区分不同类型的"小心 VP"结构。[③] 侯国金（2008）从动词的"不合意性"出发，分析了"小心＋别 V"与"小心＋V"在结构、语效上的不同。[④] 陶文娟（2010）也认为"小心别 P"祈使句是个多义句式，可以表达提醒和警告两种语义类型，冗余否定格式"小心别 P"是"小心 P"的同义强调句。[⑤]

这些讨论主要集中在"小心别……"构式在现代汉语里的句法、语义特点和歧义性的表现等方面，也涉及肯定形式与否定形式的异同比较，但都限于共时的讨论，我们打算在此基础上对其作更全面、细致的研究。"小心别……"有时也作"当心别……""小心不要……""注意不要……"等[⑥]，这些表达式除了形式不同，意义和用法基本一样，为行文方便，本书用"小心别……"来指称这一类表达式，检索语料时将它们同等看待。

1.1 历时考察

"小心"早在《诗经》当中已经出现。《诗·小雅·小宛》："温温恭人，如集于木。惴惴小心，如临于谷。战战兢兢，如履薄冰。"这里的"小心"表示畏忌、顾虑。《诗经》中还有一个常见的成语"小心翼翼"，如《诗·大雅·大明》："维此文王，小心翼翼。昭事上帝，聿怀多福。"

---

① 戴耀晶：《试说"冗余否定"》，《修辞学习》2004 年第 2 期。
② 黄均凤：《"小心 VP"祈使句的表义类型分析》，《湖北教育学院学报》2006 年第 1 期。
③ 邱斌：《"小心 VP"的歧义分析》，《井冈山学院学报》（哲学社会科学版）2006 年第 3 期。
④ 侯国金：《冗余否定的语用条件——以"差一点＋（没）V、小心＋（别）V"为例》，《语言教学与研究》2008 年第 5 期。
⑤ 陶文娟：《试析"小心别 P"冗余否定格式》，《现代语文》2010 年第 4 期。
⑥ 一般认为否定词"别"是"不要"的合音。

郑玄笺："小心翼翼，恭慎貌。"即恭敬谨慎。早期与"小心翼翼"类似的常用表达还有"小心畏忌""小心周密""小心谨慎""小心在意"等，这些都是由形容词"小心"与另一个同义词语构成的并列短语，后面一般不再接其他成分。到宋代，出现了"小心"作修饰成分的状中短语，例如：

（2）更有百姓入酒肆，见子弟少年辈饮酒，近前小心供过，使令买物命妓，取送钱物之类，谓之"闲汉"。（《东京梦华录·饮食果子》）

（3）州才到，吾便唱诺。州云："小心伏事著。"吾又唱诺。（《古尊宿语录·卷二十五》）

元明时期，"小心"的意思进一步引申为留神、注意。例如：

（4）这的是那寻梅的官长每经过，跟随伴当每在此避雪，不小心忘了。（《元曲选·裴度还带·第三折》）

（5）只得吩咐群妖，各要小心火烛，谨防盗贼。（《西游记》第七十一回）

例（4）的"不小心忘了"，叙述已经发生的事；例（5）中的"小心火烛"表示提醒。这两种用法（"不小心VP了"和"小心NP"）在今天都还常用。比如"不小心丢了""不小心摔倒了""小心钱包""小心水坑"等。

到清代，出现了表示提醒或警告语气的"小心VP""小心NP"结构。例如：

（6）又听见有人叫道："邓大哥，邓大哥！你跑只管跑，小心着暗器呀！"（《七侠五义》第一百六回）

（7）她叫我嘱咐你，从此以后，说话留神，倘若再要如此，小心巴掌可就要上脸了。（《续小五义》第五十八回）

（8）到迟了，误了我的差使，小心你们的狗腿！（《二十年目睹

之怪现状》第一百回)

例（6）中的"小心着暗器"表示提醒，可插入否定成分"别"形成"小心别着暗器"，而不改变意思；例（7）中的"小心巴掌可就要上脸了""小心你们的狗腿"表达警告语气。

以上是"小心"后面跟肯定成分的发展过程。"小心"后面跟否定形式的句子成分最早出现在明代，例如：

（9）汝可殷勤相待，就里提防。至出兵之日，先要杀他两个祭旗。汝切须小心，不可有误。（《三国演义》第四十六回）

（10）长老吩咐道："目今已是西洋大海，前哨的务要小心，不得模糊，误事不便。"（《三宝太监西洋记通俗演义》第二十二回）

这两例中的"小心"均表提醒，后面的"不……"与其并列，为提醒的具体内容。"小心"与前面的"且须""务要"结合紧密，与"不……"结合松散，二者之间必须有停顿（不能删去逗号），且不能删除否定词"不"。不能看作一个羡余否定构式，甚至连一个固定的构式都不能算。

吕叔湘先生（1942）认为禁止词"别"由"不要"合音而来，[①]故现代汉语里的"小心别……"与历史上的"小心，不要……""小心，别……"的出现有密切关系。"小心，不要……"最早出现在明代，例如：

（11）戴宗临行，又嘱付道："兄弟小心，不要贪酒，失误了哥哥饭食。"（《水浒传》第三十九回）

（12）艄公道："既如此说，你们一齐下船来，只要小心仔细些，不要做顺水推船没下梢。"（《韩湘子全传》第十九回）

可以看出，两例中"小心"与"不要……"为句子的并列谓语，中间有较长的停顿，从表义上看，也不能省去"不"或"不要"。所以这时的"小心，不要……"还不能看作固定表达式，更不是羡余否定构

---

① 吕叔湘：《中国文法要略》（下），商务印书馆 1942 年版，第 159 页。

式。"小心，别……"出现在清代，例如：

(13) 李嫂子，你同紫姑娘去领着他们就搬。叫他们小心着，别碰了东西，不要忙，多走几趟儿。（《红楼复梦》第二十二回）

(14) 夫人慌道："老爷，这回要小心些，别再弄得像那个丁法师一般，回来得罪了他，可不是顽的!"（《八仙得道》第十二回）

和例（11）（12）中的"小心，不要……"一样，这两例早期的"小心，别……"也很松散，"小心"与"别……"并列作句子谓语，中间有较长的停顿，从表义上看，也不可省去否定词"别"。这与今天的羡余否定式"小心别……"还有明显的差距。不过随着"小心，别……"用例的不断增加，前后两部分之间的关系越来越紧密，停顿也越来越短。比如下面这一例：

(15) 宝玉说："请坐。"便把灯笼交与袭人说："小心着别碰了。"（《红楼梦影》第十九回）

从断句的角度说，本句"小心着"与"别碰了"之间可以加一个逗号，但也可以不加，且轻读"着"字，使"小心着别碰了"连贯一气。其中的"别"字也可以省去。此例可以看作"小心，别……"向"小心别……"过渡的一个中间用例，与今天的用法十分接近了。到现代，"小心，别……"与"小心别……"都很常见，不过在口语中语气连贯的"小心别……"有不断增多的趋势。综上，"小心别……"的产生和发展过程可表示为图1。

小心，不要……→小心，别……→小心别……

图 1　"小心别……"的产生发展过程

1.2　共时分析

1.2.1　"小心……"的句法语义特征
现代汉语中"小心"有注意、留神、谨慎的意思，可以用作动词或形容词，后面一般接谓词性的宾语或中心语。例如：

（16）您刚回来，就这么处理运动问题，小心犯错误。（崔德志《报春花》）

（17）但前八场比赛，我都格外小心拿球，用双手，不翻转，一次比赛只求得一次分。（姚明《我的世界我的梦》）

例（16）中"小心"为动词，一般用在祈使句中，意为注意、留神，与它后面的动词短语"犯错误"构成动宾关系，二者之间可以加上否定副词"别"，但不能加上结构助词"地"；例（17）中的"小心"为形容词，一般用在陈述句中，意为谨慎，与它后面的动词短语"拿球"构成状中关系，二者之间可以加上结构助词"地"，但不能加上否定词"别"。这是动词性"小心"和形容词性"小心"的主要区别。

与羡余否定式"小心别……"相关的是第一种，即"小心"作动词的用法。动词性"小心"在句法搭配和语义上具有以下几个特点。

第一，一般用于祈使句，"小心"的主语常被省略。如：

（18）她已经把馍馍的面剂子切好了，放到笼屉里，呵斥他说："还看啥?! 小心绕花眼睛！……"（张贤亮《绿化树》）

（19）喂，把蹄子放慢点儿，小心撞到汽车上轧死！（浩然《迷阵》）

第二，"小心"的后接成分一般都是谓词性成分。例如：

（20）"你小心上当！这些票贩子心可黑了！我知道他们！"他叮嘱我。（肖复兴《中学生梦幻曲》）

（21）我俩边谈边走，猛然从后面传来一个尖利清脆的声音："快让路！小心碰着。"（广深《战地新曲》）

（22）车子掉过头，陈成芳叮嘱道："别开那么快了，小心撞着人！"（杨镰《青春只有一次》）

（23）有的说："永谦啊！可别嘴硬，小心你这块钢在葡萄山上碰卷了刃！"（魏圣贤《葡萄山上凯歌高》）

（24）匪军官穿好了烘干的鞋子，又满神气地说："注意点，小心狼把你们撕了！火烧大一点，别打瞌睡！"（吴源植《金色的群山》）

（25）这种人眼高，心肠又硬，小心把你甩了。小萌辨不出这话里的严重警告意味，反而笑。（韩静霆《大出殡》）

（26）"你小心他听见。"一个在劝阻他。（萧军《八月的乡村》）

（27）蚂蚁是吃不完的，同时这可笑的尖嘴却益发不住的向尖的方向进化，小心再隔几代连蚂蚁这食料都显太大了！（徐志摩《"迎上前去"》）

（28）总之，强调道具服从于人，应该小心不要因此而限制了特技的发展。（叶林《舞蹈散论》）

以上例句"小心"的后接成分都是谓词性的，例（20）（21）为单个动词，例（22）为动宾短语，例（23）（24）为主谓短语，例（25）为"把"字结构，例（26）为被动结构，例（27）（28）分别为单句和复句形式。这些谓词性的后接成分都比较复杂，不能为单音节的光杆动词。

除了谓词性成分，"小心"后面有时也可以接名词短语，如：

（29）麦查转过头来，盯了我的相机一眼，含蓄地提醒我："你要小心皮包。"（尤金《音符跳跃在山穴里——记西班牙吉卜赛人》）

（30）村坊里，每座墙头上都张贴起写着朱砂字"小心火烛"的黄裱纸。（王西彦《失去手指的人》）

程乐乐、黄均凤（2006）认为，从意义上看，"小心"后面的名词短语并非指名词短语本身，而是一个隐含了动词的"事件"。① 例（29）"小心皮包"实际指的是"小心皮包被偷"，例（30）"小心火烛"指的是"小心火烛引起火灾"。所以，即使"小心"后面跟的是名词性短语，

---

① 程乐乐、黄均凤：《"小心 NP"祈使句的表义类型分析》，《黄冈师范学院学报》2006年第2期。

也是暗含谓词性的。

第三，"小心……"主要用在对话里，表达提醒或警告语气。如：

（31）我来到凉风习习的阳台上，一把拉住小沈左手臂，轻声说："怎么还不睡？小心着凉。"（王锦园《他怎么办？》）

（32）"小苇妮，小心我撕破你嘴皮！"楞嫂子威吓着她……（殷允岭《苇乡行》）

例（31）为提醒语气，礼貌而委婉；例（32）为警告语气，有夸张、威胁的意味。

第四，因为表达的是提醒或警告，从意义上看，"小心"的后接成分一般都是说话人或听话人不希望发生的消极事件，而且事件也尚未发生。上面的例句都是如此，"上当""碰着""着凉""撞着人"等表示提醒的事件都是听说双方不愿意发生的，"撞到汽车上轧死""我撕破你的嘴皮"等表示警告的事件对听话人来说是不愿意发生的。这些事件也都是未然的，如果要表示因为没有注意而发生了某事，一般用"不小心……"，如：

（33）儿子正把铲头上的菜放到嘴边去，不小心把舌头烫了一下。（李百川《昨夜星辰》）

这里"把舌头烫了一下"是已经发生的事件，如果是事件发生之前，家长提醒儿子，则可以使用祈使句"小心把舌头烫了"。

1.2.2 "小心别……"的句法语义特征及羡余条件

"小心别……"一般用于祈使句中，表达一种告诫的语气。彭可君（1990）认为副词"别"主要表达劝阻和告诫两种意义，表达劝阻义时，"别"后面的动作行为是现场性的，这时"别"字要重读；表达告诫义时，"别"后面的动作行为是计划中的或未发生的，这时"别"后面的动词要重读。① 比如，一个人正在喝酒，喝了很多，旁边的人劝阻他

---

① 彭可君：《副词"别"在祈使句里的用法》，《汉语学习》1990 年第 2 期。

"别喝那么多"，这时"喝多"为正在发生的事件，为劝阻这一行为的延续，"别"字要重读；如果一个人要赴宴喝酒，家人担心他喝醉，会告诫他"别喝多了"，这时"喝多"尚未发生，为突出叮嘱或告诫的内容，"喝多"一词需要重读。因为"小心"的后接成分一般都是尚未发生的事件，所以"小心别……"只表示告诫（叮嘱、提醒）义，不表示劝阻义。如：

（34）姑娘，歇歇吧！我每天坐这辆车都听到你热心宣传，小心别把嗓子累坏了。（《中国青年报》1985 年 10 月 2 日）

（35）白天别拿，到夜黑去背，小心别让人看见，懂不懂？（张贤亮《绿化树》）

也有少量例句用在陈述句中，但都是由对话中的祈使句转换过来的，例如：

（36）如此娇贵的东西被他那双又大又粗糙的手抚弄着，我真想告诉他小心别弄坏了唱片，可心里太高兴了，不忍心破坏他的情绪。（张起辉《唱片》）

（37）曹德培一边嘱咐妻子小心别让汤溢出来，一边解下围裙准备出门。（《市场报》1994 年 3 月 3 日）

例（36）（37）中的"小心别……"为"告诉""嘱咐"的间接宾语，如果改为直接宾语，便构成祈使句。另外我们也发现一例表达警告语气的"小心别……"句子，如下：

（38）"你们是不是想蹲单人牢房！"男看守大声喝道，他啪地一声朝红头发女人肥胖的光脊背上打了一巴掌，声音响得整个走廊里都听得见。"小心别再让我听见你的声音！"（列夫·托尔斯泰《复活》汉译本）

不过像例（38）这样表示警告的并不多见，"小心别……"主要用来表示提醒。

前面提到"小心别……"是从"小心，别……"压缩而来的。那么"小心"与"别……"之间应该是一种连谓关系，而不是支配或修饰关系。即"小心"一词表示提醒注意，"别……"则从否定层面表达了提醒的具体内容。

（39）紧接着他又跑了出来，对她说："他们正在进行研究工作，小心别打扰他们。"（卢曙火《不愉快的蜜月》）

（40）老刘，没什么事，就先请回宿舍吧！小心别让人家把你的抗美援朝勋章偷去。（子伉、锦云、晓毅《毕业前夕》）

从搭配成分的意义和类型来看，"小心别"后面一般跟消极义的谓词性短语，该短语所表示的事件是听话人或说话人不希望发生的。例如：

（41）因为地上有青苔，琥珀特别提醒刘姥姥，地滑，您老人家走的时候小心别摔着，结果刘姥姥还是摔着了。（周思源《穿针引线刘姥姥》）

（42）他说："好孩子，给你一个小的吧！"临走时，他还说："小心别炸着你呀！"（林呐《两个小哨兵》）

例（41）中的"摔着"、例（42）中的"炸着你"都是谓词性成分，且在语境中都表示消极义，对听话人或说话人来说都是不希望发生的。前面所举的例（34）至例（40）也是如此。

从总体上看，"小心……"与"小心别……"的意义和功能差不多，但并非所有的"小心……"都能加上"别"构成羡余否定式"小心别……"，这些限制条件主要包括以下几点。

第一，"小心＋NP"不能插入"别"构成"小心别NP"。因为"别"是副词，只能接谓词性成分而不能接名词短语。如前面列举的"小心皮包""小心火烛"就不能插入"别"。

第二，"小心＋主谓短语"往往不容易插入"别"字，即使能插入，也需要对主谓短语作不同程度的改变。如例（23）"小心你这块钢在葡萄山上碰卷了刃"不能直接加"别"，只能改为"小心你这块钢别在葡萄山上碰卷了刃"；例（24）"小心狼把你们撕了"得改为"小心别让狼把你们撕了"；例（32）"小心我撕破你嘴皮"得改为"小心别让我撕破你的嘴皮"。

第三，有些"小心……"构式凝固性强，出现频率高，插入"别"之后可接受度降低。例如：

（43）"滚你妈的母狗，造谣小心挨揍！"我说。（张承志《金牧场》）

"小心挨揍"在日常生活中出现频率较高，形式和意义都比较固定，增加一个"别"构成"小心别挨揍"反而不自然。类似的惯用短语还有"小心地滑""小心堵车"等都不能插入"别"字。这一方面跟四字格的表达习惯有关；另一方面，加上"别"之后说成"小心别挨揍""小心别堵车"等，警告威胁的意味减弱，关切的意味增强，不太适合出现在警告式的祈使句中。

综合来看，能够进入"小心别……"构式的动词短语还有一个重要特征就是"可控性"。因为劝诫某人"别做某件事"就意味着做这件事是此人能够决定和控制的，如果不可控，劝诫就毫无意义。"小心……"则没有此限制。上面提到的"挨揍""地滑""堵车"等可控性都很低，因此能与"小心"搭配但不能与"小心别"搭配。

反过来看，绝大多数"小心别……"构式可以删去"别"而不影响句子意思，但也有少数情况不行。例如：

（44）孟浪的人一定会得答一句："小心别让家里头的那位看到才好！"（梁凤仪《九重恩怨》）

（45）对于第一类，大学是张休息的靠椅；对于第二类，它是个培养的摇篮——只要他小心别摇摆得睡熟了。（钱钟书《围城》）

例（44）不能删去"别"，否则意思完全相反，"小心别让家里头的那位看到才好"指不希望被看到，而"小心让家里头的那位看到才好"指希望被看到。这是由补语"才好"具有的主观倾向性导致的。例（45）也不能删去"别"，否则"小心"的词性和意义都会发生改变。在"小心别摇摆得睡熟了"中，"小心"为动词，与"别摇摆得睡熟了"构成连谓结构；而在"小心摇摆得睡熟了"中，"小心"为形容词，与"摇摆得睡熟了"构成偏正结构。引起这种变化的原因是"小心别"后面的VP成分消极义不明显，与"小心"搭配时，容易理解为修饰与被修饰的关系，即"小心地VP"。再比如，"过来"是一个不具有明显消极意义的词语，"小心别过来"指"不要过来"，而"小心过来"倾向于被理解为"谨慎地过来"，二者在结构关系和意义上都完全不同。

所以，"小心别……"结构形成羡余的条件是：后接成分为消极义明显的谓词短语，且不包含有主观倾向性的补语成分。从检索语料的情况来看，绝大多数的"小心别……"结构都是羡余否定式。

1.2.3 羡余否定式与肯定式的比较

我们把"小心别……"称为羡余否定式，把删去"别"之后的"小心……"称为肯定式，二者意义相同，但在内部结构、表达效果和使用频率等方面都有细微差别。

第一，从结构上看，羡余否定式"小心别……"可以分裂为"小心"＋"别……"，而肯定式"小心……"在结构上不能分开。例如："小心别摔着！"等于"小心，别摔着！"，而"小心摔着！"不能说成"小心，摔着！"

第二，从表义上看，"小心别……"包含了否定副词"别"，更明确地表达了提醒的内容，强调了说话人的劝诫态度，凸显了祈使句的句式义。所以黄均凤（2006）把"小心别VP"看作"小心VP"的强调式。① 试比较：

（46）要仔细，小心别把谁给漏掉了！（朱正琳《假如我中了奖》）

（46'）要仔细，小心把谁给漏掉了！

---

① 黄均凤：《"小心VP"祈使句的表义类型分析》，《湖北教育学院学报》2006年第1期。

这两句话意思基本一样，都是提醒"不能把人给漏掉了"，但例（46）相对于例（46'）来说，提醒的内容更明确，更加强调"不要"漏掉了。

余康发、陈烈（2006）认为"小心别 VP"中的"别"还具有区分歧义"小心 VP"结构的作用。[①] 比如"小心踩线"和"小心采有毒的蘑菇"都歧义，其中的"小心"既可能用作动词表示提醒注意，又可能用作形容词表示小心谨慎。加上"别"之后，歧义就消除了，"小心别踩线"和"小心别采有毒的蘑菇"都只表示提醒注意。

第三，从表达效果上看，羡余否定式"小心别……"所表达的劝诫语气更委婉、更礼貌。因为"小心别……"蕴含说话人主观上倾向于相信担心的事不会发生，而"小心……"没有这种倾向性。特别是警告语气的"小心……"插入"别"之后，警告的意味就减弱了，更多地带有提醒义。例如：

(47) 喂，把蹄子放慢点儿，小心撞到汽车上轧死！（浩然《迷阵》）

(47') 喂，把蹄子放慢点儿，小心别撞到汽车上轧死！

例（47）可以看作说话人的警告，说得严重一点甚至可以看作威胁或诅咒，而例（47'）减轻了这些意味，增加了提醒的意味，语气也相对缓和。所以侯国金（2008）也认为，冗余否定比其相应的肯定式更礼貌。[②]

第四，从使用频率上看，同其他羡余否定式一样，"小心别……"的使用频率大大低于"小心……"。我们统计了北大现代汉语语料库前300个含"小心"的句子，其中表提醒或警告的"小心 VP"有 20 例，羡余否定式"小心别……"及其变式仅有 4 例，分别是"小心别着凉""小心不要撞在石头上""小心不要因此而限制了特技的发展""小心防止受伤"。可见，虽然羡余否定式"小心别……"表义更明确，表达更

---

① 余康发、陈烈：《绝对冗余和相对冗余》，《景德镇高专学报》2006 年第 3 期。
② 侯国金：《冗余否定的语用条件——以"差一点＋（没）V、小心＋（别）V"为例》，《语言教学与研究》2008 年第 5 期。

委婉，但在经济原则的制约下，使用得并不是很多。

1.2.4　"小心别……"与"看……不……"

在现代汉语中还有一个与"小心别……"类似的表达——"看……不……"，二者的相同点是都可用来表示警告，例如：

（48）高大去劝架，听到的是一顿不大不小的威胁："你小子等着我，下了课，看我不揍你的呢！"（肖复兴《精神文明的灯光》）

这句中的"看我不揍你的呢"也可以改为"小心别让我揍你"，都表达警告语气。不过二者的差异还是很明显。

第一，"小心别……"虽然偶尔能表达警告语气，但绝大多数都只表达提醒的语气；相反"看……不……"只表达警告语气，不表提醒。所以，上面列举的表示提醒语气的"小心别……"都不能用"看……不……"来替换；而一般的"看……不……"替换成"小心别……"之后，警告语气会减弱，提醒语气则会增强。例如：

（49）区长说："老贾呀老贾，你看着地主老实了，要是中央军回来，看他不杀了你！我再问你，你开过诉苦会吗？"（刘震云《故乡天下黄花》）

如果把"看他不杀了你"改为"小心别让他杀了你"，整句话的警告语气就减弱了很多。可见二者表达的语气倾向有很大不同。

第二，"看……不……"绝大多数为"看我不……"，极少有像例（49）那样从对方的角度说话的。"看我不……"总是站在说话人的角度威胁对方或者第三人，而"小心别……"一般是站在听话人的角度提醒对方。例如：

（50）小心啊，她欠了一下身子说，小心别摔着了！（野莽《坐公共汽车指挥交通的黑呢子礼帽》）

（51）你简直是胡闹！我们在研究厂里的大事儿，你来扰乱，看我不叫保安人员把你抓起来！（田雁宁《白领伊人》）

显然，这两例不仅语气不同，说话人的立场也不同，例（50）说话人是站在听话人的立场上表示关心和提醒；而例（51）说话人站在自己的立场上威胁、警告对方。像这样语境差异很大的情况下，二者是不能互相替换的。

2 拒不……

"拒不 VP"即"拒绝不 VP"的缩略，在意思上基本等同于"拒绝VP"，即不答应做什么事。三者在特定情况下可以互相替换，例如：

（1）"光头"尹志宏似乎早有准备，拒不承认他去过深圳和南海九江，极力回避作案时间。（刘志文《失踪的红色跑车》）

（2）美国拒绝不承认中国金牌榜的霸主地位（网络新闻标题）

（3）由于卢森堡被控犯有向苏联提供大量科技和军事机密的罪行而于 1953 年被处死刑，但他死前一直拒绝承认有罪。（卢岭《卢森堡夫妇被判死刑之谜》）

这三个例句中的"拒不承认""拒绝不承认""拒绝承认"都表示当事人不愿意承认某些事实，互相替换不影响意思。含有否定词的"拒不VP""拒绝不 VP"与肯定形式的"拒绝 VP"同义，因此也可以看作羡余否定构式。

"拒不"和"拒绝不"虽然在现代汉语中不乏用例，但使用频率还不是很高，都没有收入词典。对它们进行的研究也极少，在我们查阅的资料中，尚未发现专门的讨论。本节仍然从历时和共时两个层面，初步探讨"拒不 VP""拒绝不 VP"与"拒绝 VP"之间的发展演变关系，以及它们在结构、意义和用法上的特点。

2.1 历时考察

"拒"在先秦已经出现，本义为抵御、抵抗，引申为拒绝义，表示不接受、不答应，例如：

(4) 可者与之，其不可者拒之。（《论语·子张》）

(5) 拒谏饰非，愚而上同，国必祸。（《荀子·成相》）

(6) 天下者，非用一士之言也，固有受而不用，恶有拒而不受者哉！（《晏子春秋·景公朝居严下不言晏子谏》）

早期"拒"一般不接宾语或只接体词性宾语，例（5）"拒谏饰非"中的"谏"当为名词。差不多到六朝时期，"拒"可以跟谓词性宾语了，例如：

(7) 备欲自图蜀，拒答不听。（《三国志·蜀志·先主传》"权遣使云欲共取蜀"句裴松之注引《献帝春秋》）

"拒不"也出现于六朝，最早见于《后汉书》，如：

(8) 赐遣吏奉祠，因县发取祠具，晔拒不受。（《后汉书·桓荣丁鸿列传》）

(9) 初平中，为尚书，典选举。董卓数欲有所私授，戬辄坚拒不听，言色强厉。（《后汉书·王允传》）

此两例的"拒不"在意思上和今天已经接近，但结合非常松散，"不"与后面的动词结合得更紧，当分析为"拒＋不受""坚拒＋不听"。

同时期《三国志》裴松之注里也有几例"拒不 VP"，其内部结构也为"拒＋不 VP"，如：

(10) 乃更遣使者赍印绶，即封檀石槐为王，欲与和亲。檀石槐拒不肯受，寇钞滋甚。（《三国志·魏志·乌丸鲜卑东夷传》"鲜卑"裴松之注引《魏书》）

北齐《魏书》里出现的"拒不 VP"虽然在语义结构上也为"拒＋

不 VP",但因 VP 为双音节词,从音律的要求来看,当读为"拒不＋
VP",这和今天的表现已基本相同。例如:

> (11)元颢寇逼郡界,庠拒不从命,弃郡走还乡里。(《魏书·
> 崔光传》)

> (12)遣使韩畅浮海来请通和。平文皇帝以其僭立江表,拒不
> 纳之。(《魏书·司马叡传》)

至此,"拒"的几种用法已经发展完备,在后来的文献中都有反映。
下面再来看看双音节的"拒绝"。"拒绝"也作"距绝",最早出现在东
汉,如:

> (13)《论语》说曰:"子不语怪神。"唯陛下距绝此类,毋令奸
> 人有以窥朝者。(《汉书·郊祀志下》)

> (14)群臣奏言,登封告成,为民报德,百王所同,陛下辄拒
> 绝不许。(《东观汉记·郊祀志》)

可见,同"拒"一样,"拒绝"最早也是带体词宾语或不带宾语。①
六朝时期,"拒绝"的用例增多,但用法与汉代相同。直到五代《旧唐
书》中出现了"拒绝"接动词宾语的例句:

> (15)府荐送后,唯追奉宴集,罕肆其业。郢性刚正,尤嫉其风,
> 既领职,拒绝请托,虽同列通熟,无敢言者。(《旧唐书·高郢传》)

古代"拒绝"接谓词宾语的用法很少,直到清代特别是民国以后才
逐渐增多,如:

> (16)以横阳河为麟府界,然后画所侵地三分,许一分与夏国,
> 不从则拒绝进奉,禁止私市。(《西夏书事》卷十九)

---

① 例(14)中的"拒绝不许"为"拒绝＋不许"组成的并列结构,"不许"不是宾语。

（17）遂将鼓吹羽仪，一并留住，但拒绝封册，仍交原使赍回。（《两晋演义》第七十九回）

"拒绝不 VP"的用例更少，在北大古代汉语语料库中我们只检索出了 45 例，主要是"拒绝不许""拒绝不受""拒绝不纳""拒绝不从""拒绝不见"等"拒绝＋不＋单音节 VP"结构，例如：

（18）坚追击之，轸、布败走。卓遣将李傕诣坚求和，坚拒绝不受，进军大谷，距洛九十里。（《后汉书·董卓传》）

（19）断没有见了个少年美貌的女子在那里和自己吊膀子，倒反要拒绝不纳的道理。（《九尾龟》第一百八十五回）

（20）陆锦这一来，觉得比先时遭她拒绝不见的事情，更觉下不来台。（《民国演义》第一百二十七回）

这些"拒绝不 VP"虽然把"不"字去掉之后意思不变，但不再合乎"四字格"的表达习惯，必须同时把单音节的动词改为双音节短语才行，即不能说"拒绝受""拒绝纳""拒绝见"，而要说"拒绝接受""拒绝接纳""拒绝相见"等。

比较"拒绝不 VP"和"拒不 VP"的发展过程我们发现，"拒绝不 VP"在东汉已经出现，"拒不 VP"则出现于六朝，二者产生的时间虽然相隔不远，但还是不难判断：后者由前者缩略、固化而来。为什么会如此呢？我们认为有两个因素推动了这一过程的发生：一是汉语词汇复音化；二是汉语表达的韵律习惯。魏晋时期是汉语词汇复音化取得突破性进展的重要时期①，大量单音词转变成复音词（主要是双音词）之后，直接影响到一些句式的表达。拿"拒绝不 VP"来说，早期进入"拒绝不 VP"的都是单音节动词，如例（18）至例（20）的"受""纳""见"，它们构成的"拒绝不 VP"都是四个音节，根据汉语的韵律习惯，读起来很顺口。然而词汇发生复音化之后，这种和谐的韵律结构被打乱。要实现新的平衡，只能对短语结构进行调整，其中一个办法就是把

---

① 参见王忻《从〈颜氏家训〉管窥魏晋时期汉语词汇复音化的发展》，《古汉语研究》1998 年第 3 期。

"拒绝不"压缩为"拒不",从而保证整个结构仍为四个音节。如例
(11)(12)中的"拒不从命""拒不相纳"就是如此。唐宋以后,随着
复音化趋势的进一步加强,"拒绝不 VP"的使用空间越来越小,而"拒
不 VP"使用得越来越普遍。结果在高频使用的作用下,"拒不"逐渐词
汇化。到今天我们基本上把它看作一个凝固的词了,与"拒绝"同等看
待,比如既说"拒绝承认",也说"拒不承认",只是偶尔才说"拒绝不
承认"。

2.2 共时分析

本节主要分析"拒绝 VP""拒不 VP"和"拒绝不 VP"在现代汉
语中的句法、语义、语用特点以及它们之间的异同之处。

2.2.1 "拒绝 VP"的句法、语义、语用特点

《现代汉语词典》对"拒绝"一词的解释为:动词,不接受(请求、
意见或赠礼等):～诱惑｜～贿赂｜无理要求遭到～。[①] 作为一个常用
动词,"拒绝"的句法功能很自由,可以作谓语,也可以名词化作主语
或宾语,作谓语时,它既可以单用,也可以带体词性宾语、谓词性宾
语、补语等[②],例如:

(21)拒绝是一种权利,就像生存是一种权利。(毕淑敏《行使
拒绝权》)

(22)选举之路坎坷不平,最终结果尚未宣布,就招来了参
选 24 个政党中的 17 党的拒绝……(新华网新闻稿,2004 年 4 月
16 日)

(23)要求我让出一万二千平方公里土地作为对他们"海空优
势的补偿",我拒绝。(《人民日报》1993 年 8 月 17 日)

(24)她总是拒绝我们的礼物。为了保持自信,她只做施与者,
从不做接受的一方。(无名《大方地领情吧》)

---

① 中国社科院语言研究所词典编辑室:《现代汉语词典》,商务印书馆 2005 年版,第
740 页。

② 参见孟琮、郑怀德等编《汉语动词用法词典》,商务印书馆 1999 年版,第 212 页。

（25）规定凡未经批准超计划招收职工和违反国家政策和规定增加工资的，银行有权拒绝支付。（力平《周恩来传》）

（26）她就依了他。只是断然拒绝他用车接她，既然不过是交朋友，何必张扬呢？（胡辛《蒋经国与章亚若之恋》）

（27）年轻的姑娘们遇到人家第一次求婚，即使心里愿意答应，口头上总是拒绝；有时候甚至会拒绝两次三次。（简·奥斯汀《傲慢与偏见》汉译本）

例（21）（22）中"拒绝"分别作主语和宾语，例（23）至例（27）中"拒绝"作谓语中心，分别为不带宾语、带名词宾语、带动词宾语、带小句宾语、带补语的用法。我们使用"拒绝 VP"来表示"拒绝"的句法特点其实并不全面，只是为了简化书写以及方便与"拒不 VP""拒绝不 VP"相比较而选取的一种表示方式。

从意义上看，"拒绝"表示不接受、不答应，后面的宾语成分（包括体词性的和谓词性的）对于施事来说，往往是不喜欢、不愿意的。这种不喜欢、不愿意表现在两个方面，一方面是对接收到的东西不愿意接受，另一方面是对被要求作出的行为不愿意发出。比较下面两个例句：

（28）该官员表示，普京拒绝邀请是因为他觉得没有足够的理由参加此次会议。（新华网，2004 年 6 月 3 日）

（29）我不明白日本政府的所作所为。他们为什么会同意邀请徐立德？我是拒绝邀请徐立德的。（《人民日报》1994 年 9 月 24 日）

这两句话中都包含"拒绝邀请"，但例（28）指主语不接受他人对自己的邀请（拒绝被邀请），例（29）指主语不愿意发出邀请他人的行为（拒绝邀请某人）。可见，"拒绝 VP"是一个歧义结构，在缺少语境的情况下有可能引起不同理解，例如"拒绝帮助"，既可以理解为不接受别人的帮助，也可以理解为不愿意帮助别人。当然，这个后接成分不管是接收的还是发出的，也不管在客观上是有益的还是无益的，对于主语来说，在主观上都是不情愿发生的。比如：

（30）两个男人的幼稚战争奥胖想当大哥科比拒绝受保护（新浪网新闻标题，2004 年 12 月 26 日）

（31）美国再次拒绝因全球变暖保护北极熊（新浪网新闻标题，2009 年 5 月 21 日）

例（30）中"受保护"对于科比来说是接收到的行为，从客观上看对他也是有利的，但科比在主观上不愿意这一行为发生；例（31）中"保护北极熊"对于美国来说是发出的行为，这种行为从客观上看对全世界都是有利的，但美国在主观上却不愿意做出这一行动。

在语用上，"拒绝"一般用于陈述，表示某人对某事不接受或不愿意的态度，所以一般不直接出现在对话里，而出现在概括性的陈述里。例如在对话中，一般说"我不需要你的关心"，而不会说"我拒绝你的关心"。这句话用来转述则可以说"他拒绝了对方的关心"。另外，"拒绝"表示的语气程度是中性的，表示更严厉的语气可以用"严拒""决绝"，表示更婉转的语气可以用"婉拒""谢绝"等。

2.2.2 "拒不 VP"的句法、语义、语用特点

"拒不"尚未收入词典，但在现代汉语里还是比较常见的，其凝固性比较强、语法特点鲜明，基本上可以看作一个词汇单位。从句法上看，"拒不"的后面必须、且只能接动词性词语，构成"拒不 VP"构式。紧接"拒不"的动词基本上都是双音节的，如果是单音节动词，往往会在动词前后再加上一个成分，从而保证 VP 为偶数音节。极少有 VP 为单数音节的，在我们从北大现代汉语语料库中检索的前 500 个"拒不 VP"用例①中，有 495 例的 VP 为偶数音节。例如：

（32）有关部门无奈动员他们原所在单位收回，但单位拒不接收，双方僵持不下。（《1994 年报刊精选》）

（33）该案牵涉面广，张守银拒不交待挪用资金去向。（《人民日报》1996 年 5 月 12 日）

（34）可是，英方代表却拒不承认侵略暴行，谈判一直拖到 7

---

① 排除了"坚拒不受""推拒不过""抗拒不交"等非"拒不 VP"结构。

月 29 日止。（陆其明《英舰阻击我军渡江受挫记》）

（35）蒋殿人不执行党的决议，拒不献地，被开除出党。（冯德英《迎春花》）

（36）信仰坚定的老人以利亚撒拒不肯吃，敌人撬开他的嘴，塞进猪肉，他宁死不屈，吐出来……（朱维之《大地》）

例（32）至例（34）中"拒不"后面跟的都是双音节动词"接收""交待""承认"等；例（35）中的"献"、例（36）中的"吃"虽为单音节动词，但分别加上"地""肯"，还是构成了双音节的动词短语。

从结构上看，"拒不 VP"都为"拒＋不 VP"构成的并列短语，不过从节律上看，却应该念成"拒不｜VP"。上面列举的"拒不接收""拒不交待""拒不承认""拒不献地""拒不肯吃"等都是如此。这和汉语的韵律习惯直接相关：根据韵律语法学的常识①，汉语一般由两个音节构成一个标准音步，所以四字格往往会按照"2＋2"的节奏来念，即使句法、语义结构为"1＋3"或"3＋1"，在口语中都会念成"2＋2"节奏。例如成语"一衣带水"从语法上看为"一衣带＋水"构成的偏正结构，但说话时人们一般念作"一衣｜带水"。同样的道理，"拒不 VP"也要念成"拒不｜VP"。长此以往，"拒不"的结合性越来越强，完全可以看作一个双音动词了，即使在 VP 为非双音节动词的时候，人们也习惯上把"拒不"放在一个音步里念，比如：

（37）他太了解白嘉轩了，只有这个人能够做到拒不到戏楼下去观赏田福贤导演的猴耍，而关起门来修复乡约。（陈忠实《白鹿原》）

（38）而要看领导干部按规定落实了多少，查纠了多少，对拒不按规定执行的处理了多少。（《1994 年报刊精选》）

这两句"拒不"后的动词短语都不容易改成偶数音节，像这样的例子很少。我们在读的时候还是习惯读为"拒不｜到戏楼下……""拒

---

① 参见冯胜利《汉语韵律语法研究》，北京大学出版社 2005 年版，第 25 页。

不｜按规定……"，可我们知道，它们的语法结构实际为"拒＋不 VP"。

从意义上看，"拒不 VP"中的 VP 都是当事人不愿发出的行为。例如在语料库中出现频率最多的"拒不＋承认/执行/落实/提供/改正/服从/交出/归还/承担/参加/接受"等，这些 VP 成分都具有［＋自主性］（voltional）特征，即由动作发出者主观决定、自由支配的动作行为。[①]不具有这一语义特征的动词一般难以进入"拒不 VP"结构，比如我们不能说"拒不失败/着凉/知道/流行/及格/得到"等。试比较：

（39）a. 拒绝执行任务　　b. 拒不执行任务

　　　c. 拒绝接受处罚　　d. 拒不接受处罚

　　　e. 拒绝获得奖励　　f. 拒不获得奖励

这里有三组性质不同的动词："执行"为自主动词，指某人发出某种行为；"接受"既可是自主动词，表示主动承担某种后果，也可是非自主动词，表示遭受到某种后果；"获得"则只能是非自主的，表示被动得到某种东西。前面提到，"拒绝 VP"中的 VP 既可为当事人发出的行为，也可以为当事人接受的行为，所以例（39a）（39c）（39e）都能说；"拒不 VP"中的 VP 一般只能是当事人发出的行为，所以例（39b）（39d）可以说，而例（39f）不能说。其中例（39d）"拒不接受处罚"指的是：当事人具有支配"接受"行为的自主性，但拒绝做出这种"接受"行为，这里取的是"接受"的自主义。可见"拒不 VP"中的 VP成分不仅受到节律的制约，还受到语义的制约。

从语用上看，"拒不 VP"带有一定的书面色彩，在我们检索的语例中，绝大多数都出现在正式文体中，具体数据为：北大现代汉语语料库前 500 例"拒不 VP"有 441 例出自法律文本、新闻报道、学术著作中，占到总数的 88.2％；剩下的 11.8％出现在小说、戏剧等口语化较强的文学作品里。我们推测，这一方面与单音节的"拒"保留了古代文言色彩有关，另一方面也和"拒不 VP"构成的四字格形式显得正式有一定关系。

---

① 参见马庆株《自主动词和非自主动词》，载《著名中年语言学家自选集·马庆株卷》，安徽教育出版社 2002 年版，第 169 页。

2.2.3 "拒绝不VP"的句法、语义、语用特点

现代汉语中"拒绝不VP"的用例非常少，我们在北大现代汉语语料库里只检索出36例"拒绝不"，而且其中大部分为"拒绝＋不＋形容词＋名词"结构，如"拒绝不合理的要求""拒绝不受欢迎者"等，只有9例为"拒绝不VP"。这9例中的VP无一例外都是单音节的，如"要""做""干""当""看"等，而且这些动词都是光杆形式。如：

（40）至于借钱，我是向梁先生借过钱，可还他时，他一再拒绝不要，并不是我不想还他。（王素萍《她还没叫江青的时候》）

（41）几句话说得不对，往往会遭倨傲的待遇，叫他坐到屋外去，甚而至于拒绝不见。（鲁迅《魏晋风度及文章与药及酒之关系》）

（42）这好像是在努力完成一项繁重的体力工作，你有权力拒绝不干，但又急于想完成，这种心情甚至是有点神经质的。（乔治·奥威尔《1984》汉译本）

这些例子中的"拒绝不VP"都很难直接删去"不"字，因为包含单音节动词的"拒绝不VP"正好构成了四字格，韵律结构为"拒绝＋不VP"。删去"不"之后会打破韵律节奏，念起来不顺口。比如"拒绝不见"很顺口，但"拒绝见"就不顺口了。所以，"拒绝不"后面一般只跟单音节动词，且不能随意省略"不"字。

从语义上看，"拒绝不VP"同"拒不VP"一样，其中的VP成分都只能是自主动词，如"要""见""干""当""去""脱"等。而非自主的"死""遭""病""惊"等就不能进入"拒绝不VP"。

在语用上，"拒绝不VP"通过"拒绝"和"不"并列，在某种程度上造成了重复表义，虽然具有突出拒绝之意的作用，但不够简洁、规范，所以一般只出现在口语化较强的语体里，并且出现的频率也很低。

2.2.4 肯定式与羡余否定式的异同比较

首先说说"拒不VP"和"拒绝不VP"中否定词"不"的羡余条件。一般情况下，"拒不"＋双音节动词，"拒绝不"＋单音节动词，都存在重复表义的问题，因为"拒（绝）VP"在意思上就相当于"不

VP"，二者叠合仍然表达拒绝之意，这显然不符合语言经济原则。但也不能因此把"不"都删去，否则的话，会破坏四字格的平衡节奏，变成不可接受的表达。例如"拒不执行"和"拒绝不干"就不能直接删去"不"，说成"拒执行"和"拒绝干"。要想变成可以接受的肯定式，必须同时把"拒"换成"拒绝"，或把单音节的 VP 换成双音节的。例如"拒不执行"可以变换成"拒绝执行"，"拒绝不干"可以变换为"拒绝去干"。所以，"拒不 VP"和"拒绝不 VP"构成羡余否定并不是绝对的，像这样不能直接删去多余成分，而要在形式上有所调整的羡余否定，可以看作一种相对的羡余否定。

其实羡余很少有绝对的，羡余否定式与肯定式不论在形式、意义还是用法上，都既存在大同，也存在小异。下面我们再来看看"拒不 VP""拒绝不 VP"与"拒绝 VP"三者之间的同异关系。

相同点很明显，三种表达式都相当于一个动词短语，主要作句子的谓语。意思相近，都可以表示不愿意做某事，反映某人对某事的抵制态度。所以在特定情况下，三者可以互相替换。

至于不同点，仔细考察的话其实也不少。首先看三种结构对 VP 的要求，"拒绝 VP"中的 VP 成分，其核心动词既可以是双音节的，也可以是单音节的；在意思上既可以是主语接收到的行为（非自主的），也可以是发出的行为（自主的）。而"拒不 VP"中的 VP 成分，其核心动词一般只能是双音节的，如果为单音节动词则需要补充状语、补语或宾语，使 VP 变为偶数音节；在意思上 VP 成分一般只能为主语主动发出的行为（自主的），不能为非自主的行为。至于"拒绝不 VP"，其中的 VP 成分一般只能是单音节的，且为光杆形式；在意思上也一般为主语主动发出的行为，不能为主语接收到的行为。其实除了接动词短语，"拒绝"的后面还可以跟名词或代词，而"拒不"和"拒绝不"的后面只能跟动词短语，不能跟名词或代词，这是由"不"的副词性质决定的。这也是它们之间句法功能的一大区别。

其次再看构式前能否添加否定词"不"。"拒"或"拒绝"表示不接受、不愿意，在一定程度上相当于一个否定词，对后面的动作行为进行否决。它们的前面或后面可以再加一个否定词"不"：当"不"加在"拒""拒绝"的后面时，"拒不""拒绝不"仍然表示拒绝的意思；当

"不"加在"拒""拒绝"的前面时,"不拒""不拒绝"表示接受或愿意的意思。但是,我们无法在"拒"或"拒绝"的前后同时加上"不",也就是说,不存在"不拒不 VP"和"不拒绝不 VP"的表达。在 3 亿汉字容量的北大现代汉语语料库中,以"不拒不"或"不拒绝不"作为检索词的检索结果都是 0。我们认为,这与"拒"或"拒绝"含有否定义,前后同时再加两个否定词容易导致表义混乱有关。这里列举两条"不拒 VP"和"不拒绝 VP"的例子:

(43)我开了七年车了,一不拒载,二不黑钱,虽然挣的钱不多,但我活着踏实。(《1994 年报刊精选》)

(44)她虽然不拒绝跟他说话,但总是避免称呼他的名字。(谌容《梦中的河》)

肯定式与否定式在表义上也有细微区别。"拒绝 VP"可以表示不接受某种行为,也可以表示不愿意做出某种行为,而"拒不 VP"和"拒绝不 VP"只能表示不愿意做出某种行为。此外,在表义倾向上,这三者都表示人的拒绝态度,应该说都有主观性,但相对来看,肯定式"拒绝 VP"带有更多客观陈述的色彩,而"拒不 VP"和"拒绝不 VP"突出了否定词"不",强调了行为人对 VP 行为的抵抗、排斥态度,这种抵抗、排斥的倾向和程度相对于"拒绝 VP"来说更鲜明、更强烈。下面以"拒绝接受"和"拒不接受"为例作比较:

(45)读者会觉得虽然格林虚怀若谷地拒绝接受短篇小说大师的称号,但确是当之无愧的。(冯亦代《听风楼读书记》)

(46)2000 年 5 月陈水扁上台后,拒不接受一个中国原则,否认"九二共识"……(中国网,2003 年 12 月 18 日)

例(45)中的"拒绝接受"是用平淡的语气叙述格林对大师称号的不认可;而例(46)中的"拒不接受"是用强烈的语气揭露陈水扁对一个中国原则的否认和违背,用"拒不"突出了陈水扁的反动态度和行为。这两句话的"拒绝"和"拒不"在语义程度及主观色彩上有很大不同，不宜互换。否则，"拒不接受"所体现的强硬语气与"虚怀若谷"不能相容；而"拒绝接受"所体现的平淡语气又减轻了对陈水扁"致使两岸关系严重倒退"罪行的揭露。

最后看它们在语用上的差别。相对于羡余否定式"拒不 VP"和"拒绝不 VP"来说，肯定式"拒绝 VP"的分布范围更广，使用频率也更高。我们发现，在北大现代汉语语料库中"拒绝 VP"广泛出现在各种文体中，出现频次超过一万次。而"拒不 VP"只出现在法律文本、新闻报道、学术论著等正式文体中，使用频次也只有一千余次。"拒绝不 VP"使用得更少，只有不到十例，且全部出现在小说作品里。这与其他羡余否定构式的语用表现是基本一致的。

第六章　羡余否定构式的产生动因与形成机制

"各种冗余否定既有共性，也有特性。每一类冗余否定的语例也是共性和特性的结合体。"[①] 以上四章分类讨论了各个羡余否定构式的产生发展过程以及在现代汉语里的语法表现，重点挖掘了各个羡余否定构式的独特之处。从本章开始，我们把讨论的重点放在羡余否定构式的共性上。本章主要讨论影响羡余否定构式产生和发展的各种原因及制约因素。

1　产生动因

1.1　主观原因

人们说话往往都有一定的目的，为达到这个目的会采取相应的说话方式或途径，这就是利奇（G. N. Leech）所说的"语用策略"（pragmatic strategies）。[②] 大量羡余否定构式都是在一定语用策略的推动下产生和发展出来的，这些策略主要包括明确表义和含混表达两种。

1.1.1　明确表义
所谓明确表义即说话人为了使自己的意思表达得更清楚明了，会在

---

① 侯国金：《冗余否定的语用条件——以"差一点＋（没）V、小心＋（别）V"为例》，《语言教学与研究》2008 年第 5 期。

② G. N. Leech, *Principles of Pragmatics*, London and New York：Longman, 1983.

常规表达的基础上调整重音、增加词语、改变语序、选择特定句式等，从而使听话人理解得更准确的一种语用策略。大部分羡余否定构式表达的都是"不足""否定""阻止""不满"等义，虽然在它们之前已经有相应的肯定表达式，但否定性质的意义用肯定形式来表达总让人感觉"形义不够相称""表达不够直接"。在特定的语境下，特别是说话人要强调"不足""否定""阻止""不满"等否定含义的时候，就有可能再加上一个否定词，使听话方理解得更直接、明确。

　　比如在先秦时期人们一般用"须臾"形容时间短，如《荀子·劝学》："吾尝终日而思矣，不如须臾之所学也。"但为了突出时间很短、连"须臾"那么长的时间也没有，就有人在"须臾"的前面再加上一个"不"字，说成"不须臾"。如《吕氏春秋》："江河之大也，不过三日。飘风暴雨，日中不须臾。"当然"不须臾"和"须臾"都表示时间短，不过从人的感受上说，前者似乎比后者更短一些，这种主观上的感受就是增加一个"不"字带来的。同样的，现在人们说"一会儿"和"不一会儿"，也都表示时间短，从客观上讲没有哪个更短一些的道理，但在人的主观意识里，"不一会儿"似乎能突出"连一会儿这么长的时间都没有"，更加强调了时间之短。相比较而言，使用羡余否定式的"不一会儿"可以让说话人的意图更鲜明，听话人理解起来也更直接和容易——这都是人的主观感受所产生的语用效果。所以明确表义的语用策略直接促使"不须臾"得以产生，后来的"不一会儿"也由此类推而来。

　　"不巧"也是在明确表义的主观动因下产生的。最早人们表达恰好遇上某种时机都用"巧"或"恰巧"等肯定形式的词语。因为恰好遇上的时机有"合适"与"不合适"之分，仅仅用肯定形式的"巧"或"恰巧"等并不能反映这种区分，听者必须结合语境才能作出准确的判断。比如说"巧遇"，既可能指遇上的时机正合适，也可能指遇上的时机不合适，如果语境信息不足，就难以理解说话人的真实意思。对于说话人来说，为了使自己的表达更清楚，除了增加语境信息，还可以改变"巧"的表达。一般来说，"巧"或"恰巧"等肯定形式主要表示恰好遇上了合适的时机，如果要表明遇上的时机不合适，说话人就倾向于在"巧"的前面再加上一个否定词"不"，起到突出和提醒的作用。比如把不合适的"巧遇"说成"不巧遇上"，这样一来意思就单一、明确了。

正是在这种表达策略的作用下，"不巧""偏不巧""不凑巧"等否定形式才得以产生和延续。虽然笼统地看，"不巧"等词的"不"可有可无，但从表义准确性的角度看，羡余否定式的"不巧"等在表达"遇上不合适的时机"这一意思时更为直接和准确。

"好不容易"的产生同样是明确表义的力量在起作用。本来在元代产生的"好容易"已经表示不容易的意思，但从表义准确性的角度看，"好容易"却有可能与"好热闹"等肯定式"好 A"相混淆，让人理解为"很容易"。从语言形式与意义的对应关系来看，"好容易"用肯定形式表示否定意义虽然也是约定俗成的，但与汉语常规的形义相符关系不同，容易造成理解上的歧义。为了使词语的字面意义与实质意义相一致，在表达和理解中更准确，说话人会倾向于为"好容易"再加上一个否定词"不"，于是"好不容易"在清代就出现了，并且在现代，"好不容易"的出现频率要明显超过"好容易"。

在明确表义策略下造出的羡余否定构式还有很多，比如"差点儿没……""没……以前""拒不……""后悔不……""防止不……""怀疑……不……""忍住不……""小心别……""抵赖没……"等。这些羡余否定构式相对于肯定式来说，突出了否定的意思，表义更明确，符合人的表达需要。叶斯柏森（Jespersen）在解释这一现象时说，因为原来的句子含有否定的意思而又没有明确地表达出来，说话人感到有必要强调否定的意思以避免误解，于是就加上实际上是赘余的否定词。① 大部分羡余否定构式都是在这种明确表义的主观动因下产生出来的。

1.1.2　含混表达

明确表义是一种语言策略，含混表达也是一种语言策略，只不过运用的目的和方式不一样。前者是为了让听话人更加确切地理解说话内容，尽量把话说得直接和明确；而后者则是为了让听话人不能直接理解说话的内容，尽量把话说得间接或含蓄。因为语言就是用来传递意义的，所以大部分情况下人们都要把话说得清楚明了；但在特殊情况下，比如说话人有意隐瞒某些信息，或想把一句尖锐的话说得缓和一点，或

---

① 转引自沈家煊《不对称和标记论》，江西教育出版社 1999 年版，第 122 页。

表明一种不确定的语气，等等，就需要把话说得含混、委婉一些。比如修辞上的婉曲辞格就是一种含混表达，这种辞格指的是：说话人"有意不直接说明某事物，而是借用一些与某事物相应的同义语句婉转曲折地表达出来"。[①] 例如："聂耳以 23 岁的青春年华，过早地写下他生命的休止符。"（何为《他的进军号》）这里不说"死"而说"写下了他生命的休止符"，就是一种婉曲的表达。类似的含混表达方式在我们语言中并不少见，积极的含混表达不仅可以传递基本的语言信息，还能传递更多的言外之意，比如说话人的主观态度和真实意图等。

　　一些羡余否定构式也是在含混表达策略的影响下产生的。例如"难免不 VP"，最早人们用"难免 VP"来表示"不容易避免"，其中的"难"和"免"在某种程度上都相当于一个否定词，合在一起大致可以理解为肯定义，"不容易避免"即"比较容易发生"。如果后面再加上一个"不"字，表义就更复杂了，到底表示"不容易避免某事不发生"还是"不容易避免某事发生"不够明确。但这种含混的意思在表达说话人不太确定的推测时，恰好能满足表达的需要。比如："外人不知事理，难免不议论是我悟真不愿退居，谋为不轨。"（《续济公传》第二百一十二回）这里的"难免不"可以换成"难免"，甚至可以换成"肯定"，但从表达揣测的程度上看，"难免"或"肯定"更接近于确信或断定，而"难免不"更接近于不确定、有可能，后者通过一种含混的表达方式体现了说话人的主观认识和态度。所以，"难免不"的出现不是偶然的，而是适应了特定语境下的表达需要创造出来的。

　　"别不是……"也是表达揣测语气的，其中的"不"也可以省去，说成"别是……"。与"难免 VP"相似，"别是……"中的"别"字本身有否定义，再加上一个否定的"不"字，意义也变得复杂了，可能表示对"是……"的揣测，也可能表示对"不是……"的揣测。例如"别不是他吧"在没有语境的条件下，既可以表示"也许是他"，也可以表示"也许不是他"。这样一种含混表达对于说话人表示不确定的语气是有利的，所以"别不是……"在口语中能够存在。

　　"好不 A"也是含混表达的结果。最早"好不 A"意思单一、明确，

---

① 黄伯荣、廖序东：《现代汉语》，高等教育出版社 2002 年版，第 262 页。

都表示否定义。表达肯定义的羡余否定用法出现在宋代，如："爷娘得惩地无见识！将个妹妹嫁与一个事马的驱口，教咱弟兄好不羞了面皮。"（《五代史平话》）这句话中的"好不羞了面皮"就不能理解为一般的否定义，而是一种反问的用法，相当于"岂不羞了面皮"，整句话的意思是肯定的。这时"好不"的性质发生了改变，以前为程度副词"好"与否定副词"不"的组合，现在得看成反诘副词"好"与否定副词"不"的组合，或者把"好不"看成一个表示肯定义的程度副词。这样一来，"好不"的性质和意义就不那么单一、明确了，对句子的理解就可能因人而异。比如"好不快活"，既可能理解为"很不快活"，也可能理解为"岂不快活"，还可能理解为"好快活"，只有充分的语境才能区分，后面两种理解甚至有语境补充也很难分清楚。从表达的角度看，这也不能不说是一种含混的表达。

含混表达常常可以起到缓和语气的作用，使听话人更容易接受，实现更好的表达效果，是言语交际中礼貌原则的体现。所以含混表达并非表达不清，而是通过一种间接、含蓄的方式表达说话人的真实意思。从这个角度看，含混表达其实也是为了更真实、更准确地表义，只不过在具体的表达方式上与明确表义不同罢了。明确表义和含混表达都是人在运用语言过程中主观意图的体现，正如沈家煊所说"说话人要达到交流信息的目的，总要不断地借助一些表达实在意义或用作客观描述的词语，加上自己对客观情形的主观'识解'（construal），从而把说话的目的和动机也传递给对方"①。所以在明确表义或含混表达策略影响下产生的羡余否定构式体现了语言的本质规律，人在运用语言过程中的主观意图是羡余否定构式得以产生和存在的重要原因。

1.2 客观原因

主观原因反映了羡余否定构式产生过程中人的因素的影响，除此之外，语言本身的特性也为羡余否定构式能够出现奠定了客观基础。

---

① 沈家煊：《语言的"主观性"与"主观化"》，《语言教学与研究》2001年第4期。

1.2.1　语言不可避免的羡余性

语言是用来传递信息的，而根据申农的信息论观点，信息在传递过程中不可避免地存在干扰因素，即噪声。为了排除或抵消这些噪声干扰，信源就要加大发出的信号强度或信息容量[①]，表现在语言上就是增加羡余成分。所以语言的羡余性也是不可避免的，羡余性是自然语言的本质属性。正是因为如此，语言当中才有可能出现各种各样的羡余现象。羡余否定构式作为一种特殊的羡余现象，其产生和发展也是以语言的羡余性为前提条件的。如果不是这样，人们就不会容忍语言中任何羡余现象的存在，羡余否定构式也不可能产生。

1.2.2　人类思维的灵活性和表达的多样性

思维是人脑对客观世界的反映，但这种反映并不是客观的和唯一的。对同样一件事物，人们可以从不同的角度去认识，从而在大脑中产生不同的反映；而对不同的事物，人们又可以从特定的角度发现它们之间的共同点，从而在大脑中产生相同的反映。比如看到半杯水，有的人想到的是杯子里还有一半的水，有的人想到的却是杯子里少了一半的水。又比如，鲸本来是哺乳动物，但因为生活在水里，人们一般把它也看作鱼（称为鲸鱼），而实际上它与一般的鱼类在物种关系上离得很远。这种从不同角度认识同一事物和从相同角度认识不同事物的思维方式广泛存在人类的思维活动中，我们称为思维的灵活性。与思维灵活性相应的是表达的多样性，因为语言不仅是人类思维的工具，也是思维符号化的结果。语言与客观世界并不一一对应，同一事物可以用多种语言形式来表达，不同事物也可以用同一种语言形式来反映，语言中大量存在的同义词和同形词就反映了语言表达的多样性。例如，"计算机"和"电脑"指的都是能进行数学运算的机器——这是用不同语言形式表达同一种事物；而"别"这一语言形式却可以表示几种毫不相关的行为：（1）分离；（2）区分；（3）用别针等把另一样东西附着或固定在纸、布等物体上；（4）禁止或劝阻——这是用相同的语言形式表达不同的事物。

羡余否定构式与人类思维的灵活性及表达的多样性也密切相关：一方面，羡余否定构式和与其对应的肯定式意思相近、形式却相反，这是

---

① C. E. Shannon, *A Mathematical Theory of Communication*, Reprinted with Corrections from The Bell System Technical Journal, Vol. 27, 1948: 379 - 423, 623 - 656.

思维灵活性和表达多样性的具体体现；另一方面，有不少羡余否定构式又由多个同义形式杂糅而来，可以看作表达形式多样化进一步发展的结果。例如"非 x 不 y"与"非 x 才 y"，在一般情况下都是同义的，这种异形同义本身就是语言多样性的具体表现。同时，这两个形式相反的构式也反映了人类思维的灵活性："非 x 不 y"是从假设角度思维的结果，"非 x 才 y"是从条件角度思维的结果，一个是正面思维，另一个是反面思维，最终要表达的意思基本相同。"巧"与"不巧"也是如此，在语言上二者异形同义，在思维上"不巧"的时机从另一个角度来看也是很"巧"的。这些羡余否定构式都体现了思维的灵活性和表达的多样性。郭攀说"正反同义现象是建立在多向思维基础上的同一意义从不同角度进行转换式表达的结果"①，王助说"否定羡余现象表现出正思维和反思维的重叠性"②，指的就是人类思维灵活性对羡余否定构式的重要影响。

有不少羡余否定构式是在表达形式多样性的基础上，由几个同义的语言形式杂糅而来的。比如"果不然"由"果不出所料"和"果然"两个已有的同义构式糅合而来；"未……之前"也由"未……之时"和"……之前"两个已有的同义构式糅合而来，等等。这也可以看作思维灵活性和表达多样性对羡余否定构式的直接影响。

1.2.3 词义的模糊性和隐晦性

词义模糊和隐晦是语言中的常见现象，所谓模糊指词语的意思不够明确，隐晦则指某些词语在历史发展过程中原有的意义受到磨损而不够明朗。人们在发出或接收语言信息时，一般都要追求意义的准确性，当有些词语的意义模糊或隐晦时，往往会采取措施使之明确。

有一些羡余否定构式就是由于原有形式表义不够明确而添加否定词形成的。例如早期表示"恰好遇上某种时机"意思的只有"巧""恰巧""凑巧"等肯定形式。因为恰好遇上的时机可以是合适的，也可以是不合适的，对于说话人来说，可能是希望遇上的，也可能是不希望遇上的。所以肯定式的"X 巧"在表义上就有模糊性。克服模糊性的方法有两个，一是增加语境信息，二是更改表达方式。使用"不巧"就是后者，即通过增加一个"不"字来克服歧义。羡余否定式的"不巧"只用

---

① 郭攀：《正反同义现象的修辞效果例析》，《修辞学习》1995 年第 6 期。
② 王助：《汉语否定羡余词的特性》，《现代语文》2009 年第 3 期。

于表示"恰好遇上不合适的时机",所以在表义上比"X 巧"更明确。而如果"X 巧"不具有模糊性的话,就不会有产生"不巧"的需要。

"不一会儿"的出现也与"一会儿"的意思过于模糊有关。"一会儿"是一个范围很不确定的时间长度,可以指几秒钟,也可以指几个小时。当说话人想突出时间非常短的时候,用"一会儿"就不能满足表达需要。而加上一个"不"字形成"不一会儿"之后,表义范围就缩小了。虽然"不一会儿"也是一个不定量,但相对于"一会儿"来说更突出时间之短,因此表义相对明确。可见正是由于"一会儿"的表义过于模糊,才有了产生"不一会儿"的需要,原式词义的模糊性为羡余否定构式的产生提供了条件。

"差点儿没 VP"的出现也有这个原因。因为"差点儿没 VP"是对"几乎不 VP""险不 VP""差些儿没 VP"的类推,所以要把这些构式放到一起分析。"几乎不""险不""差些儿""差点儿"的意义都具有模糊性,表示"非常接近却终究没有达到",一方面表明无限接近某种状态的趋势,另一方面又否定了这种状态的实现。当说话人想突出"无限接近某种状态的趋势"时,它就相当于一个肯定词,而当要突出"终究没有达到"时,它又相当于一个否定词。所以它的意思不够明确,在后跟消极义词语时(如"亡""杀""成病""摔跤"等),表示的是否定义"终究没有达到",说话人为了突出不愿意发生的态度,倾向于在 VP 的前面再加上一个"不"或"没"来表示否定,这样形成的"几乎不 VP""险不 VP""差些儿没 VP""差点儿没 VP"等就形成了羡余否定构式。这同样说明,一些原有表达式在词义上的模糊性和隐晦性为羡余否定构式的出现制造了需求、创造了条件,是羡余否定构式得以产生的重要原因。张谊生(2005)也认为:词义的模糊性、隐晦性和同义形式的丰富性是羡余形成的主要原因。否定标记之所以成为羡余成分,主要和句中的某些词或短语的语义密切相关。羡余否定现象不仅随着古义的衰竭或消失而不断涌现,而且随着社会的进步和生产的发展以及表达的需要还会不断地产生。[①]

1.2.4 汉语的意合性

意合作为汉语的特点最早由王力先生提出,他在《中国语法理论》

---

① 张谊生:《羡余否定的类别、成因与功用》,载《语言学论丛》(第三十一辑),商务印书馆 2005 年版,第 330 页。

里说："中国的复合句，往往是一种意合法，在西文称为 Parataxis（按，不用连词而并列一些 clause）。"① 吕叔湘先生在《语文常谈》中也指出："汉语是比较经济的。尤其在表示动作和事物的关系上，几乎全赖'意合'，不靠'言传'。汉语里真正的介词没有几个，解释就在这里。"② 此后有很多学者对汉语的意合性作了讨论，多数人认为汉语与印欧语言相比，更加注重意义上的关联而不是形式上的标记，讲究以意统形，因此形式更简洁、表义更灵活。汉语的意合性在构词、造句、语篇等各个方面都有表现，刘玉杰（1993）把"好不""差点儿没""难免不""没……以前"等习惯用语称为"意合格式"，认为这些习惯表达有的"同形异义"（如"好不""差点儿没"同一形式都有肯定和否定两种意思），有的"异形同义"（如"难免不"和"难免"意思相同，"没……以前"和"……以前"意思相同）。在这些意合格式里，语法形式并不重要，重要的是说话双方心理上的契合，心理上达成的意合消除了语法形式上的矛盾。③

我们认为，包含羡余否定构式在内的意合格式之所以能够出现，也是以汉语的意合性特点为前提的。因为如果汉语十分重视语法形式上的"形合"要求，那么羡余否定构式就都是不"合法"的，因此不可能出现，即使出现也会被当作语病被人抛弃。所以，包含羡余否定构式在内的意合构式既可以看作汉语意合性的因（即羡余否定构式的存在是判断汉语意合性的条件之一），也可以看作汉语意合性的果（即汉语意合性特点保证了羡余否定构式的产生和存在是合法的）。并且后者的可能性更大，因为羡余否定构式并非汉语意合性的唯一表现，而汉语意合性是制约羡余否定构式能否存在的前提，因此我们把意合性也当作羡余否定构式得以产生的客观原因之一。

1.2.5 新形式出现造成旧形式羡余

有一些羡余否定构式是因为新形式的出现而造成的。比如"非 x 不 y"在先秦时代已经存在，在当时是一个条件、结果均包含否定词的条件句式，"非"和"不"这两个否定词都有实在意思，并不存在羡余。

---

① 王力：《中国语法理论》（上册），中华书局 1954 年版，第 115 页。
② 吕叔湘：《语文常谈》，生活·读书·新知三联书店 1980 年版，第 61 页。
③ 刘玉杰：《汉语语法意合特点说略》，《学术交流》1993 年第 5 期。

但明代出现"非 x 才 y"之后，"非 x 不 y"中的"不"就显得多余了。因为这两个句式的意思基本相同，从替换的角度看，"非 x 不 y"的确比"非 x 才 y"多出一个否定词"不"。但实际上它们是两种关系不同的条件句，每一个关联词都是有作用的。只不过大家并不理会这些，只从"不"字是否可以省略来判断，从而把"非 x 不 y"看作羡余否定构式。所以"非 x 不 y"的羡余否定性是由于"非 x 才 y"的出现造成的。

2　形成机制

在羡余否定构式形成过程中也存在一些影响变化的基本规律，可以看作它们形成的共同机制，主要有以下几方面。

2.1　紧缩

有些羡余否定构式是由复杂形式一步步紧缩而成的，紧缩有两种，一种是句中停顿变短，另一种是结构上的省略。发生紧缩的原因是高频使用下语言经济原则的作用。

"小心别……"是由"小心，不要……"紧缩而来。具体的过程是：明代已有结合十分松散的"小心，不要……"，随着"不要"成为高频词，被合音缩略为"别"，清代出现了松散式的"小心，别……"，这可以看作紧缩的第一步；随着清代"小心，别……"的大量出现，"小心"与"别……"之间的停顿开始变短，最终消失，在现代汉语中出现了结合紧密的羡余否定式"小心别……"。所以"小心别……"的出现是一个不断紧缩的过程，可简单描写为：小心，不要……→小心，别……→小心别……

"非 x"的出现也是一个构式紧缩的过程。根据 3.1.1 节的考察，"非 x"并不是由独立句"x"加否定词"非"构成，而是条件句"非 x 不 y"和"非 x 才 y"省略的结果。省略后的"非 x"不仅突出了条件 x

的重要性和唯一性，在表达上也更简洁。另外"果不然"的产生过程也体现了紧缩机制的作用，因为如果不紧缩，已有的构式"果然""不出所料""果不出所料"等无论怎样搭配都不可能创造出"果不然"来。

2.2 杂糅

杂糅是一种特殊的成词、造句方式，指"将多个相关形式杂糅、拧合在一起，形成一个新的表达式"①。比如"措手不及"与"猝不及防"杂糅成"措不及防"，"非……不可"与"……才可"杂糅成"非……才可"，等等。杂糅不是紧缩，也不是一般的线性组合，一定要有两个或两个以上的源表达式互相渗透，杂合为一，就像沈家煊所说，"好比是将两根绳子各抽取一股重新拧成一根"②。

有一些羡余否定构式正是多个表达式杂糅的结果。例如"果不然"就是"果不出所料"与"果然"杂糅而成的。具体的过程为：宋代以前已有表示料定语气的"果""果然""不出……所料"；明代时期，"果"与"不出……所料"叠加组合为"果不出……所料"；明末清初，"果不出……所料"与"果然"再次叠加，叠加过程中发生紧缩和杂糅，最终创造出"果不然"来。

"防止……不……"的出现也体现了杂糅的作用。从表义上看，"防止……"和"不……"都表示不让某件事发生，因此在表达时很容易在人脑里同时出现，特别是要表示强调时，说话人就可能把这两种句式杂糅起来，表达成"防止……不……"。"后悔不该……"也是如此，是"后悔……"与"不该……"的杂糅。另外如"未……之前"是"未……之时"与"……之前"的杂糅，"忍住不……"是"忍住……"与"不……"的杂糅，等等。

产生构式杂糅的原因是：人的思维方式就是杂糅的，因为人脑中的概念和语词符号不是一一对应的，人们可以用同样的语言形式表达不同的意义，也可以用不同的语言形式表达相同的意义。所以在表达某个意义的时候，常常有多种不同的语言形式可供选择，有时多个语言形式在

---

① 车录彬：《汉语"糅合构式"初论》，《汉语学习》2010年第6期。
② 沈家煊：《"糅合"和"截搭"》，《世界汉语教学》2006年第4期。

人脑中同时出现，就被混在一起表达出来了，这就形成了杂糅，正如
Carl James（2001）所观察到的：说话的人或写作的人激活了两种意义
相关的结构，两者单用都能完成交际任务，但是未能作出明确选择，取
而代之的是将其混用，产生了一个兼具两者特征的结构。① 上面分析的
"果不出……所料"与"果然"的杂糅，"防止……"与"不……"的杂
糅，"未……之时"与"……之前"的杂糅，等等，都是在人类杂糅思
维的作用下发生的。

2.3　类推

类推即类比推衍，指对一种语言模型有规则的模仿，是一种常见而
重要的语言演变机制。类推机制在语音、词汇、语法各个层面都有表
现，比如类推造词，人们根据"文盲"类推出了"法盲""科盲""股
盲"等新词语；又如类推变形，学习英语的人可以根据 boy 的复数为
boys 这一规则，类推出 girl 的复数为 girls，等等。类推可以使有限的
语言事实和语言规则在无限的言语活动中得到创造性的发展。

一些羡余否定构式也是在类推的作用下创造出来的。例如"不一会
儿""没几天"是在"一会儿""几天"的基础上加上否定词直接变来
的，但这种变化并非凭空产生，而是受到了更早的一个羡余否定构式
"不须臾"的影响。先秦时期人们一般用"须臾"来表示时间短，在
《吕氏春秋》中出现了一个否定形式的"不须臾"，仍然表示时间短。二
者形式相反、意义相同，构成了一对羡余否定词。受到它们的影响，人
们才类推造出"不一会儿"和"没几天"来。

"差点儿没 VP"也是如此。在明末清初以前，"差点儿 VP"和
"差点儿没 VP"都不存在，二者最早的用例是在《醒世姻缘传》中一起
出现的。所以不能认为"差点儿没 VP"是在"差点儿 VP"的基础上
加否定词变来的。其实在此之前，已有其他一批表达相同意思的羡余否
定构式，如"几乎（不）VP""险（不）VP""争些儿（不）VP""差
些儿（没）VP"等都有一正一反两个表达形式，意思也基本相同，都

---

① Carl James, *Errors in Language Learning and Use*：*Exploring Error Analysis*，外语
教学与研究出版社 2001 年版，第 21 页。

表示"十分接近但尚未达到"。可以推定,"差点儿(没)VP"是在"差些儿(没)VP"等表达式基础上类推造出的。当然最早的模型"几乎不 VP"是"几乎 VP"和"不 VP"两个近义表达式杂糅的结果,其后的"险(不)VP""争些儿(不)VP""差些儿(没)VP""差点儿(没)VP"在不同时代一个接一个类推创造出来,并且逐个替换,直到现在"差点儿(没)VP"在口语中最为常见。当然还不能说这就是最终的情形,我们认为,按照这种类推规律,以后在"差点儿(没)VP"的基础上再类推出其他的羡余否定构式也是有可能的。

2.4 重新分析

重新分析发生在语言横向组合层面,指的是表层相同的结构,其内部构造因语用或其他原因被重新划分边界,从而从底层上改变了音位、词法、句法的结合方式。① 重新分析在衍生出新的语法词缀或结构时就会发生语法化,因此是语法化的主要机制之一。②

大部分羡余否定构式在形成过程中都发生了重新分析,因为重新分析可以使羡余否定构式中的否定词改变性质,从而解决否定词不表否定义的矛盾。例如"好不 A",最初只有表示否定义的"好不 A",其中"好"为程度副词,表示程度深,相当于"真"或"多么";"不"为否定副词,有实在的否定意义和功能。其内部结构为"好+不 A"。但从反问句发展出肯定义用法之后,"好不 A"的结构和性质都发生了变化,其中的"好"和"不"不再具有独立的意义及功能,而合成了一个双音节单位"好不",整体相当于一个程度副词,内部结构变成了"好不+A"。在这个过程中,否定词"不"被重新分析为一个没有意义的词内成分,从而引起构式结构和意义的变化。

"难免不 VP"在形成过程中也同样发生了重新分析。最早的"难免不 VP"都是"难免+不 VP"结构,其中的"难"表示不容易,"免"表示避免,"不"表示否定,由于在逻辑上"难"和"免"也相当于否

---

① 王寅、严辰松:《语法化的特征、动因和机制》,《解放军外国语学院学报》2005 年第4 期。

② Hopper, P. J. & E. C. Traugott, *Grammaticalization* ,CUP, 1993:32.

定词，根据双重否定表示肯定、单重否定表示否定的逻辑规则，"难免＋不 VP"在整体上表示否定义，意为"很可能不 VP"。但随着该结构频繁出现，"难免不 VP"中的 VP 成分经常变换，"难免不"却保持不变，且总是一起出现。人们逐渐产生这样一个印象："难免不"是一个整体，VP 是临时的后加成分。这样一来，"难免不"就变成了一个词汇单位，"难免＋不 VP"就被重新分析为"难免不＋VP"，意思也发生了变化，表示肯定义，即"不容易避免 VP"。在这个过程中，"不"的意义、功能和"难免不 VP"的内部结构都发生了重新分析："不"从一个有实在意思的否定副词，变成了否定义模糊的词内成分，"难免＋不 VP"也变成了"难免不＋VP"。不过人们在使用中并无觉察，表达和理解时也不需要进行上面那样复杂的分析，羡余否定构式"难免不 VP"就这样形成了。

此外，"差点儿没 VP""果不然""忍住不……""后悔不该……""非……"等，都经历了一个重新分析的过程。刘坚等认为：重新分析是一种认知行为，其作用是从认知的角度把词义虚化、功能变化的过程以结果（虚词产生）的形式表现出来并加以确认。换言之，所以要重新分析正是因为某个词汇单位的语法化已经使句子结构的语义关系产生了变化，重新分析标志着这个词汇单位语法化过程的完成。①

2.5　韵律制约

任何一个词语组合片段，都蕴含着句法、语义、韵律三个范畴的组合规则，三者之间相互影响。冯胜利曾指出：汉语的韵律对句法有强烈的限制作用，它可以破坏、征服、制约、"硬用"、改变和引进句法。②从构词角度说，一个韵律词至少有一个音步，即至少包含两个音节。标准的汉语韵律词为双音节词，单音节不构成韵律词，三音节可以构成"超韵律词"。中国人习惯使用双音节或四音节的词语。部分羡余否定构式在形成过程中也受到了韵律因素的制约。例如肯定义"好不 A"的产

① 刘坚、曹广顺、吴福祥：《论诱发汉语词语法化的若干因素》，《中国语文》1995 年第 3 期。

② 冯胜利：《汉语韵律句法学》，上海教育出版社 2000 年版，第 2 页。

生固然由反问用法发展而来，但能够得到承认和普遍使用，与它合乎汉语的韵律习惯不无关系。"好不A"中的A基本上都是双音词，恰好构成四字格，读起来朗朗上口，渲染有力。例如"好不热闹""好不威风""好不悲伤"……而如果A是单音节或三音节的，就不能用"好不A"了，只能用"好A"，例如一般说"好疼"，而不说"好不疼"；说"好难为情"，而不说"好不难为情"，等等，应该都与汉语的韵律习惯有关。

再比如"拒不VP"，唐代以前已经出现"拒VP"和"拒不VP"，不过VP为单音节时，一般用"拒VP"，如"拒答"；VP为双音节时，一般用"拒不VP"，如"拒不从命"。后来出现的"拒绝VP"和"拒绝不VP"同样有分工：当VP为双音节时，一般用"拒绝VP"，如"拒绝请托"；当VP为单音节时，一般用"拒绝不VP"，如"拒绝不纳"。到了今天，因为双音节词占优势，所以"拒绝VP"和"拒不VP"出现得就比较多，而"拒VP"和"拒绝不VP"比较少见。可见，韵律因素对"拒不VP"等构式的形成和分工有直接影响。

"果不然"与"果不其然"也包含了韵律因素的制约。明末清初"果不然"和"果不其然"几乎同时出现，不过根据杂糅的规律，"果不然"先由"果不出……所料"和"果然"杂糅而来。然而三音节的"果不然"并不合乎人们的表达习惯，于是人们在"果不然"的基础上再加上一个补充音节的"其"构成了四音节的"果不其然"。在后来的文献中，"果不其然"的用例明显多于"果不然"，不能不说与汉语的韵律习惯有关。

以上综合分析了羡余否定构式产生的动因与机制，应该说明的是，这些动因与机制并不是在每一个羡余否定构式中同时起作用，而是不同的原因和机制在不同构式的形成过程中具有程度不同的作用。比如在"果不然"的形成过程中，人类思维的灵活性和表达的多样性是主要原因，紧缩、杂糅、重新分析和韵律制约是主要的制约机制；而"好不"的形成过程中，含混表达策略是主要原因，重新分析和韵律制约是主要的制约机制，等等。

第七章 羡余否定构式的存在价值

存在即合理。黑格尔的这句名言在语言研究中同样适用。现代汉语中羡余否定构式与其对应的肯定式既然能够共同存在，就说明它们都有存在的理由。本节主要讨论羡余否定构式及其对应肯定式的异同及价值。

1 羡余否定构式与对应肯定形式的共时比较

1.1 共同点

羡余否定构式与其对应肯定式的相同点是显而易见的，即它们的词汇意义基本相同，在多数语境下能互相替换而不改变意义。沈家煊将其概括为：这是跟逻辑不一致的现象，是肯定和否定在一定的语言环境里对立的消失。[①] 因为二者的相同点很容易看到，相关的讨论也较多，本书第二至五章也逐一作了详细描述，故此处不作展开。

1.2 不同点

1.2.1 句法特点的区别

羡余否定构式与其对应肯定式之间最明显的不同点就是它多了一个可有可无的否定词，这个否定词可以是"不""没"或"别"。从标记论

---

① 沈家煊：《不对称和标记论》，江西教育出版社 1999 年版，第 115 页。

的视角来看，绝大多数羡余否定构式都比对应肯定式出现得更晚，形式上也更复杂，使用频率相对较低，所以是有标记构式，与其对应的肯定式则为无标记构式。

虽然各种不同的羡余否定构式都有自己与众不同的句法特征，但因为都包含一个否定词，所以也有一个共同的句法特点，那就是：羡余否定构式一般都只跟肯定形式的句法成分搭配，而不能跟否定形式的句法成分搭配。例如：

过了不一会儿	*没过不一会儿
差点儿没挂科	*差点儿没不及格
果不然是这样	*果不然不是那样
难免不产生坏的影响	*难免不产生不良影响
拒不见面	*拒不不见
好不心烦	*好不不安
小心别摔着	*小心别站不稳
不巧他出去了	*不巧他不在家①
……	

上述每一行的两个短语意思都相近，但左边的能说，右边的不能说。区别在于：左边都是羡余否定构式与肯定形式句法成分的搭配，右边都是羡余否定构式与否定形式句法成分的搭配。右列表达式不能成立的原因是：羡余否定构式本身已经包含一个否定词，而这个否定词是可有可无的，对构式意义有一定的干扰作用，如果再和一个否定形式的句法成分搭配，容易造成更大的干扰和混乱，即两个否定词到底哪个是羡余的，难以让人快速作出判断，即使分辨出来了，在还原逻辑语义的时候又要费一番脑筋。这有违人脑思维的省力原则（表现在语言上即经济原则），所以难以被人接受。

与羡余否定构式上述特点不同的是，肯定构式与其他成分搭配时没有类似的限制，即肯定构式与肯定形式、否定形式的句法成分都能搭

---

① 如果"不巧"与"他不在家"之间有停顿，则可以说，但连在一起的"不巧他不在家"可接受度较低。

配。例如把上面的羡余否定构式替换成对应的肯定式，就都可以说，而且意思也基本相同：

过了一会儿	没过一会儿
差点儿挂科	差点儿不及格
果然是这样	果然不是那样
难免产生坏的影响	难免产生不良影响
拒绝见面	拒绝不见
好心烦	好不安
小心摔着	小心站不稳
恰巧他出去了	恰巧他不在家

……

1.2.2 微观语义的区别

羡余否定构式与其对应的肯定式虽然在词汇意义上大致相同，但存在一些细微的差别，我们称之为微观语义的区别。每一组构式的微观语义区别都不完全一样，但还是有两个大致统一的特点。

第一，羡余否定构式的意义范围一般都比肯定式的小。例如，"一会儿"和"不一会儿"虽然都表示时间很短，但在人的主观感受上，"一会儿"的时间范围更广，可以从几秒钟到几个小时；而"不一会儿"的时间范围要窄得多，似乎不能指几个小时，特别是在强调时间不是很短的时候，只能用"一会儿"，不能用"不一会儿"，例如：

(1) 你急急忙忙打电话把人拎来。你倒没影儿了。人家也等了好一会儿了。（陈建功、赵大年《皇城根》）

这句话里"一会儿"的前面有一个表示程度的"好"字，强调那人等的时间不短，所以不能用"不一会儿"来替换。

另外"不巧"也比"X巧"的表义范围小，虽然二者都指"恰好遇上了某种时机"，但"不巧"只能表示"恰好遇上了不好的时机"，"X巧"却除了这一意义，还可以表示"恰好遇上了合适的时机"。有一个方法可以证明羡余否定式的表义范围一般比肯定式的小，那就是替换。我们发现，在现实语料中绝大部分的羡余否定式都可以替换为肯定式，但只有一部分的肯定式可以替换为羡余否定式。我们利用北大现代汉语语料库对"X巧"和"不巧"的替换关系进行了考察：在检索出的前100条含"恰巧"的例句中，只有22句可以替换为"不巧"，而前100条含"不巧"的例句却全部都能替换为"恰巧"。这表明羡余否定式"不巧"的意义范围和使用范围都比肯定式"X巧"小。

第二，不考虑语境因素的话，多数羡余否定式可能有歧义，但肯定式一般不存在歧义。因为单从形式上看，羡余否定构式与非羡余否定结构可以完全一样，在没有语境补充的情况下，这个形式就有两种理解。而肯定式即使没有语境也只有一种理解。例如："差点儿没VP"的意义有可能是"没VP"，也有可能是"VP了"："差点儿没摔一跤"属于前者，"差点儿没考上"就属于后者。又如"难免不VP"的意义有可能是"容易发生VP"，也有可能是"不容易发生VP"："难免不生气"属于前者，"难免不高兴"却属于后者。再如"好不A"既可能指"很A"，也可能指"很不A"："好不热闹"属于前者，"好不安分"却属于后者……但是与它们对应的肯定式却不存在歧义的问题，如"差点儿VP"只表示没有VP，"难免VP"只表示容易发生VP，"好A"只表示很A，等等。

虽然也有少数的羡余否定构式表义范围并不比肯定式的小，并且不存在歧义，如"小心别……""非x不y"等，不过总的来看，羡余否定构式与其对应肯定形式在微观语义上没有完全相同的情况，总会有多多少少的差别，这些差别表现在多个方面，以上只不过归纳了两个主要的相异点，更多、更细微的差别在本书第2至5章已作比较。

1.2.3 语用功能的区别

羡余否定构式与其对应肯定式的主要区别还是在语用上，总体来看表现在以下三个方面。

第一，二者的语用意义有较大不同。语用意义是相对于语言意义而言的，也叫言语意义，指词语或句法结构体在实际运用中所产生或形成的语用价值或信息，这种意义往往体现说话者的主观表达意向。[①] 一般

---

① 胡裕树：《汉语语法研究的回顾与展望》，《三明职业大学学报》1996年第1期。

来说，肯定式侧重于对事实的客观叙述，而羡余否定构式除了叙述事实，还带有说话人的主观态度与评价。也就是说，羡余否定构式比肯定式有更为丰富的语用意义。例如："X巧"与"不巧"，二者除了表义范围不同，在突出说话人的主观态度上也是不同的。比较下面这句话中的"正巧"与"不巧"：

> （2）谁要大小便只能眼巴巴地等待半路停车，一停车就在大家的帮助下跳车窗而下。但是，很难说列车不会正巧在这一刻突然开动，因此跳窗而下的学生总是把自己小小的行李包托付给挤在窗口的几位，说如果不巧突然开车了，请把行李包扔下来。（余秋雨《千年庭院》）

从语言意义上看，句中的"正巧"与"不巧"都表示学生跳车方便时恰好遇上列车开动这样不合适的时机。但在语用意义上，"正巧"只是对上述可能的客观叙述，不带有主观情感，"不巧"却表明了说话人对这种可能的主观评价——不希望碰上这种倒霉的事。

我们并不否认肯定式也可能带有说话人主观的语用意义，而是认为，相比之下羡余否定式的语用义更为强烈和突出。例如下面两句话中的"一会儿"和"不一会儿"：

> （3）我扬起脸怔了一会儿，抽了口烟："现在这国家是哪年成立的来着？"（王朔《一点正经没有》）
> （4）他厚着脸皮，跟大伙左赔情，右赔礼，好话说了上千万，怎么拦也拦不住。不一会儿人都走净了。（浩然《新媳妇》）

一般来说，"一会儿"和"不一会儿"都指时间短，表示主观量，但从主观性的强弱上看，后者要强于前者。根据语境可以推出：例（3）中的"一会儿"应该不会超过一分钟，例（4）中的"不一会儿"大约是几分钟。可见在逻辑意义上，"一会儿"所指的时间有可能比"不一会儿"还要短，但在语用意义上，例（3）只是对"我扬起脸怔在那里"时间的描述，说话人并不想强调这个时间有多短；但例（4）中的"不一会儿"并非一般描述，而是强调了当事人对大伙离开时间之短的主观感受和叙述者对这件事情的主观评价。所以羡余否定式"不一会儿"要比肯定式"一会儿"含有更为丰富的语用意义。此外，"差点儿没 VP"与"差点儿 VP"，"果然"与"果不然"，"小心别 VP"与"小心 VP"，"好不 A"与"好 A"等，都有语用意义上的差别。曹婧一把这种差别概括为：非羡余否定结构表示的是对事实的客观描述；而羡余否定结构表示的是说话人主观的态度和评价。① 说的虽然有些绝对，但也不无道理。

第二，二者的使用频率有明显差异。根据我们对北大现代汉语语料库的统计，羡余否定构式的使用频率一般都要大大低于与其对应的肯定式。如表 1。

表 1　北大现代汉语语料库中部分羡余否定构式与肯定式的出现频率统计表②

羡余否定构式的出现次数	肯定式的出现次数
不一会儿　（1034）	一会儿　（11572）
差点没……（179）	差点……（2222）
果不然 17，果不其然 117（合计 134）	果然　（7397）
难免不……（182）	难免……（3933）
拒不……1173，拒绝不……36（合计 1209）	拒绝……（14613）
不巧 410，不凑巧 85，偏不巧 7（合计 502）	恰巧 951，碰巧 661，正巧 496，刚巧 187，赶巧 50，可巧 98，凑巧 568，偏巧 106（合计 3117）

羡余否定构式的使用频率之所以一般都低于肯定式，主要是因为：二者表义基本相同，但羡余否定式的形式却比较复杂，多了一个可有可无的否定词，并且这个否定词有时候还会引发歧义，影响理解，所以既不符合语言的经济原则，也有悖清晰表义的交际需要，使用频率相对较低。

---

① 曹婧一：《羡余否定的语用认知分析》，硕士学位论文，首都师范大学，2007 年。
② 由于部分构式统计困难（如"非 x 不 y""怀疑……不……""防止……不……"等），或统计误差比较大（如"小心别……""好不 A"的肯定式"小心……""好 A"的统计结果包含太多无效例句）就没有作统计。表中肯定式的出现次数是排除相关羡余否定式之后的数据，例如"一会儿"共出现了 12606 次，排除出现在"不一会儿"中的 1034 次，故得出肯定式"一会儿"的出现次数为 11572。另需说明的是，因为检索出的结果太多，难以把无效用例一一排除，所以表中数据存在一定误差，不过这种误差有限，基本不影响结论。

　　有一个例外需要指出，"好不容易"的使用频率要高于"好容易"，前者在北大现代汉语语料库中出现了 1850 次，后者却只出现 799 次。我们认为这与二者表义上的特殊性有关，即一般的羡余否定式都表达肯定式的意思，但"好容易"与"好不容易"相反，肯定式"好容易"表达否定式"好不容易"的意思①。从形式与意义的关联上看，"好不容易"更为直接和准确，相反，"好容易"却显得表里不一，所以在一般的表达中人们习惯使用前者，只有在反问句或反语句中才倾向于使用后者。

　　第三，二者的语体风格不同。相比较而言，羡余否定构式的口语色彩更为鲜明，而与其对应的肯定式没有明显的倾向。所以前者多出现在非正式的口语表达或口语化较强的语境里，比如熟人之间的闲谈、相声小品中的对话、现代小说、通俗话剧等。与之对应的肯定式却没有这种限制，除了可以出现在上述表达及文本中，还可以出现在严肃正式的口语表达或书面化较强的文本里，如演讲、谈判、合同文书、法律文本等。为了验证，我们选取了几对构式放在不同类别的语料中进行检索，结果如表 2。

表 2　部分羡余否定构式与肯定式在不同类别文本中的出现频率统计②

构式 ＼ 语料	《中国传统相声大全》（1—3 卷）（106.3 万字）	《青年文摘》（2006 年合集）（101.9 万字）	《中华人民共和国法律大全》《应用文写作宝典》（共 103.1 万字）
差点（儿）没	22	5	0
差点（儿）	47	35	1
果不然、果不其然	10	6	0
果然	26	64	2
不一会儿	19	8	0
一会儿	165	121	1
难免不	4	1	0

---

　　① 石毓智把"好容易"表示"好不容易"的意思的现象称为"空缺否定"。见石毓智《肯定和否定的对称与不对称》，北京语言文化大学出版社 2001 年版，第 216 页。
　　② 由于部分构式统计困难或统计误差比较大，故只选择了 5 对构式进行统计。表中肯定式的出现次数是排除相关羡余否定式之后的数据。所选文本均为收集到的 txt 格式文件，下载自新浪网共享资料，网址：http://ishare.iask.sina.com.cn/。

续表

构式＼语料	《中国传统相声大全》（1—3卷）（106.3万字）	《青年文摘》（2006年合集）（101.9万字）	《中华人民共和国法律大全》《应用文写作宝典》（共103.1万字）
难免	13	14	1
拒不	3	5	70
拒绝	5	95	157

　　我们特意选取了三种不同语体风格的文本进行检索和对比：《中国传统相声大全》的口语化程度最强，《中华人民共和国法律大全》和《应用文写作宝典》的书面化程度最强，《青年文摘》介于两者之间。这三种文本的字数差不多，均为100万字左右，但各个构式的使用频率却有很大不同。这些数据在一定程度上符合我们的预测，但也有一些不太符合。大致符合的是：除开"拒不"，其他四个羡余否定构式的出现频率都随着文本口语化程度的降低而降低，特别是在书面化程度很高的法律文书中几乎没有出现。这说明羡余否定构式对语体很敏感，一般只出现在口语体中。不太符合预测的有两点：一点是"拒不"与其他羡余否定构式恰好相反，其出现频率随着文本口语化程度的降低反而升高。我们推想这大概与"拒不"的来源有关，它直接来源于早期文言，保留了浓厚的文言色彩，因此不容易用在口语化的文本中，相反在书面语体里更活跃。另一点是，肯定式虽然在不同语体的文本中都有用例，但出现频率并不像我们猜想的那样均衡，有的偏向于口语化文本，有的偏向于书面化文本，只不过这种偏向没有羡余否定构式那么严重而已。总的来看，羡余否定构式的口语色彩还是比较鲜明的，这与它突出的主观色彩正好呼应，两大特点一起塑造了羡余否定构式的整体面貌。

　　羡余否定构式与其对应肯定式的相同点保证了它们之间的相通性，不同点则决定了各自的独特个性和使用价值，正如矛盾的两个方面相辅相成、对立统一。

1.3　羡余否定词的性质

　　羡余否定构式中的"不""没""别"与一般的否定词不一样，主要有下列几个特点。

1.3.1　省略与否基本不影响整体意义

这是羡余否定词最明显的特点，也是与一般否定词最突出的区别。不论是在陈述句还是疑问句，也不论是单重否定还是双重否定，一般否定词都不能随意省略，否则会改变意义；而羡余否定词基本上都可以省略而不改变整体意义。这是判断羡余否定词最直接的办法。试比较下面例句中的否定词：

（5）大家说说笑笑，好不开心。

（6）老师的批评让他一天都好不开心。

（7）那件事在小王没来之前就发生了吗？

（8）那件事在小王没来的时候就发生了吗？

（9）下雪了，路上小心别摔着！

（10）下雪了，今天就别走了吧！

（11）昨天去你家，不凑巧你也不在。

（12）一整天没吃饭，差点儿没把我饿昏了。

很简单，例（5）（7）（9）中的"不""没""别"省去后不改变句子意思，所以是羡余否定词；而例（6）（8）（10）中的否定词不能省，如果省去句子的意思就正好相反，所以是一般否定词。例（11）（12）中有多个"不""没"，需区别对待，"不凑巧""差点儿没"中的"不""没"可以省，所以为羡余否定词，而"不在""没吃饭"中的"不""没"不能省，是一般否定词。

1.3.2　词汇意义较虚，侧重于表达语用意义

羡余否定词之所以能够省略，并不是因为它没有意义，而是因为它的词汇意义不像一般否定词那样实在，即不明确表示逻辑上的否定，而要表达特殊语境下的语用意义。每一个羡余否定词的语用意义都不完全一致，不过总体来看，主要是传达说话人的否定认识和态度。比如"差点儿没 VP"，其中的"差点儿"已经表示了否定义"没有达到"，再加一个"没"在词汇意义上就显得多余，但这个看似多余的成分却传递了说话人或当事人对 VP 事件的态度，即不企望它发生。这一特殊的语用

意义是"差点儿VP"所缺少的。再比如"不巧",本来表示恰好遇上某种时机,可以用肯定式的"X巧",但当说话人为了传达对所遇上时机的否定态度时,就倾向于加上否定词"不"说成"不巧",这个"不"字同样主要承担语用意义,而不在逻辑上否定"巧"字。其他羡余否定词也基本如此:"不一会儿"中的"不"主要表明说话人对时间短的主观感受;"难免不VP"中的"不"主要暗示说话人对VP事件的不情愿态度;"小心别VP"中的"别"主要强化说话人对听话人行为的提醒;"好不A"中的"不"保留了反问用法,突出了说话人对A的程度的强调;"防止……不……""忍住不……""拒绝不VP"等构式中的"不"传达了说话人对防止、忍住、拒绝等否定行为的认同。

1.3.3 不能单独出现,在句中一般要连读、轻读

羡余否定词永远只存在羡余否定构式当中,不能单独出现。而且在口语表达时,要与前后成分连着说,要说得轻、说得短,不能赋予它重音,其前后也不能有停顿。重音、时长、停顿是口语表达的重要因素,一般来说,承担句子主要意义的词语(特别是焦点词语)要读得重、读得长、有停顿,而其他不承担主要意义的附加成分要读得轻、读得短、无停顿。因为羡余否定词的词汇意义较虚,甚至在句中可有可无,所以轻读、短读、连读是很自然的事。如果不这样,则可能引起相反的理解。比如:

(13) 抽了三等奖,小王好不开心。

(14) 那天我差点儿没去成都。

例(13)中的"不"如果轻读、连读,则表示小王很开心,如果重读、前后停顿,则表示小王很不开心;例(14)中的"没"如果轻读、连读,则表示我没去成都,如果重读、前后停顿,则表示我去了成都。只有轻读、连读的时候"不""没"才是羡余否定词。

因此羡余否定词严格来说不算一个独立的词,称作羡余否定成分似乎更恰当。根据本书第2至5章的具体分析,羡余否定构式中的"不""没""别"基本上都从一般的否定词语法化而来,虽然它们在各个构式里的具体演变路径不完全一致,但演变的结果却很相近,即都变成了词

汇意义模糊、语用意义突出的主观标记成分。在这个演变过程中，有的是否定词加在"近似否定词"① 的后面起强调作用，后来它们凝固在一起，附加上去的否定词就退化、降格成了构式内的语用标记。例如"拒不……"中的"不"，最初（唐代以前）只是附加在近似否定词"拒"后面的一般否定词，有实在的否定义，起加强句子否定意义或说话人否定倾向的作用。后来"拒不"经常一起出现，凝固成了一个整体，相当于一个词，仍表示"拒绝"的意思。这时附加上去的否定词"不"就失去了独立地位和否定意义，变成了一个语用意义强于词汇意义的主观标记成分。变化途径与之相似的还有"忍住不……""抵赖没……""防止……不……"以及"差点儿没……"的前身"险不……""几乎不……"等羡余否定构式中的"不"或"没"。还有一些羡余否定成分是杂糅结构中残留的否定词演变而来，比如"果不然"原本是同义表达式"果不出……所料"和"果然"杂糅、紧缩的结果，其中的"果不出……所料"又来源于"果"与"不出……所料"的同义叠加，所以"果不然"里的"不"其实是"不出……所料"中"不"的残留与发展。还有一些羡余否定成分是人类思维多向性的体现，比如"怀疑……不……"，一件让人怀疑的事既可以理解为"不很相信……"，也可以理解为"认为……不……"，所以便有"怀疑……"和"怀疑……不……"两种表达；"不巧"也是如此，一个人恰巧碰上不合适的时机，既可以认为巧，也可以认为不巧。这些构式中的"不"实际上也是人的主观认识的体现。此外，还有一些羡余否定成分从反问句中的否定词演变而来，如"好不A"中的"不"；有一些从临时用法固定而来，如"不须臾"中的"不"；有一些从并列表达紧缩而来，如"小心别VP"中的"别"，等等。

总之，这些羡余否定成分都从一般的否定词演变而来，在演变过程中，否定词所出现的构式结构发生了重新分析，其意义和功能也发生了

① 石毓智认为：从"差点儿"的词义可以看出，它类似于一个否定词的作用（见石毓智《肯定和否定的对称与不对称》，北京语言文化大学出版社2001年版，第217页）。所以我们把"差点儿""几乎""险些""忍住""抵赖""防止""后悔""拒"等具有广义上的否定义、却不是真正否定词的词语称为"近似否定词"。这些词语的否定义不典型、不显豁，所以人们在表达中经常在它们的后面再附加一个否定词"不"或"没"，以凸显句子的否定含义或表达者的否定倾向。

重大变化。用语法化的尺度衡量，这一过程符合语法化的一般演变规律：在意义序列上，它从实变虚，从虚变得更虚，直到最后在逻辑上可有可无；在明确性等级上，它从明确否定到最后不再表示否定；在语言功能序列上，它从承担概念功能变为主要承担人际功能；在语言单位序列上，它从独立的句法成分变成了不独立的语用标记。① 所以羡余否定成分的形成实际上是一个语法化过程。

语法化过程常常伴随着主观化。进一步看，引发上述语法化过程的重要原因就是语言的主观性（subjectivity），即"说话人在说出一段话的同时表明自己对这段话的立场、态度和感情，从而在话语中留下自我的印记"②。如果这种含有说话人主观态度和情感的形式、结构逐渐衍生出可识别的语法成分，就形成了语言的主观化（subjectification）。③ 羡余否定成分的形成也体现了这一过程：大部分羡余否定构式在形成之初，都是说话人在已有构式的基础上再附加一个否定词，以传递某种主观态度和情感。这一形式在特殊语境下经过反复运用，最终凝固下来形成了一个主观表达成分。这一过程符合 Traugott 所说的"由命题功能变为言谈功能；由客观意义变为主观意义……由自由形式变为粘着形式"④ 的一般规律。可见，羡余否定成分的形成不仅是一个语法化的过程，同时也是一个主观化的过程。在语法化的维度上，一般否定词演变成了意义虚化的羡余否定成分；在主观化的维度上，临时附加、表达主观态度和情感的否定词演变成了固定附着、隐含表达主观态度和情感的语用标记。因此现代汉语羡余否定成分的性质可概括为：由一般否定词经过主观化和语法化发展而来的否定义模糊、语用

---

① 大多数学者认为语法化的过程是单向和有序的，在不同序列上都遵循一定的规律，比如 Hopper 和 Traugott 认为在意义序列上：实词 > 虚词 > 附着形式 > 屈折形式（词缀），在明确性等级上：明确/定指 > 不明确/定指 > 不明确/不定指；Traugott 认为在语言功能序列上：概念功能 > 语篇功能 > 人际功能；Givón 认为在语言单位序列上：章法成分 > 句法成分 > 词法成分 > 形态音位成分 > 零形式。参见王寅、严辰松《语法化的特征、动因和机制》，《解放军外国语学院学报》2005 年第 4 期。

② Lyons，J. *Semantics*. 2 vols. Cambridge：Cambridge University Press. 1977：739. 参见沈家煊《语言的"主观性"与"主观化"》，《语言教学与研究》2001 年第 4 期。

③ Traugott，E. C.，*Subjectification in Grammaticalization*. In Stein & Wright 1995，pp. 31 - 54. 参见王寅、严辰松《语法化的特征、动因和机制》，《解放军外国语学院学报》2005 年第 4 期。

④ 同上。

义突出的主观标记成分。

2 羡余否定构式的存在价值

2.1 承载了丰富的语用信息

语言传递的信息是有层次的，从三个平面的角度可以分为语法信息、语义信息和语用信息。① 语法信息指有关语言符号相互组合所反映出的语法规律，语义信息指语言符号所表示的意义内容，语用信息则是语言符号在使用时产生的信息，即"关于一个语言形式的使用者和使用这个形式的行为之间关系的信息"②。语用信息与语境密切相关，小到交际目的、交际时间和地点，大到交际活动所处的社会文化环境，都会不同程度地反映在语用信息里。这三种语言信息中，语法信息和语义信息相对有限和固定，都属于静态的信息；语用信息则内容丰富、复杂多变，属于动态的信息。语用信息的这种特性就如维特根斯坦指出的："不能在记号中表现出来的东西，在应用它时就显示出来。记号所隐藏的东西，则由它们的运用表示出来。"③ 一个语言符号所包含的语用信息常常会随着语境的改变而改变，而在相同的语境里使用不同的语言符号也会产生不同的语用信息。以此衡量羡余否定构式和其对应的肯定式，我们发现，二者包含的语法信息和语义信息相差不大，但前者往往比后者承载了更多的语用信息。这些语用信息主要表现为一种主观化的信息，或反映了说话人的认识，或反映了说话人的情感，或反映了说话人的视角。下面举例说明。

---

① 钟义信编写的《信息技术》（人民邮电出版社 1986 年版）一书从信息论的角度把广义的信息概念分为语法信息、语义信息和语用信息。我们也使用了这一套术语，不过讨论的角度和对象与之不同，我们是从三个平面的角度对语言符号所包含的信息（狭义信息）进行划分得出这三个概念的，所以概念的内涵也与钟的不一样。

② Green, G. M., *Some Interactions of Pragmatics and Grammar*, In L. R. H orn & G. Ward (eds) The Hand book of Pragmatics. Malden: Blackwell 2004, pp. 407 - 408.

③ ［英］维特根斯坦：《逻辑哲学论》，商务印书馆 1962 年版，第 34 页。

反映了说话人主观认识的，比如"不一会儿""没几个"等表示数量不足的"不/没＋数量短语"构式。它们的肯定式"一会儿""几个"等都表示不太多的时量或数量，可在句中作状语或定语。这些基本的语义、语法信息与羡余否定式"不一会儿""没几个"差不多，但羡余否定式在使用中还多了一层信息，即不管时间有多长、数量有多少，在说话人看来都很短、很少。"不一会儿"的例句前面已经举过很多了，比如本章的例（4）。这里举一个"没几个"的例子：

（15）言慧珠是我最佩服的三位女演员之一。论功底，论扮相，论嗓子，论梅派戏的地道味，没几个人能赶上她。（邓友梅《好您哪，宗江大哥》）

这句话讲言慧珠戏唱得好，很少人能赶上她。作者使用"没几个人"强调唱戏比她好的人极少（不管真实情况如何，至少作者主观上是这么认为的）。如果把"没几个"换成"几个"，句子就变成客观叙述了，表示有几个人唱戏赶得上她。这样一来，句子原有强调主观认识的语用信息就不复存在了。再如羡余否定式"不巧"，也反映了说话人的主观认识，即说话人认为"恰巧"遇上的时机是不合适的，这一语用信息是肯定式"恰巧"所不能表达的。

反映了说话人主观情感的例子也有很多。例如"小心别VP"和"小心VP"都表示提醒，但在表达说话人的情感上，前者显得更为委婉和善意。试比较"小心别摔着！"和"小心摔着！"前者的适用对象一般是老人、小孩、弱者或说话者非常关心的某个人，总之对这些人说话语气不能太硬；而后者可以在容易摔倒的场合对任何人说，甚至可以出现在警示牌上。后者的适用对象之所以更为广泛，是因为"小心VP"更侧重于客观表达，既可以表示善意的提醒，也可以表示严厉的劝诫，或者根本不表示什么感情，只是一种告知。而"小心别VP"只能是一种带有善意情感的主观表达，因此比"小心VP"包含了更为鲜明的语用信息。还有"差点儿没VP""后悔……不该……"等也是如此，通过一个看似羡余的"没"或"不"字，突出了说话人不希望（或不满意）消极事件发生的主观态度，这些语用信息是肯定式"差点儿VP"

"后悔……"等所缺少的。

反映说话人主观视角的有"非 x 不 y"和"怀疑……不……"。我们知道,"非 x 不 y"和"非 x 才 y"都表示 x 是 y 的关键条件,二者的语法、语义信息相似,但思维的视角不同:"非 x 不 y"是从反的方面表达,强调如果不怎么样会如何,而"非 x 才 y"是从正的方面表达,强调只有怎么样才会如何。"怀疑……不……"和"怀疑……"也是如此,二者都表示心存疑惑,但前者从"认为……不……"的角度表明看法,后者却从"不相信……"的角度表明态度,因此也显示了不同的语用信息。

可见,羡余否定构式普遍比对应肯定式拥有更多或不一样的语用信息,显示了它不可替代的存在价值。

2.2　丰富了人们的表达手段

语言符号与客观世界以及人类思维不是一一对应的。客观世界和人的思维具有无限性,而语言符号却是有限的,所以语言中常常存在一个语言符号对应多个意义的现象,同形词、多义词就属此。与之相反的是,由于人类思维的灵活性和不同表达需要的多样性,语言中也存在用多个语言符号对应同一个意义的现象,如同义词、同义句式就是这样。一般来说,越是重要的、经常用到的意义,其内部划分就越细致,与其相关的表达形式也就越丰富;而那些不重要、不经常使用的意义,相关表达式就相对贫乏。

"一义多形"(也可说"多形同义")的最大好处是能够为各种不同语境下的表达提供多个选择,以使表达更为准确和贴切。比如同是表达人死了,对于老人可以说"去世""逝世""与世长辞",对于年轻人可以说"夭折",对于亲属可以说"走了""老了",对于共产党员可以说"见马克思去了",对于战士可以说"光荣了""牺牲了",对于讨厌的人则可以说"完蛋了""伸腿了""见阎王了",对于死囚还可以说"吃花生米了"。此外还有一些文学化的表达,如说马克思的心脏停止了跳动,聂耳写下了他生命的休止符……① 这么多表达都是人们在语言实践中不

---

① 无名:《"死"的同义词》(《语文教学通讯》1985 年第 2 期)统计了汉语中表示"死"的词语有近 50 个。

断创新、积累的结果，如果不分场合一律用"死"来代替，那么每种表达所蕴含的感情色彩就荡然无存了。

羡余否定构式与其对应的肯定式在静态意义上基本相同，可以看作"一义多形"现象的一种。羡余否定构式的出现丰富了语言表达的手段，为人们在不同语境下选择恰当表达方式提供了更多选择。

一方面，可以利用羡余否定构式和肯定式之间的细微区别，使表达更准确。例如：

(16) 没几天我病倒了，烧了几天啥也不想吃，司务长端来一碗热气腾腾的玉米糊糊，我端起就吃。(《人民日报》1995 年 2 月 1 日)

这句话中"没几天"和"几天"虽然都表示一段时间，但表示的时间长度和说话人的主观情感都有不同。前面一个"没几天"强调时间短，在说话人的主观认识上，"我病倒"这件事发生得很快；而后面一个"几天"不表示时间短，在说话人的主观认识上，"发烧"这几天是很漫长的。可见，恰当使用羡余否定构式可以使表达更为准确，从而符合表达的需要。

另一方面，可以利用羡余否定构式与肯定式在形式上的差异避免重复表达。例如：

(17) 如果为了快节奏，就不要科学论证，这种决策难免不是主观主义的，难免是要失误的。(于迅《把握民主与集中的辩证法》)

这句话中的"难免不"和"难免"意义相同，也可以互换，作者不用同一个形式是为了避免重复表达。所以羡余否定式的存在，为丰富人们的表达手段提供了更多选择，这也是其价值的表现之一。

2.3 适应了特定的交际需要

语言的表达方式总是多种多样的，什么时候选择什么样的表达方式往往由交际目的和交际环境决定。羡余否定构式的存在不光丰富了人们的表达手段，让人在说话时多了一种选择，而且在特定的交际语境下，选择羡余否定构式还可能更加符合交际需要，实现更好的表达效果。这主要表现在两个方面。

一是能够适应交互主观化的表达需要，使说出的话更容易被理解和认同。先说交互主观性（intersubjectivity），这是 Traugott 在研究语法化时与主观性一起提出的概念，指的是说话人（作者）用明确的语言形式表达对听话人（读者）"自我"的关注，这种关注可以体现在认识意义上，即关注听话人（读者）对命题内容的态度，但更多体现在社会意义上，即关注听话人（读者）的"面子"或"形象需要"。① 这种倾向反映在人的言语行为里或外化在语言编码中就叫作交互主观化（inter-subjectivization）。这两个概念和前面谈到的主观性、主观化都反映了语言在使用和发展过程中存在人的主观动机的影响，不过主观性（化）主要是针对说话人而言的，即语言中存在说话人的自我印记，而交互主观性（化）更强调听话人的因素，即说话人不仅在语言里留下自我的印记，还往往隐含着听话人的印记。交互主观化表达之所以存在，主要是因为说话人的表达意图必须通过听话人的理解和认同才能实现，所以在说话时不能不考虑对方的心理。

一些羡余否定构式不仅是语言主观化的结果，也受到了交互主观化的影响，所以这些羡余否定构式在特定的语境下更能适应交互主观化的表达需要，起到好的表达效果。例如"小心别 VP"和"小心 VP"同样表示提醒，前者却更容易令人接受。为什么呢？前面分析过，在表达的语气上，"小心别 VP"要比"小心 VP"更加委婉和善意，因为前者体现了说话人更多的感情。其实这种感情不光是说话人一个人的，还受到了听话人的影响。具体来看，说话人为了使对方接受自己的提醒，必须注意提醒的方式。"小心 VP"虽然能表示提醒，但也可以表示警告（如"小心叫狼吃了"），所以语气要生硬一些；"小心别 VP"只能表示提醒，语气要缓和得多。之所以"小心别 VP"更容易被人接受，就是因为说话人在表达之初就注意到了听话人的心理，不仅体现了、也顺应

---

① Traugott, Elizabeth C., *From Subjectification to Intersubjectification*, Paper Presented at the Workshop on Historical Pragmatics, Fourteenth International Conference on Historical Linguistics, Vancouver, Canada, July 1999.

了交互主观化的表达需要。还有"难免不……"和"别不是……"，这两个羡余否定构式都表示对某件事情进行揣测。揣测其实是一种不太确定的判断，人们揣测某件事往往不希望被误解为肯定的断言，所以在使用"难免……""别是……"的基础上再增加一个否定词，可以增加表达的模糊性和不确定语气。所以"难免不……""别不是……"实际上也是一种包含了听话人心理的表达方式，在特定语境下更容易被使用和接受。

二是能够适应口语化表达的需要，使语言表达更随意、自然。上一章讨论羡余否定式构式与其肯定式的不同点时分析过，羡余否定构式在语体色彩方面，除了"拒不VP"和部分"好不A""非x不y"以外，绝大部分都带有鲜明的口语色彩，所以主要出现在口语化的表达中。肯定构式虽然也可以出现在口语化的表达中，但也常常出现在书面化的表达里，语体色彩不够鲜明。在日常口语中适当使用一些羡余否定构式，比如"不一会儿""差点儿没……""果不然""别不是……""不巧"等，可以使表达更加贴近生活，更加活泼、自然。从这一点看，也可以说羡余否定构式适应了口语化表达的需要，也是有其价值的。

通过对羡余否定构式特点和价值的分析，我们认为，羡余否定构式虽然看上去多了一个可有可无的羡余否定词，但这个羡余成分并非没有任何意义及作用，很多时候有它无它并不一样。羡余否定构式在句法表现、意义的细微之处以及语用层面都具有独特的个性，并非在任何情况下都能被肯定式替代，从这个角度看，羡余否定构式并非真的多余，特别是它承载了丰富的语用信息、丰富了人们的表达手段、适应了特定的交际需要，早已成为现代汉语表达系统不可缺少的一部分了，我们不应摒弃它，而要好好研究和运用它。这恰好印证了功能主义的观点：只要是语法形式就都表示一定的意义，相同语义的不同表现形式在共时系统里并存，必有其各自的功能价值。①

---

① 张伯江：《否定的强化》，《汉语学习》1996年第1期。

第八章　羡余否定构式的矛盾性与复杂性

羡余否定构式具有羡余性和不合语言常规的一面，这基本上成为人们的共识。然而这并非它的全部，羡余否定构式还有经常被人忽视的另一面，即经济性和规范性。集两类相反特征于一身，使羡余否定构式表现出一种令人难以理解的矛盾性和复杂性。本章就主要谈谈这两个方面是如何对立统一起来的。

1　羡余与经济

1.1　羡余否定构式的羡余性与经济性表现

1.1.1　羡余性

羡余性即语言形式相对于它所表示的意义是多余的。毫无疑问，羡余否定构式具有羡余性，它的名称当中就有"羡余"二字。之所以有这个名称，是因为这些构式都有一个十分明显的特点，即其中的否定词并没有明显的否定义，删除与否不会影响整体意义。称作"冗余否定""否定羡余"等，也都突出了它的这个特点。所以羡余是此类构式最明显的特点。

虽然我们通过考察知道，羡余否定构式并非在所有的情况下都能省去否定词，即使能够省去，语用意义也多少有所变化，所谓的羡余并不是绝对的。但我们还是应该承认，羡余否定成分的有无一般只影响细微的语用意义，对人们表达和理解粗略大意并没有多少影响。当人们不在乎那些隐隐约约、细枝末节的意思时，就会把那个否定词看成多余的。例如：

（1）在我没回来以前，你不要招惹他们，就是在咱门上骂三趟街，指着严志和的名字骂，你也不要吭声。（梁斌《红旗谱》）

这句话从说话人的角度看，主要是向听话人强调不要招惹黑暗势力的时间条件，使用"没……以前"和"……以前"的确有细微区别，前者的强调意味更重；但从听话人的角度看，只要理解这句话的主要意思就够了，一般不会感觉到（或者说不会在意）使用"没……以前"和"……以前"有什么不同，句子的强调意味完全可以从后半段"就是在咱门上骂三趟街……也不要吭声"得到理解。所以在实际的表达效果上，这句话用"没……以前"和"……以前"都一样，羡余否定成分"没"可以认为是羡余的。

只有在必须用羡余否定构式，或使用羡余否定式与肯定式有明显差异、影响意思表达的时候，羡余否定成分才不是多余的。但在人们的日常语言生活中，这种情形并不多见，在一般的情况下，人们只需要传递基本信息，羡余否定成分的有无并不是表达和理解的关键。正是出于这样一种生活经验，人们普遍认为羡余否定构式最明显的特征就是羡余性。

1.1.2 经济性

语言的经济性也被称作经济原则或省力原则，指的是人们"在所传送信息内容不受影响的情况下简缩文本，并因此减少了听说两者在编码解码时所花费的时间和精力，从而使语言交际变得快捷和流畅（be quick and easy）"① 的规律。一般看来，羡余否定构式是与经济性背道而驰的，因为它每一个具体的构式都存在羡余的否定词。所以几乎没有人去关注和讨论羡余否定构式的经济性问题。不过我们认为，它不仅有明显的羡余性，也在一定程度上表现出了经济性的特点，这种经济性主

---

① G. N. Leech, *Principles of Pragmatics*, London and New York: Longman, 1983.

要表现在以下两个方面。

第一，部分羡余否定构式是经济表达的结果。羡余否定构式在发展过程中，受到多种力量的推动或制约，其中经济原则就是十分重要的一种，其表现是尽量减少说话的音节数量、缩短音节之间的间隔，但不减损原有的意义。例如"果不然"的形成过程就充分体现了羡余否定构式经济性的一面：第一步，"果"与"不出……所料"叠加形成"果不出……所料"；第二步"果不出……所料"与"果然"再次叠加组合，构成"果不出……所料，果然"；第三步，"果不出……所料，果然"紧缩形成"果不然"。以上第一步和第二步都是不断增加音节的过程，虽然起到强化表达的效果，但过于啰唆，在经济原则的制约下，人们进行了第三步的紧缩，最终形成的"果不然"只有三个音节，但完全保留了原有复杂形式的意义和强化表达的效果。

再比如"小心别……"，最早出现的形式是"小心，不要……"，清代的时候"不要"发生合音，被缩略成了一个音节"别"，于是出现了"小心，别……"，这是经济原则的第一步推动。随着"小心，别……"的频繁使用，人们又把"小心"与"别……"之间的停顿去掉了，最终在现代汉语里发展为结合紧密的羡余否定构式"小心别……"，这可看作经济原则的第二步推动。总之，表达形式变得越来越简短，但最初的意义没有减少，体现了经济性的一面。另外还有"非 x 不 y"先发展为"非 x 不可"，最后连"不可"也省去变成"非 x"，同样体现了羡余否定构式在形成过程中的经济性特点。

第二，羡余否定构式中的"不""没""别"一般要轻读，符合省力原则。语言的经济原则除了表现为减少音节数量、缩短音节间隔，在口语中还经常表现为音节的弱化、轻化等。在 7.1.3 节中，我们分析了羡余否定成分的读音问题，发现几乎所有的羡余否定成分在口语表达中都要轻读、短读、连读，而不能重读、长读、增加停顿，否则构式意思就可能发生改变或听上去不自然。例如"果不然"，一般来说其中的"不"应该轻读，表示"果然那样"；如果读得很重，意思就完全变了，变成"果然不是那样"了。再如"了不得"，其中的"不"也要轻读，如果读重了，听上去就很别扭。

这里有一个疑问：为什么羡余否定成分既显得多余又要轻读呢？如

果这个成分不重要的话，就应该省去不说；而如果很重要的话，就应该重读。这两个特点集中在一起有些让人费解。难道羡余否定成分既重要又不重要吗？最初我们也觉得这个矛盾难以解释，不过弄清语言羡余与经济的对立统一规律之后，问题就迎刃而解了。所以需要先来说说这条规律：语言既是羡余的，也是经济的，语言是羡余性与经济性的矛盾统一体。

1.2　语言是羡余性与经济性的矛盾统一体

语言具有羡余性，主要表现是：在历时层面，词汇成员不断增多，词长也不断增加（复音化），新的语法现象不断扩充着语法规则；在共时层面，语言中存在大量的并列重复、语义叠加、异形同义等现象，言语中也有诸多空话、套话、啰唆的话等冗余的情形。这些羡余现象不仅在汉语中存在，在任何一种语言里都有不同程度的表现。可见羡余性是语言的本质特征之一。

语言也具有经济性，主要表现是：在历时层面，汉语语音系统从古至今在不断简化，声韵调的数目都不断减少，而词汇系统也在复音化的同时不断进行着另一个相反的过程——缩略；在共时层面，语言中普遍存在一词多义现象和言简义丰的成语、惯用语等熟语构式，言语中也有各种各样的省略现象、紧缩现象等，都反映了语言经济、高效的特点，这些现象和特点同样在各种语言里都存在，因此经济性也是语言的本质特征之一。

人们对语言这两种本质属性的认识是不同步的，前后经历了一个较长的时期。对语言经济性的发现要早于羡余性，19 世纪 70 年代，欧洲历史语言学派已经认为语言总是朝着方便、简化、节省力气的方向发展。其代表人物保罗（H. Paul）在《语言史原理》中写道："应该承认，简略是语言的基本属性，表达形式永远不可能等同于表达内容。因此，表达方法之间的区别仅仅是省略程度的不同。"① 此后越来越多的语言学家发现和论述了语言的经济性属性，比如法国语言学家帕西

---

① Paul, Hermann, *Principles of the History of Language*, Trans. H. A. Strong, London: Macmillan, 1889.

(P. Passy) 1890 年提出语言演变的"最少用力原则",索绪尔 1916 年提到"省力律",叶斯柏森 1922 年提出"省力说",等等。特别是美国语言学家齐夫(G. K. Zipf)在 1949 年出版的专著《人类行为与省力原则》中,用大量的统计数据和个案分析对"省力原则"(the prineiple of least effort)作了精辟的阐述;法国语言学家马丁内(A. Martinet)在 1955 年出版的《语音演变的经济原则》中也将经济原则作为语音演变的基本规律提出,认为这是语言"运转的基本原理"。这两位集大成者的集中论述使语言的经济性特点逐渐成为共识。

而人们对语言羡余性的认识要推迟到 20 世纪中期以后。1948 年申农从信息论的角度提出了羡余的概念,50 年代霍凯特将其应用于英语音位配列的分析当中。此后才有越来越多的语言学家发现和讨论语言中的羡余现象,比如汉语学界,吕叔湘、朱德熙 1952 年在《语法修辞讲话》中专门列举和讨论了写作、口语表达中容易出现的"重复"和"烦冗"语病,赵元任 1968 年把汉语中的一些羡余表达看作"形态与意义脱节现象"的一种进行了分析。80 年代以后,徐盛桓、钱冠连、孙汝建、韩陈其、戴昭铭、潘先军、杨明义等都对汉语各个层面上的羡余现象进行过论述。到现在,语言的羡余观也已经深入人心。

最初,人们对语言经济性与羡余性的认识是孤立的,但随着研究的深入,人们发现这两种属性并不是绝对对立、二者必居其一的,因为语言如果只有经济性,那么一方面古代的语言就应该是最复杂的,可难道语言一出现就是最复杂的吗? 显然不合事理;另一方面,将来的语言会变得越来越简单,可最简单的情况是一种语言里只有一个词、只发一个音,当然任何人都不会相信语言能简化到这个地步。同样,如果语言只有羡余性的话,按照上面思路推导出的结果同样让人难以接受。于是人们相信,语言既不可能经济到只有一个词,也不可能羡余到超出人脑处理的极限,它始终都必须处在这两个极端之间。而要想保证不走向极端,经济性和羡余性这两股力量就必须同时起作用。那么这两种相反的力量是如何做到既对立又统一的呢? 我们认为可从以下三个方面来说明。

1.2.1　共时交际中的两种需求

言语交际总是在听说双方(也包括作者、读者)之间进行的,不过这两方对语言传递信息的需求很不相同：对于说话人来说，总想用最少的词语、最简单的话把意思传递给对方，而对于听话人来说，总想获得更多的信息，所以希望说话人把话说得充分一些。显然这是一对矛盾，从经济与羡余的角度看，前者是推动语言经济的力量，后者是促使语言羡余的力量。在这两种力量的制约下，说话人一般会考虑到听话人理解难度而增加说话的词语和信息，但同时也不愿增加太多，因为还要照顾到自己省力的需求。所以经常出现的情形是，当语言经济到听话人不解其意的时候，说话人就要增加一些东西，当语言羡余到说话人不堪其繁的时候，他又会自觉地精简一些东西。美国语言学家、翻译家尤金·奈达（Eugene A. Nida）曾经从翻译过程中信息传达的角度对上述关系进行过讨论，他认为：传递信息的每个语言形式都可以用长度和难度两把尺子来衡量。讯源方要根据讯宿方的信道能力（包括背景知识、理解能力、教育程度、文化水准、思维习惯、思想感情等种种因素在内）来调整语言形式的长度和难度。对方信道能力强，就可以尽量减少羡余成分（缩短句子长度），增加词、句的意义负荷（提高词、句难度）；对方信道能力弱，则需增加羡余成分（增加句子长度），减轻词、句的负荷（降低词、句难度）。①

齐夫（Zipf, G. K.）较早对这一现象进行过论述，不过他将上述两种矛盾的需求都看成是经济的力量，分别称作"说话人经济原则"和"听话人经济原则"。他把这两种原则叫作一条言语流中的两股对立的力量："单一化力量"（the force of unification）和"多样化力量"（the force of diversification），并认为这两股力量是互相冲突、互相矛盾的，只有达成妥协、达成一种平衡，才能实现真正的省力。② 不难看出，齐夫的观点和我们的看法在本质上是一致的，只不过看待经济与羡余的角度不同而已。因为表达的经济往往意味着理解的羡余，而表达的羡余却意味着理解的经济，或者说，对于说话人是经济的事情，在听话人看来常常是不经济的，而对于听话人是经济的事情，在说话人看来却是羡余

---

① Eugene A. Nida & Charles R. Taber：《翻译理论与实践》，上海外语教育出版社 2004 年版，第 74 页。

② Zipf, G. K., *Human Behavior and the Principle of Least Effort: An Introduction to Human Ecology*, Cambridge, Mass: Addison - Wesley Press, INC, 1949: 21 - 23.

的。比如下面这几组对话：

(2) 甲：(伸手) 笔！

乙：什么笔？干嘛？

(3) 甲：(伸手) 笔借我用用。

乙：铅笔还是钢笔？我都有。

(4) 甲：(伸手) 把你铅笔借我用一下吧？

乙：好的。

(5) 甲：同学你好，请把你的铅笔借给我写几个字好吗？马上就还你。

乙：拿去用吧，别客气！

第 (2) 组对话中，甲只说了一个字，这对他本人来说是十分省力、经济的，可对于听话人来说，理解起来却很费劲，因为"笔！"这一句话有太多种意思了，可以表示向人借笔，也可以表示要对方归还自己的笔，还可以表示要听话人小心他的笔等，同时笔又有很多种，意义就更复杂了。这么多种意思对于听话人的理解来说一点儿也不经济。第 (3) 组对话中，甲用了五个字表明意图，显得相对经济，但乙还是有所不解，因为笔有很多种，不知道甲要借哪一种，在理解上仍有羡余性。第 (4) 组对话里，甲把借笔的意图和笔的种类都说明了，用了 10 个字，这对于他自己来说不够经济，因为有不少字在语境里是羡余的，比如"你""我""吧"等。但这对听话人的理解来说却很经济，所以乙没有疑问，直接就答应了。第 (5) 组对话里，甲使用了 24 个字，除了借铅笔必要的信息，还包括称呼、请求和许诺等，这对说话人具有很大的羡余性，但在向陌生人借东西的语境下并不显得羡余，因为一般来说，听话人只有接收到这些善意的附加信息，才更有可能把东西借给他。当然作为对陌生人请求的回应，乙的回答也相对羡余，除了表示同意借铅笔，还包含了乐于施助的态度。

由此可见，经济和羡余在听话人和说话人之间是对立的，一个人的经济往往意味着另一个人的羡余，反之亦然。在交际地位平等的情况下，一般不会出现一方过于羡余而另一方过于经济的情况，语言表达会自动达成一种平衡，这也说明经济和羡余在听话人和说话人之间又是统一的，因为只有这两种力量相互作用、共同制约，人们的言语交际才能保持平衡和顺畅。

1.2.2 历时演变中的两股力量

经济与羡余两股力量在语言历时演变过程中也在不断地相互作用，一起推动着语言向既不绝对经济也不绝对羡余的平衡方向发展。一般来说，当语言在某个方面变得经济的时候，相应地就会在另一个方面变得羡余，反之亦然。比如在汉语发展史上，词汇复音化是一个非常突出的特点：上古时期，汉语单音节词占绝对主导地位，只有少量的双音连绵词。但中古以后，大量的单音词通过添加同义并列成分、修饰成分、补充成分，甚至是没有意义的音节，变成了多音节词语。随着这一过程的发展，复音词的数量越来越多，在词汇系统中所占的比例也越来越高。[①] 显然这是一个不断羡余的过程，因为原来可以用一个音节表达的意思，现在要用多个音节来表达，加重了口头表达、笔头书写和大脑记忆的负担。然而，这并非汉语发展史的全部，在语音层面，汉语又经历了另一个完全相反的过程——简化。请看表1对各个时期汉语声、韵、调数量的统计。

表1　　　　　　　　　　**不同时期汉语语音系统变化**[②]

	上古 （汉代以前）	中古 （六朝—宋）	近代 （元—清）	现代 （"五四"—今）
声母数量	28	36 或 35	25	22
韵母数量	30 韵部/212 韵母	95 韵部/206 韵母	46 韵母	39 韵母
声调数量	4 （平声、上声、 长入、短入）	4 （平、上、去、入）	4 （阴、阳、上、去）	4 （阴、阳、上、去）

不难看出，上古、中古时期的汉语语音系统都很复杂（上古韵母数量最多，中古声母数量最多），到近代以后声、韵、调的数量都急剧下降[③]，

[①]《现代汉语词典》（第二版）共收词 56147 条，其中复音词就有 45607 条，所占比例高达 81%，早已代替单音词占据了主导地位。

[②] 关于汉语史的分期和各个时期声韵调的数量，学界有很多种看法，我们采取的是向熹先生在《简明汉语史》中认可的分期和数量。参见向熹《简明汉语史》，高等教育出版社 1998 年版，第 47—365 页。

[③] 声母和韵母数量减少自不必说，声调其实也有所减少，因为中古的 4 个声调都分阴阳，其实可以看成 8 个调，进入近代以后，入声在北方话里消失了，声调也简化了不少。

直到现代变得最为简单——这是一个不断经济的过程。

词汇复音化和语音系统简化,一个是逐渐羡余的过程,另一个是慢慢经济的过程,看似独立发生,实则有着密切的关联。因为在单音词时代,语言要实现复杂表义的需要只能不断增加单音词的个数或义项数。这样一来单音词的数量就越来越多。要想在声音上把这些单音词区别开来,就必须有精细、复杂的语音系统。所以在整个上古时期和中古早期,复杂的语音系统都是为满足庞大的单音词系统存在的。中古以后,特别是近代以来,仅靠增加新的单音词和义项已经不能满足语言发展的需要,因为人脑不可能承受无限增加的记忆负担,于是人们倾向于使用多个音节来表示一个词,复音词于是大量出现并逐渐代替某些单音词。[①]当越来越多的单音词被复音词代替之后,人们不再需要极其复杂的语音系统来区别词语了,于是语音系统自然就被简化,一些声、韵、调被合并或放弃,数量逐渐减少,最终发展为现在的格局。当然也可以反过来看,语音系统简化后,容易造成越来越多的同音词,这就迫使汉语词汇不能再依靠增加新的单音词来扩充词汇,而必须走复音化的道路。由此看来,汉语词汇复音化与语音系统简化并非毫无关系的两个反向发展过程,而是同一过程的两个方面,它们分别代表了羡余与经济两股力量,共同构成了汉语历史长河中的两条支流。[②]

其实词汇复音化的过程不光伴随着语音系统的简化,同时也存在词汇形式简化的现象,那就是缩略——"语言符号的能指和所指这两个方面在历时的发展中,所指(概念)不变,而能指(音响形象)发生了萎缩性变化,结果是词语的意义不变而长度缩短"[③]。这方面的例子很多,比如:

> (6) a:不用→甭 什么→啥 自家→咱
> b:蜥蜴→蜥 蘑菇→蘑 妩媚→媚

---

① 这里的意思并不是说复音化到中古以后才开始,而是指中古以后复音化开始迅猛发展。参见唐子恒《汉语词复音化问题概说》(《临沂师范学院学报》2005年第2期),汉语复音化过程早在甲骨文时代就开始了,但六朝以后才有较大发展。

② 关于词汇复音化和语音系统简化孰因孰果的问题,学界存在争议。不过在我们看来,无论哪个是因哪个是果,二者一繁一简的发展过程和相互推动、相互影响的关系是不可否认的。

③ 俞理明:《词语缩略中的任意性基础和约定作用》,《语文建设》1999年第6期。

卡路里→卡　　的士→的　　拷贝→拷

c：总参谋部→总参　　打击非法出版物→打非

d：清华大学→清华　　国营长虹电器厂→长虹

e：指挥员战斗员→指战员　　上水道下水道→上下水道

以上都是词的音节形式由长变短而意义不变的例子，分别代表了缩略的五种类型①，虽然举的是现代汉语的例子，实际上这种现象在整个汉语发展历史中都普遍存在。我们知道，复音化是词的音节形式由短变长的羡余化过程，而缩略恰好相反，是一个词的音节形式由长变短的经济化过程。在汉语词汇史上，它们已经并行了几千年。为什么人们要把词变长然后又将其变短呢？同样是羡余与经济两种力量合力的结果，可以这样理解：最初人们使用单音词来表达全部意义，但随着社会发展和人们认识的进步，越来越多的意义需要表达，当有限的单音词不能满足复杂的表义需要时，复音词便得到发展。复音词克服了单音词表义模糊的缺点，但同时也失去了单音词形式简单、表达方便的优点。当复音词的音节形式越来越复杂时，又给人的思维和表达带来沉重的负担，所以又需要简化，于是人们截取或改变复音词中的部分音节来代表整个词语，这样既保留了复音词表义精确的优点，又重新获得单音词简单方便的好处。② 可见，不论是复音化还是缩略都是为了满足人的需要，先羡余后经济并没有回到最初的起点，而是实现了否定之否定后的新飞跃。在这个大的过程中，羡余与经济既是一对矛盾，又得到了完美的统一。

语言历时演变中羡余与经济的对立统一还体现在词汇成员的"新陈代谢"上。我们知道，从古至今词汇数量基本是呈不断增加的态势的，因为每产生一个新事物、新思想，人们都要为其命名（比如马克思主义、电脑等），而且已有的事物和思想也会经常更换新的语言符号来指称（比如把"目"改称"眼睛"等）。与上述过程相反的是，从古至今也有大量的词汇消失了，因为有的事物或思想消失后人们便很少再提到

---

① 俞理明：《缩略形式的选取单位及其分析》[《西昌学院学报》（社会科学版）2005 年第 1 期] 将汉语词汇缩略概括为选取音素的缩略、选取非语素音节的缩略、选取非直接构成成分语素的缩略、选取直接构成词的缩略和共项缩略五种类型。

② 车录彬：《汉语词汇复音化的再思考》，《宁夏大学学报》（哲学社会科学版）2009 年第 6 期。

它（比如粮票、万寿无疆等），有的事物或思想人们使用新名称后旧名称就很少出现了（比如洋火、摩登等）。如果把词汇数量增加看成羡余的过程，那么词汇数量减少便是经济的过程，这两个相反的过程同样在汉语发展史上并行不悖，保证了汉语在任何一个时期都不会出现词汇爆炸或词汇短缺的情况，正如俞理明、谭代龙所说："一种语言的词汇系统在接纳新成分，或者说在新陈代谢的过程中，是有容量限制的，即在一个相对长的时期中，只能有相对数量的新成分进入其中，这样才能保持这个系统的有效运行。"[①]

类似的情况还有很多，比如新语法现象的增加与消失、句子长度的延伸与压缩等，都存在羡余与经济两种力量的相互作用。完全可以说，羡余性与经济性共同构成了语言发展演变的基本规律。

1.2.3 口语与书面语中的羡余与经济

一般认为，口语表达是比较经济的，因为依靠情景语境和体态语的补充，可以用简单的话传递丰富的信息；书面语则不能那么经济，因为缺少充足情景语境的补充，所以要把每句话都表述得很完整、很清楚才行。[②] 然而实际情况并没有这么绝对，口语中也常常存在大量重复、无效、羡余的成分，书面语也有准确、有效、经济的特点。例如下面两段话：

（7）我是大学。我郁文大学，经济系。哎，我中学是教会学校，中学。那个时候啊，我们小时候儿那个时候儿啊，学学学英文哪，那都是在在高小，就是外国人教，就跟现在似的，他这外国人，他不会，不会这个中文，他就他就是说，那个小时候儿他就自己就自然而然的就会了。（可可语料库，1982年"北京话调查资料"，说话人：童静娴）

（8）全国人民代表大会任期届满的两个月以前，全国人民代表大会常务委员会必须完成下届全国人民代表大会代表的选举。如果遇到不能进行选举的非常情况，由全国人民代表大会常务委员会以

---

① 俞理明、谭代龙：《共时材料中的历时分析》，《四川大学学报》（哲学社会科学版）2004年第5期。

② 参见杨俊萱《口语和书面语》，《语言教学与研究》1984年第1期。

全体组成人员的三分之二以上的多数通过，可以推迟选举，延长本届全国人民代表大会的任期。在非常情况结束后一年内，必须完成下届全国人民代表大会代表的选举。(《中华人民共和国宪法》)

例（7）是一位北京老人的口语实录，里面的确有很多具有经济性特点的语言，比如"我是大学。我郁文大学，经济系"。就省去了一些不必要的成分显得十分简练，完整的说法应该是"我是大学文化水平，读的是郁文大学经济系"。但这段话中也存在很多重复、啰唆的话，比如加了点的词都是不必要的羡余成分，完全可以删去。出现这种情况的原因其实也很简单，一方面，口语表达可以根据语境和体态语补充而省去不少话，显得经济；另一方面，口语表达又是边想边说，容易出现思路跟不上需要重复词语来连接，或思绪多变需要频繁更正的情况，所以也会显得啰唆、羡余。

例（8）选自我国宪法，读上去感觉很啰唆，因为"全国人民代表大会"这几个字出现的次数太多了，而且把非常情况下的多种可能介绍得十分具体，显得不够简明扼要。但仔细分析，我们又找不出多余的词，因为在法律上，"全国人民代表大会""全国人民代表大会常务委员会""全国人民代表大会代表"是三个性质不同的概念，不宜随意删去相同的字词或用代词去代替，否则就不严谨、准确了。从不可删改一字的角度看，这段话又无比的经济。

所以口语和书面语都既有经济性的特点也有羡余性的特点，都是经济与羡余的统一体，只不过表现的方式和程度有所差异罢了。

以上从三个方面分析了语言羡余性与经济性既对立又统一的关系，这种关系其实存在于所有语言的所有层面，是由人类生理、心理构造和语言自身因素决定的语言本质特征。如果我们把经济性和羡余性看成影响语言的两种对立力量，那么经济性就是一种通过挤压使语言变得简单的压力，羡余性则是一种通过拉伸使语言变得复杂的张力，压力和张力永远处于对抗之中，但没有一方可以完全获胜，语言就是在它们相互平衡的合力下存在和发展的。

讨论完语言羡余性与经济性的对立统一规律，再回头看8.1.1节末尾提到的问题——为什么羡余否定成分既显得多余又要轻读呢？答案已经不难得知，即这是羡余性张力和经济性压力综合作用的结果，是体现了语言羡余性与经济性对立统一规律的又一例证。

首先，根据 7.2 节的论述，羡余否定成分的存在是必要的，因为它承载了丰富的语用信息，满足了特定的表达需要，所以不能省去。其次，羡余否定成分在长期的主观化和语法化发展过程中，它所包含的语用信息已经内化到整个构式当中，自身的词汇意义和语法功能不再明显，在没有深入探究它的来源和语用意义的情况下，人们容易将其看成可有可无的成分。所以，一般来说人们是倾向于把它省去的，但有时人们又觉得不能省，否则意思就变了或者不能充分表达自己的意图。这样一来，经济的力量促使人们将其省去，以使表达更为简洁，而羡余的力量促使人们将其保留，以使表义更加充分。两种力量共同作用的结果是，人们没有把羡余否定词省去，但在语音上将其轻化、弱化，这样处理的好处是既满足了充分表义的需要，也满足了省力表达的需要，实现了两个矛盾意愿的和谐统一。所以羡余否定构式也是羡余与经济两种矛盾力量平衡的结果，体现了羡余性与经济性对立统一的语言规律。

2　规范与超规范

2.1　羡余否定构式的规范性与超规范性

2.1.1　超规范性

羡余否定构式首先是反常规的。我们知道，一般的否定词在逻辑上具有反义表达的作用，遵循单重否定等于否定、双重否定等于肯定的规律。但羡余否定构式中的否定成分主要表达某种语用义，逻辑意义却很虚，不具有反义表达的特点。所以羡余否定构式与其对应的肯定式在形式上相反，意义上却相同。这种表现在任何语言里都有悖常规，首先它影响到人们对否定词意义、功能一致性的看法，其次也破坏了语言形式与语言意义之间整齐对应的关系，所以人们一般都会把羡余否定构式看成超出规范的特殊现象。此外，羡余否定构式作为羡余现象的一种，也常常被看作违反了经济原则的异类。一方面羡余否定成分在表达和理解时显得多余，浪费了交际的时间和精力；另一方面羡余否定构式与其对应肯定式异形同义，增加了词库容量和人脑记忆的负担，从语言经济高效的需求上看，羡余否定构式也具有一定的超规范性。

2.1.2 规范性

虽然羡余否定构式具有超规范的特点，但并不受到"嫌弃"，相反在很多语言里都存在，它们在口语化的表达里频频出现却没有引起语言系统的混乱，经历千百年的发展也没有消失，一直都是语言系统不可缺少的组成部分。这样看来，羡余否定构式又应该是一种合乎规范的语言现象，因为如果真的不规范，早就被淘汰或被规范为另一种东西了。

可见作为一种特殊的语法现象，羡余否定构式既有超规范性的一面，也有规范性的一面，这构成了羡余否定构式的另一对矛盾。如何看待和处理这对矛盾呢？我们认为不应绝对化、简单化，而要从语法规范的全局去把握。

2.2 语法规范和指导语法规范化的主要原则

规范即人们约定俗成或明文规定的标准，语法规范就是语法的标准，现代汉语以典范的现代白话文著作为语法规范。[①] 用这套规范去衡量、处理各种语法现象，使人们对语法规则的理解与运用更加统一，这就是语法规范化。听上去语法规范工作似乎很简单，只要拿语法标准去衡量就行了，但实际做起来却很复杂。主要原因有两个，一是语法规范的目的早已不是"匡谬正俗"那样单一，而是要通过发现和介绍好的语法现象引导人们更好地使用语言，使规范成为一种服务，可要实现这一目的并不容易；二是人们对语法规范的标准没有明确、统一的认识。"以典范的现代白话文著作为语法规范"这句话没有错，但太笼统了，内涵和外延都不明晰：第一，白话和文言能否完全区别开来？什么样的著作可以算"白话文著作"？第二，"现代"到底指哪一段确定的时期？

---

① 冯春田等：《王力语言学词典》，山东教育出版社 1995 年版，第 654 页。

第三，什么样的著作算是"典范"的？第四，典范的现代白话文中的所有语法现象都算规范吗？如果是，如何解释其中夹杂的文言、方言成分；如果不是，哪些现象应该排除在外？第五，只有著作中的语法现象才是规范吗？著作中没有出现的语句以及常见的口语表达算不算规范？等等，这些都很难说得一清二楚。因此语法规范不像法律规范、行业标准那样具体、明确，也不像语音规范、词汇规范那样容易归纳①，它存在于每个人的大脑里，但没有人能准确、完整地把它描述出来。既然如此复杂，语法规范化是不是又无法进行了呢？那也不是，我们只能说绝对的规范化很难做到，大体的规范化还是可以开展的，因为语法规范也是一个原型范畴，边缘模糊但中心明确，人们完全能够把握那些最基本、最主要的语法规范，并在此基础上进行规范化工作。开展语法规范化工作还需要在一定原则指导下进行，这些原则主要有以下几条。

2.2.1　动态原则

所谓动态原则指语法规范不是静止、僵化的，而要随着语法事实的发展而发展。我们知道，语言既有稳定性，也有变化性，稳定性是相对的，变化性是绝对的，"动态是语言的本质"②。语法变化虽然相对较慢，但也无时无刻不在变——或者新的语法现象出现了，或者旧的语法现象消失、变异了。远的不说，就是新中国成立以来的几十年当中，汉语的语法也发生了不少变化，比如副词＋名词（"很阳光""一直的愿望"）、动宾词组＋宾语（"让利消费者""登陆上海"）、修饰语＋代词（"平凡的我""洋洋得意的他"）、比 N 还 N（"比土匪还土匪""比小人还小人"）等以前不见或少见的语法现象，现在都很常见了③。刚开始人们还觉得这些表达方式有些怪异，但随着用例的不断增加，人们也见怪不怪了。另外"文革"期间出现了很多带有时代特点的语法现象，比如将程度副词多次重叠表示程度深（"最最最崇高的敬意"）在当时盛

①　现在已经有了《现代汉语规范字典》、《现代汉语规范词典》却迟迟没有《现代汉语规范语法》。虽然我们相信"规范语法"的存在，但它是一个开放、运动的系统，太庞杂、太模糊了，几乎不能用十分具体的条条框框确定下来。我们推测《现代汉语规范语法》永远都不会出版，即使出版了也会充满争议，饱受攻击。

②　于根元：《动态：语言的本质——语言哲学对话选载》，《语文建设》1997 年第 8、9 期。

③　参见刁晏斌《现代汉语史》，福建人民出版社 2006 年版，第 351、430 页。

行，但"文革"过后这样的表达又销声匿迹了。

为什么语法事实发生变化语法规范也得改变呢？这是因为语法规范并非凭空产生，而是"从普通话言语实践中归纳出来的语法规则"①。当言语实践发生变化之后，从中归纳出来的语法规则自然也要改变，或增加新的语法规则，或修改、剔除旧的语法规则，总之不能僵化不前。否则用过了时的语法规范来衡量新的语法现象，就会削足适履、弄巧成拙。

用动态的语法规范来衡量新的语法现象，而不是简单地用旧规范来否定它，往往能够发现其合理性的一面。比如"很＋N"，较早出现"很阳光""很绅士""很古董"的时候，一些语法学者认为这是语病，因为现代汉语语法规定名词前面是不能加副词的。这是一种用旧规范为武器去否定、批评新现象的做法，既没有建设性，也没有真正做到匡谬正俗，因为这类现象不仅没有减少，反而越来越普遍了。于是语言学界又开始思考为什么这种新用法会出现、会被广泛使用。有人认为这是词类活用，有人认为是转喻，有人将其归入临界现象，还有人发现"阳光""绅士""古董""中国""哲学"等名词可以进入"很＋N"结构，但"桌子""去年""操场"等名词却不能进入，于是分析这些名词的区别，进一步发现了名词内部的层次差异。还有人从语用效果和语言外部因素去考察，也有新的发现。这样一来，人们对汉语名词的研究更深入了，对词类范畴的原型特征、词类划分标准、语法语义语用的关系等都有了新的认识，语法规范也随之得到补充和完善。② 可见，语法规范不是、也不应该一成不变，而总会随着语法现象的发展而发展。当然，也不能说任何语法现象的改变都会带来语法规范的改变，到底如何取舍，还要参考下面两大原则。

2.2.2 理性原则

理性原则也叫交际值原则、现实同一性原则，指的是对语法现象的解释、评价、预测要依据交际值或语用价值来进行，而不能简单根据语

---

① 李琦：《语法的规范化问题》，《现代语文》（语言研究版）2007 年第 9 期。
② 黄伯荣、廖序东主编的《现代汉语》（增订三版）已经吸收相关成果，接受了"很＋N"现象，将其补充进了名词语法特征的叙述中。见黄伯荣、廖序东《现代汉语》，高等教育出版社 2002 年版，第 12 页。

感、逻辑事理、辞书解释、语言学教材或论著中的说法、书籍报刊中的用法等去对应。① 以前出现许多规范评议失误的问题②，并非不该用理性原则，而是所依据的"理性"不是真正的理性，真正的理性应该是对语言现象所具备的交际价值的分析。如果某种不合常规的语言现象对实现交际目的有较高的价值，或者不能用别的表达来代替，那么它的交际值就高，这种用法就应该是合理、规范的；相反如果这种新现象对实现交际目的没有什么价值，或者说还不如已有的表达，那么它的出现就是不必要、不规范的。这种理性需要结合语义、语用去分析，不能拿现有的教条去套。举例来说，汉语里有"我/咱们""你们""他/她/它们"，却很少见"您们"和"谁们"，以前我们都认为后面两种说法是不存在的，如果出现就是不规范的。但偏偏就有人用，例如：

（1）申涛没有想到会是这样一种结果，他看着秀秀爹，又看着秀秀娘，"您们到底是同意不同意呢？"（礼平《小站的黄昏》）

（2）他既没在这里，那昨天又是谁们拿下的黄庄据点？一准是他们。（冯志《敌后武工队》）

这两句话中的"您们"和"谁们"到底是否规范，不能说词典没收就是不规范的，而要分析它们的交际值。例（1）中的"您们"一方面称呼了秀秀爹娘两个人，另一方面表达了申涛对他们的尊敬之情，而使用"你们"似乎难以突显第二层意思。例（2）中的"谁们"同样突显了两层意思，一层是表达疑问，另一层是表明自己知道拿下黄庄据点的不是一个人。如果使用"谁"就难以使说话人的第二层意思得到强调。所以这两句话中的"您们""谁们"虽然不合现有的语法规范，但增加了交际值，有积极的表达效果，所以也应看成是规范的。其实，正是因为这两个词能够满足特定场合下的表达需要，所以在现实语料中也屡有出现，在北大现代汉语语料库中，"您们"出现了 232 次，"谁们"出现

---

① 参见施春宏《语言规范化的基本原则及策略》，《汉语学报》2009 年第 2 期。

② 施春宏曾经专门讨论了规范评议失误现象，如"希望的田野""转变作风""欣赏晚会""慢慢地提来一桶水""我们是工人阶级的国家"等都曾经被认为是不规范的说法，但现在看来并没有什么问题。见施春宏《现代汉语规范评议失误研究》，《语言研究》1998 年第 1 期。

了 28 次，不承认它们的合法性似乎也和普通大众过不去。

再看几个不符合理性原则的"创新用法"。《语法修辞讲话》中批评了很多语病，有不少都是违背了理性原则的，如：

（3）我想应该是不必叙述，没有谁不会想象不出的。
（4）这几天来，图书馆门口呈现着空前的拥挤。

例（3）第二个分句用了三重否定，表示否定的意思"没有谁想象得出"，可根据第一个分句知道这里应该表示肯定义"谁都想象得出"。虽然多重否定有强调表达的作用，但在这里却用错了，起了干扰表达的作用，交际值为负；例（4）中的"呈现"用得多余，丝毫没有增强表达效果的作用，删去反而更好些，交际值也为负。所以这两句话都违反了理性原则，属于不规范现象，应当避免。

施春宏认为"交际值（即交际到位的程度）是衡量规范的唯一尺度"①，我们同意他的看法，并不认为是夸大之词。因为语言就是用来交际的，一切规范都应当为这个目的服务，语法规范不仅要肯定那些有利于交际到位的表达，而且要拒绝妨碍交际到位的表达，否则规范就失去了正确的方向，变成无本之木、无源之水，最终会被鲜活的语言事实踢到历史的垃圾桶去。

2.2.3 习性原则

习性原则也叫从众原则，指判断某种语法现象是否合乎规范，要"以约定俗成的程度为标准"②。即看它是否被人接受，是否被广泛运用。习性原则以语言任意性为理论基础，具有量化、客观、可行的特点。一般认为，一种语法现象不论是否合乎理性，只要被广泛使用就应该是规范的，相反就是不规范的。举得较多的例子就是"打扫卫生""恢复疲劳""凯旋归来""悬殊很大"等，这些说法都不合常理，因为"卫生"不是"打扫"的对象，"疲劳"不是"恢复"的结果，"凯旋"已经包含"归来"的意思，"悬殊"也包含"差距大"的意思，所以要么字面解释不通，要么有重复的毛病。但人们并没有因为这些表达不合

<hr/>

① 施春宏：《语言规范化的基本原则及策略》，《汉语学报》2009 年第 2 期。
② 邹韶华：《论语言规范的理性原则和习性原则》，《语言文字应用》2004 年第 1 期。

常理就不说，反而经常使用，所以应该承认它们是规范的。邹韶华十分重视语法规范过程中的习性原则，他认为：习性是第一性的，语言规范的根本原则是习性原则，语法规范的最终依据是习性原则。[①]

看起来习性原则和理性原则是完全相反的两种原则，前者重结果，后者重学理，前者主张对可能现象的推断和预测，后者主张对语言事实的追认。但我们认为二者并不对立，因为它们都不能解决语法规范的所有问题，理性原则证明不了的，习性原则可以补充，习性原则解释不清的，理性原则可以回答。施春宏曾说：很多表现为"习性"的现象其实都蕴含着某种更高层次的"理"。[②] 任何语言现象能够被高频使用都不是无缘无故的，其背后一定包含着某种道理，也许这种道理人们暂时说不清楚，但不能因此否认"理"的存在。比如上面列举的"打扫卫生"等，习性原则可以说明结果，即大家都接受了，应该是规范的。但对于为什么大家能够接受，习性原则本身回答不了。关于"打扫卫生"等现象，其实可从"糅合构式"的角度解释："打扫卫生"等习惯表达不是由下级单位线性组合出来的，而由多个表达式杂糅而成，它与"打扫房间""干净卫生"等常规表达的区别可用图 1 来表示。

$$
\begin{aligned}
\text{打扫房间} \ &= \ \text{打扫} + \text{房间} \\
&\quad \text{（动作行为} + \text{对象）} \qquad \text{（动宾式线性加合）} \\
\text{干净卫生} \ &= \ \text{干净} + \text{卫生} \\
&\quad \text{（事物状态} + \text{事物状态）} \qquad \text{（并列式线性加合）} \\
\text{打扫卫生} \ &\neq \ \text{打扫} + \text{卫生} \\
&= \begin{cases} \text{打扫……} \\ \text{使……卫生} \end{cases} \text{（不同结构杂糅、拧合）}
\end{aligned}
$$

图 1 "打扫卫生"与"打扫房间""干净卫生"在结构合成上的差异

像"打扫卫生"这样的糅合构式在汉语中并不少见，比如"恢复疲劳、凯旋归来、悬殊很大、报刊杂志、虽然这样、稍事休息一会儿、大约……左右、像……似的"等，都是由同义表达式或相关表达式杂糅产生的。因此这是一种较为普遍的语法现象。进一步探究又会发现，这其

---

① 参见邹韶华《语用频率效应研究》，商务印书馆 2001 年版，第 243 页。
② 施春宏：《语言规范化的基本原则及策略》，《汉语学报》2009 年第 2 期。

实与人类思维方式的杂糅性和语义突显的交际策略密切相关，并非不可解释的反常现象。① 经过如此考察，习性原则和理性原则就得到了统一，既承认了这些"不合常理"表达式的规范地位，又解释了它们规范的原因。

可见理性原则与习性原则并非完全对立，二者具有互补性，并且在本质上是统一的。所以我们不赞成把习性原则作为语法规范的根本原则，而主张把习性原则与理性原则结合起来，先尝试用理性原则去衡量，然后用习性原则去检验，两相符合当然最好，万一不符，应该在承认习性原则的前提下继续寻找合适的"理"，相信一定能找到。

2.3 合理对待羡余否定构式的规范性问题

羡余否定构式与其对应的肯定式一直并行存在，这些异形同义表达形式从规范的角度看究竟如何确定？至今没有确定的答案，因为没有所谓的"规范语法"，现有的语法书也没有告诉我们该如何处理这些现象。② 这里打算从上一节讨论的规范化原则出发，对羡余否定构式给出我们的看法。

2.3.1 羡余否定构式在本质上是规范的语法现象

从动态规范的角度看，判断羡余否定构式的规范性不能不详细考察它的交际值与使用度。

首先看交际值。在第 7 章我们讨论过羡余否定构式的存在价值，即它承载了丰富的语用信息，丰富了人们的表达手段，适应了特定的交际需要。具体来看，每一种羡余否定构式都有其特殊的、无可替代的语用价值，比如使用"不一会儿"比"一会儿"更能突显说话人对事件过程之短的主观感受，说"不巧"比"恰巧"更能表明说话人对所遇上时机的不满，说"没……之前"也比"……之前"更能反映说话人对事情发生时间的准确界定。还有，"非……不……"通过双重否定加强了说话的语气，"难免不……"利用不同性质否定词的叠加削弱了肯定语气，"小心别……"则依靠表达形式的延长使劝阻语气更加委婉，等等。这

---

① 车录彬：《汉语"糅合构式"初论》，《汉语学习》2010 年第 6 期。
② 孙德金：《语法规范、修辞张力与对外汉语教学》，《修辞学习》2009 年第 1 期。

些特殊的语用价值使羡余否定构式的出现成为必需，也使它们与各自对应的肯定式能够长期并存。因此，在实现交际目的、保证"交际到位"方面，羡余否定构式具有较高的交际值，符合衡量语法规范的理性原则，应当被看成规范的语法现象。

其次看使用度。虽然每一个具体的羡余否定构式在使用频率上各不相同，但总的来看都不算太低，特别是那些受到学界关注的，使用频率都比较高，比如"差点儿没 VP""好不 A""非 x 不 y""难免不 VP""没……之前"等，在北大现代汉语语料库中的出现次数都在 200 以上。只有"果不然""小心别……""忍住不……"等几个使用频率低一些，但也不算罕见，口语中使用较多。由于被广泛、频繁使用，很多羡余否定构式已被词典承认，作为词条单独列出或在相关的解释中提及，如《现代汉语词典》①将"好不"（第 543 页）、"了不得"（第 857 页）、"果不其然"（第 523页）、"不时"（第 116 页）作为独立词条列出，在"差点儿"的解释中提到"差点儿没"（第 145 页），在"除非"的解释中提到"除非……不……"（第202 页），在"非"的释义中将"非……不……"与"非……"作为两个义项列出（第 393 页）。在《现代汉语八百词》②中，更多羡余否定构式被讨论，作为词条或典型用法列出的有"好不"（第 259 页）、"了不得"（第 367 页）、"不时"（第 103 页）、"非……不……"（第 206 页）、"除非……不……"（第 125 页）、"难免不"（第 408 页）、"差点儿没"（第112 页）、"几乎不"（第 285 页），等等。吕叔湘、朱德熙在《语法修辞讲话》中对规范把握得很严格，批评了许多不规范的语言现象，但对"好不热闹""除非你去请他，他不肯来""在我没来北京以前"等看似不合逻辑的说法持肯定态度，两位先生把这些句子看作习惯语，并认为"习惯语是不容许逻辑分析的。……一句话，如果能引起说话的人所期望的反应，就可以说是完成了它的任务"。③ 所以，用语法规范的习性原则来衡量，大部分羡余否定构式也是规范的。

综上所述，羡余否定构式虽然看上去不合常规，但并没有造成语言系统的混乱，相反包含了更加丰富的语用信息，满足了特定的交际需

---

① 中国社会科学院语言研究所词典编辑室：《现代汉语词典》，商务印书馆 2005 年版。

② 吕叔湘：《现代汉语八百词》（增订本），商务印书馆 1999 年版。

③ 吕叔湘、朱德熙：《语法修辞讲话》，中国青年出版社 1979 年版，第 168—169 页。

要，具有不可替代的语用价值，已经成为现代汉语词汇系统不可缺少的一部分。超规范性只是羡余否定构式的表面属性，规范性才是内在的、本质的，这两种矛盾属性并不完全对立，在特定的交际语境下能够实现统一。

2.3.2 规范使用羡余否定构式

羡余否定构式在语法系统中的规范地位还需要通过规范使用去维护。作为一种特殊的语法现象，羡余否定构式在实际运用中很容易被错误理解或表达，要做到规范使用，应注意以下几个方面。

第一，注意每一个羡余否定构式的羡余条件，做到正确使用。我们知道，并非任意一个肯定式加上否定词都能变成羡余否定构式，也并非随便哪个羡余否定构式删去否定词都能得到同义的肯定式，其中都存在某些条件限制，如果不注意就可能用错。比如"果不然"只能在句首或句中单独作状语，不能像"果然"那样与"不出所料""如此"搭配，也不能单独成句，此外还不能用在否定句中，也不能表示假设事实与所说或所料相符。忽视这些限制就可能造出不规范的句子来，如下面的句子就错误地使用了"果不然"，应改为"果然"才对：

(5) 果不然不出我所料，是小王告的密。

(6) 我们全家人都往我身后看，我也急转头看身后，果不然！

(7) 后来按照主席说的方法，又读了两遍，收获果不然不一样。

(8) 果不然有这一天，那就不仅是他们的不幸，更是全民族的悲哀了。

第二，弄清羡余否定构式与其对应肯定式的细微差别，做到合理使用。前面几章已经谈过，每一个羡余否定构式与其对应肯定式之间都存在或多或少的区别，特别是在语用意义上不可能完全相同。在说话写文章的时候，要使表达精确就应注意到它们之间的细微差别，从而做出合理的选择。例如：

(9) 陈侠君道："让步！让到什么时候得了？大不了亡国，倒不如干脆跟日本拼个你死我活。……只有打！"说时拍着桌子……李太太笑道："瞧你这股傻劲儿！小心别打破我的茶杯。'打！'你肯上前线去打么？"（钱钟书《猫》）

这段话中的"小心别"也可以改为"小心"，大致意思不变，都表示提醒对方不要打破茶杯。但在提醒的语气上有所不同，使用"小心别"更为客气和委婉，使用"小心"则相对生硬，且有可能被理解为警告。根据小说中的人物身份和说话场景，李太太自然不希望自己的话被理解成警告，说"小心别"就可以缓和语气、避免误解。小说这里使用"小心别"足见作者用词十分准确。再看一例：

（10）一个美国人从外地乘飞机赶回家过圣诞节，碰巧这班飞机在空中遇险。（《北京日报》2001年11月9日）

我们知道"碰巧"和"不巧"都表示恰好遇上了某种时机，但使用范围不同，"不巧"只能表示遇上了不合适的时机，"碰巧"却没有这种限制。正因为如此，在表达说话人的情感态度上，用"不巧"要更为单一、明确。根据例（10）的语境可知，那个美国人乘坐飞机恰好遇上飞机发生险情，自然是遇上了不合适的时机，例句使用"碰巧"固然不错，但不如"不巧"准确，因为后者除了包含前者的意思，还能反映说话人对所述事件的态度。把例（10）中的"碰巧"改为"不巧"可使表达更显豁、准确。

第三，结合语境消除歧义，做到准确理解。有的表达在形式上与羡余否定构式相同，但意义相反，因为其中的否定词有实在的否定义。要做出准确理解就必须结合语境去分析。比如：

（11）这一场说来寻常到极点的纠纷，使梨花屯的人们好不开心。（何士光《乡场上》）

这句话中的"好不开心"到底表示"很开心"还是"很不开心"呢？例（11）给出的语境不足，难以做出判断。小说中紧接这句话的是

"再不管罗二娘怎样吵闹，大家笑着，心满意足，很快就散开了。"只有看到这里读者才知道，例（11）中的"好不开心"是一个羡余否定表达，表示"很开心"的意思。还有，"差点儿没VP"也可能出现歧义。虽然可从"概率""企望""事实""道德"四个方面进行判断，但这四个方面的信息都不是天然存在的，需要结合语境才能知晓，离开语境提示是难以作出准确判断的。

　　语言中现存的羡余否定构式都是在历史上逐渐形成的，得到了多数人的认同，我们在使用和理解的时候要尊重约定俗成的规范，不应滥用、误用，也不可根据个人意愿任意理解和随意创新，更不要轻易生造新的羡余否定构式，平添混乱。

第九章　面向留学生的羡余
否定构式教学

　　"语法本体研究，说到底要为应用服务。"① 本章主要讨论羡余否定构式研究在对外汉语教学中的应用，通过偏误分析和规律总结，帮助汉语学习者更准确、更有效地学习现代汉语里的羡余否定构式。

1　羡余否定构式是对外汉语语法教学的难点

　　关于对外汉语教学语法难点评定问题，邓守信做过专门研究，他认为，困难度高的语法点一般习得较慢、使用频率低、易化石化、常回避使用、病句出现频率高……这些特征在汉语学习者身上可直接观察到。他还提出了一套评定语法点困难度的原则，即结构越复杂、语义越复杂、跨语言差距越大、越不易类化、语用功能越强的语法点，困难度就越高。② 以此特征和原则来衡量羡余否定构式，很容易得出羡余否定构式是对外汉语语法教学难点的结论。因为羡余否定构式语义复杂，不容易类化，语用功能强，使用频率也不太高，对于把汉语作为第二语言的学习者来说，习得较慢，病句出现频率也很高，常常被回避使用。其实不仅对于留学生，就是对咱们以汉语为母语的中小学生来说，羡余否定

---

　　① 邵敬敏、罗晓英：《语法本体研究与对外汉语语法教学》，《暨南大学华文学院学报》2005 年第 3 期。

　　② 邓守信：《对外汉语语法点难易度的评定》，载国家汉办教学处编《对外汉语教学语法探索》，中国社会科学出版社 2003 年版，第 102—111 页。

构式也是学习的难点。

1.1 留学生习得羡余否定构式过程中的常见偏误

1.1.1 理解方面的偏误

2010 年笔者曾对留学生习得羡余否定构式情况做过一次简单的调查，调查对象为湖北师范学院国际学院三年级的 16 名留学生，他们的汉语水平相当于中级。调查方式为问卷调查，问卷如下。

下列每个句子都给出了两种理解，请选出你认为正确的理解项：

1. 不一会儿，他又回来了。

    A. 他很快又回来了   B. 他过了很久又回来了

2. 那天去找小李，不巧他出差了。

    A. 那天找到小李了   B. 那天没找到小李

3. 推开门一看，果不然小王在里面。

    A. 小王在里面   B. 小王没在里面

4. 李明上课不时东张西望，被老师批评了一顿。

    A. 李明上课老是东张西望   B. 李明上课没有东张西望

5. 钟表无时无刻不在转动。

    A. 钟表一直在转动   B. 钟表不在转动

6. 明天我非走不可。

    A. 明天我一定要走   B. 明天我不走

7. 除非受到邀请，玛丽一般不去别人的宿舍。

    A. 如果受到邀请，玛丽会去别人宿舍

    B. 即使受到邀请，玛丽也不会去别人宿舍

8. 汤姆经常踢球，难免不受点轻伤。

    A. 汤姆踢球很容易受伤   B. 汤姆踢球不容易受伤

9. 过年了，街上好不热闹。

    A. 街上很热闹   B. 街上不热闹

10. 受了批评，老赵心里好不高兴。

    A. 老赵心里高兴   B. 老赵心里不高兴

11. 地太滑了，雷蒙差点儿没摔一跤。

  A. 雷蒙摔了一跤　　B. 雷蒙没有摔跤

12. 这次考试太难，我差点儿没考及格。

  A. 我考及格了　　B. 我没考及格

13. 他没来中国以前，以为中国人都穿唐装。

  A. 他来过中国　　B. 他没来过中国

14. 下雪了，小心别冻着。

  A. 小心被冻着　　B. 小心没有冻着

15. 虽然受了委屈，苏珊还是忍住不哭。

  A. 苏珊哭了　　B. 苏珊没哭

16. 小张拒不回答老师的提问。

  A. 小张愿意回答老师的提问

  B. 小张不愿意回答老师的提问

17. 肚子有些不舒服，麦克开始后悔中午不该吃那么多。

  A. 麦克后悔中午吃多了　　B. 麦克后悔中午没吃多

  调查过程：第一步，事先以辅导课的形式把汉语中常见的羡余否定构式集中给学生讲解一遍（因为有一些构式学生还没学过）；第二步，一周之后将上面的问卷发下去，学生填好后当场收回；第三步，又过一周后，以听力考试的形式再次调查，即问卷上只有每句话的理解项，笔者将原句按照一般的朗读要求大声念两遍，学生根据听到的内容填写答卷。

  最后统计的数据如表1。

表1   留学生对羡余否定构式的理解情况统计

句子	书面调查			口头调查		
	选择A 理解项 的人数	选择B 理解项 的人数	正确率	选择A 理解项 的人数	选择B 理解项 的人数	正确率
1. 不一会儿，他又回来了。	16	0	100%	16	0	100%
2. 那天去找小李，不巧他出差了。	2	14	87.5%	1	15	93.8%
3. 推开门一看，果不然小王在里面。	10	6	62.5%	14	2	87.5%

句子	书面调查			口头调查		
	选择A理解项的人数	选择B理解项的人数	正确率	选择A理解项的人数	选择B理解项的人数	正确率
4. 李明上课不时东张西望，被老师批评了一顿。	6	10	37.5%	10	6	62.5%
5. 钟表无时无刻不在转动。	5	11	31.3%	6	10	37.5%
6. 明天我非走不可。	4	12	25%	8	8	50%
7. 除非受到邀请，玛丽一般不去别人的宿舍。	1	15	6.3%	5	11	31.3%
8. 汤姆经常踢球，难免不受点轻伤。	6	10	37.5%	11	5	68.8%
9. 过年了，街上好不热闹。	2	14	12.5%	12	4	75%
10. 受了批评，老赵心里好不高兴。	1	15	93.8%	0	16	100%
11. 地太滑了，雷蒙差点儿没摔一跤。	5	11	68.8%	6	10	62.5%
12. 这次考试太难，我差点儿没考及格。	2	14	12.5%	4	12	25%
13. 他没来中国以前，以为中国人都穿唐装。	1	15	6.3%	1	15	6.3%
14. 下雪了，小心别冻着。	6	10	37.5%	10	6	62.5%
15. 虽然受了委屈，苏珊还是忍住不哭。	0	16	100%	0	16	100%
16. 小张拒不回答老师的提问。	1	15	93.8%	0	16	100%
17. 肚子有些不舒服，麦克开始后悔中午不该吃那么多。	6	10	37.5%	11	5	68.8%

上述数据表明：

第一，留学生对羡余否定构式的正确理解率总体不高，只有少数几个达到100%，绝大多数都存在理解偏误的情况，特别是"非……不……""除非……不……""没……以前"的理解偏误较为严重，正确率很低。

第二，理解偏误可大致分为两类，一类是从字面直接理解羡余否定构式导致的偏误，另一类是把非羡余否定构式当作羡余否定构式来理解导致的偏误。前者如很多学生把例（4）（6）（7）（9）（13）（17）中的羡余否定构式（"不时、非……不可、除非……不……、好不……、没……之前、后悔不该……"等）都理解为一般的否定表达，错误认为整句话都表示否定义；后者如一些学生把例（5）（10）（12）中的"无时无刻、好不……、差点儿没……"当作羡余否定构式，从而对整句话作出了错误的理解。

第三，正确理解率较高的有"不一会儿""不巧""果不然""忍住不……""拒不……"几个，主要集中在凝固型和并列型两个类别中。看来这两类羡余否定构式的理解难度要相对低一些。我们推测这可能与凝固型构式容易记忆、并列型构式干扰因素少的特点有关。

第四，口头调查的结果要明显好于书面调查。这说明口语中的停顿、重音等因素对羡余否定构式的理解有积极作用。

1.1.2　表达方面的偏误

留学生学习羡余否定构式不只在理解上容易出错，表达中也存在诸多偏误。我们通过对留学生作文和相关论文提到例句的分析，把表达方面的偏误分为语法偏误、语义偏误、语用偏误三个类别来讨论。

第一，语法方面的偏误，即造出存在语法错误的病句。例如：

（1）请大家安静，不一会儿校长要到我们班来。
（2）玛丽生病了，我们劝她去医院，但她拒不去。
（3）汤里加了香菜，味道果不然不错。
（4）再这样下去，难免不产生不良后果。

例（1）的错误是将"不一会儿"用于表示将来的情况（校长要到我们班来），这显然不符合"不一会儿"的语法特点，应改为"一会儿"才对；例（2）错在"拒不"后面跟了单音节动词，可一般的规律是"拒不"后面只跟双音节动词，所以应将"拒不"改为"拒绝"才对；例（3）（4）的错误是违反了"羡余否定构式一般不与否定成分搭配"的规律，所以应该将"果不然""难免不"换为"果然""难免"或者将"不错""不良后果"改为"很好""坏的后果"。这些句子忽略了各个羡余否定构式在语法上的要求，所以都是病句。

第二，语义表达上的偏误。即因对构式语义的误解，造出了意义牵强、前后矛盾，让人莫名其妙的句子。如：

(5) 班长做事好不负责，大家都很佩服他。
(6) 我正要把作业本送到张老师办公室去，不巧老师就来了。
(7) 除非大家都不去，我不会去。
(8) 同学们不时走进教室。

例 (5) 前后矛盾——班长做事不负责任，大家却佩服他，显然是误解了"好不负责"的意思，以为所有的"好不 A"都表示肯定义。然而实际情况却是"好不负责"表示否定义"很不负责"。所以应该把"好不负责"改为"好负责"。例 (6) 中"不巧"用的不对，因为"不巧"只表示恰好遇上了不合适的时机。可根据整句话的意思，准备去送作业本时恰好遇上老师应该是遇上了合适的时机，必须用"恰巧"才对。例 (7) 也是前后矛盾，主要原因还是对"除非……不……"的意思理解得有误，正确的说法应该是"除非大家都去，我不会去"，意思是"大家都去我才会去，否则我就不去"。例 (8) 错在把"不时"的意思理解为"不断"了，而这两个词有明显的区别，前者表示动作多次重复，每次动作之间有间断，而后者表示动作持续进行，不存在间断。

第三，语用方面的偏误，即忽略了构式的语用意义，造出了不贴切、不合适的句子。例如：

(9) 我昨晚努力学习，今天的考试差一点没及格。①
(10) 小心别下雨。
(11) 我请他明天非来做客不可。②
(12) 我们等了不一会儿他才来。

例 (9) 听起来很别扭的原因是忽略了"差一点没 VP"构式对 VP

_____

① 本例句来自渡边丽玲《"差一点"句的逻辑关系和语义结构》，《语言教学与研究》1994 年第 3 期。
② 本例句来自黄永健《"非……不……"句式初探》，《深圳大学学报》1995 年第 3 期。

成分"非寻常性"的要求。[①] 即"努力学习"和"及格"是一对寻常的因果关系，不应进入"差一点没"句。修改的方法很简单，只需要把"努力学习"改为"没看书"就可以了，这样一来"没看书"和"及格"构成了"非寻常性"的关系，用在"差一点没"句中就没问题了。例（10）的问题是"小心别 VP"中的 VP 成分应该是可控的行为（见5.1.2节），而"下雨"是人所不能控制的，所以搭配起来就让人纳闷。例（11）的句子本来没有错，但既然是请别人做客，就不应该是一种强迫的口气。这句话不合适的原因就是，不懂得"非……不可"构式的强调重心在"非"的后面，"非来做客不可"指"必须来做客"，表达的是一种强迫口气，当然不够礼貌，也不合适。修改的方法是把"非"放到"请"的前面，把强调重心移到"请"上，句子变为"我非请他明天来做客不可。"那就不是强迫客人，而是表达自己的决心了，这样就没问题了。例（12）听起来也很别扭，原因是"不一会儿"表示主观上感觉时间短，而副词"才"表示主观上感觉时间长，二者显然矛盾，不知道是说话人嫌等他的时间长，还是觉得等他的时间短。要克服这种表达上的矛盾，只需把"不一会儿"改成"一会儿"或者把"他才来"改为"他就来了"即可，前一种改法表示说话人嫌等的时间长，后一种改法表示觉得等的时间很短。

1.2　造成偏误的主要原因

1.2.1　规则复杂，难以掌握

羡余否定构式比较特殊，在语法、语义、语用方面与对应肯定式和一般的否定结构都有差异。其使用规则也比较复杂，但没有得到很好归纳，教材和工具书都没有全面、深入解释，有一些构式甚至根本查不到解释。这对学习者来说是一个难以克服的困难，因此习得较慢，偏误率也较高。

举例来说，"差点儿没 VP"是研究得比较充分的一个，但常见的辞书并没有把它的本质特点揭示出来。影响最大的是"企望说"，《现代汉

---

① 　渡边丽玲：《"差一点"句的逻辑关系和语义结构》，《语言教学与研究》1994 年第 3 期。

语词典》在"差点儿"的解释中指出:"如果是说话的人不希望实现的事情,说'差点儿没'指事情接近实现而没有实现。如果是说话的人希望实现的事情,'差点儿没'是庆幸它终于勉强实现了。"① 但"企望说"并没有概括全部规律,很容易举出反例来,如"我高兴得差点儿没跳起来"和"我气得差点儿没跳起来"一个是说话人希望实现的,另一个是说话人不希望实现的,但都表示说话人事实上没有跳起来。此外,根据"企望说"还可能造出本章例(9)"我昨晚努力学习,今天的考试差一点没及格"这样的病句来。可见"对于缺乏汉语语感又容易较真的第二语言学习者来说,从企望与否出发,理解、判断、运用这类结构还是存在着障碍"。② 我们认为"异态说"更能揭示"差点儿没 VP"的内在规律,对学习者掌握该构式的意义和用法也更有帮助。所谓"异态说"指:当 VP 成分相对于所在语境是非常态结果时,"差点儿没 VP"表示否定义,即 VP 没有实现;而当"非 VP"相对于所在语境是常态结果时,"差点儿没 VP"表示肯定义。另外,在逻辑关系上,"差点儿没 VP"句一定要表达某种"非寻常性",否则句子的可接受度就比较低。这种看法比"企望说"更有概括力,上述用"企望说"无法解释的三个例句用"异态说"都可得到很好的解释:"我高兴得差点儿没跳起来"和"我气得差点儿没跳起来",其中的 VP 成分"跳起来"相对于所在语境"高兴"和"生气"来说,都是异态结果(一般高兴和生气的时候都不会真的跳起来,"没跳起来"是常态,"跳起来"是异态),所以这两句话都指说话人事实上没有跳起来。另外一句"我昨晚努力学习,今天的考试差一点没及格"。在意思上是没有错误的——我昨晚努力学习,今天的考试及格了。但在语用上无法被接受,这是因为"努力学习"与"及格"之间是正常的逻辑关系,整个句子没有表达"非寻常性",所以可接受度低,是不合适的句子。

可见每一个羡余否定构式都有非常复杂而具体的语法、语义、语用规则,有很多语义、语用规则都隐含在语境里难以发现,如果不能对这些规则有一个整体把握,特别是不能把握其本质规律的话,使用时就很

① 中国社会科学院语言研究所词典编辑室:《现代汉语词典》,商务印书馆 2005 年版,第 145 页。
② 郭彦:《"差一点儿"句式研究》,硕士学位论文,东北师范大学,2008 年。

容易出错。

1.2.2　脱离语境，孤立理解

羡余否定构式与形式相同的一般否定结构往往不容易区分，有些留学生把羡余否定构式当作一般否定结构，直接从字面去理解意思，有的则把一般否定结构误当成羡余否定结构来理解，结果都出现了理解上的偏误。这种偏误主要是不注重语境提示，仅从字面或依靠死记硬背的语言知识去理解句子造成的。例如在前面提到的书面问卷调查中，有62.5％的学生把"李明上课不时东张西望"理解成了"李明上课没有东张西望"。显然这些学生是从字面去理解"不时"的意思的，认为包含了一个否定词，就应该表达否定的意思。可如果具有语境意识，结合后半句"被老师批评了一顿"来理解的话，就应该知道：小明被老师批评是因为上课东张西望了。以此作为判断依据，即使不知道"不时"的意思，也应该猜出这句话的正确理解是"李明上课老是东张西望"。还有"汤姆经常踢球，难免不受点轻伤"。如果注意到前半句提到的"经常踢球"，就应该知道这句话表示"汤姆踢球很容易受伤"。还有"下雪了，小心别冻着"。如果学生知道这是一句表示提醒他人的话，就应该通过常识推断出"小心别冻着"是"小心被冻着"的意思，而非指"小心没有冻着"。

语境在理解含有歧义形式的句子时更为关键。比如"好不 A"和"差点儿没 VP"都有肯定和否定两种意思，到底表示哪种意思需要通过语境去判断。如果脱离语境就只能"瞎蒙"，这样的话错误就无法避免。如"过年了，街上好不热闹。""受了批评，老赵心里好不高兴。"两句话中都含有"好不"，但前一句表示肯定义，后一句表示否定义。除了能够通过"好不"后面形容词的特点去判断，每句话的语境也能对作出正确判断提供帮助。由前一句里的"过年了"可知"街上好不热闹"是"街上很热闹"的意思，因为过年的时候街上总是很热闹。而后一句话里有"受了批评"几个字，这对于判断"好不高兴"有重要作用，人挨了批评一般会不高兴，所以这句话应该指"老赵心里很不高兴"。

口语表达方式也可以看作一种语境，即有声语言中的停顿、重音、音长等要素对于准确理解说话的意思也有积极作用。在含有否定词的句子里，如果否定词被慢读、重读、长读，那么它一般表示实在的否定义；如果这个否定词被快读、轻读、短读，那么它一般不表示实在的否定义，它所在的词语就可能是个羡余否定构式。前者如"受了批评，老赵心里好不高兴"中的"不"，在口语中要读得慢、重、长；后者如"过年了，街上好不热闹"中的"不"，在口语中要读得快、轻、短。这种口语表达上的处理对语言理解有帮助，表 1 中口语调查结果比书面调查结果好就是一个证明。对于听话人而言，如果不会利用这些有声信息，就难以避免出现理解上的偏误。

1.2.3 缺少练习，回避使用

任何语言知识的理解、语言能力的掌握都需要一个过程，在这个过程中练习是非常重要的一个环节。拉多（Lado，R.）把语言习得看成习惯形成的过程，认为每个习惯的形成都要靠反复训练，就像学习开车一样。[1] 留学生对羡余否定构式的习得同样离不开大量练习，前面谈到的各种偏误也与缺少练习有重要关系。在进行前述偏误调查时，我们了解到有些羡余否定构式学生还没学过，所以集中作了一次讲解，之后布置了一些练习。一周后进行测试，结果不尽如人意。事后询问学生出错的原因，他们都说这么多知识点集中在两节课里讲解，课堂没有练习，课后的练习也很有限，难以在短时间内消化全部内容，所以掌握得不好。我们也认为这是非常重要的一个原因。通过进一步调查我们还了解到，以前学过的几个羡余否定构式偏误率要低一些，比如"不一会儿""不巧"等；另外平时作业做得比较多的学生，测试的成绩也要相对好一些。这从反面说明缺少充足的练习是导致偏误的重要原因。

人在学习语言的过程中，常常采取一种"回避策略"，即尽量回避使用那些没有确切把握的词汇或句式，而用其他的表达去代替，原因是害怕出错。可这种常用的"策略"会使学习者减少练习的机会，从而使那些词汇或句式变得更加难以掌握。留学生在学习羡余否定构式的时候也存在"回避"现象，即当学习者发现羡余否定构式很迷惑人、容易出错的时候，就会产生畏惧、逃避的心理。平时说话、写东西的时候，能不用羡余否定构式就尽量不用。结果缺少主动练习，导致习得变得更加困难，在被要求不得不使用的时候偏误就在所难免。

---

[1] Lado, R., *Language Teaching: A Scientific Approach*, New York: McGraw-Hill Press, 1964.

2　对外汉语教学中羡余否定构式的教学原则与方法

2.1　教学原则

2.1.1　精讲多练

"精讲多练"是正确处理语言教学过程中讲授与练习之间关系的原则，指的是在语言教学过程中，老师的讲解要抓住所讲问题的关键，用较少的时间把问题讲清楚，而把更多的时间留给学生练习，使所讲解的语言知识能更加高效地转化为学生的语言能力。必须"精讲"，是因为语言学习的目的主要不是让学生记住语言知识，而是具备实际运用该语言的能力。所以对语言知识的讲解要少而精；必须"多练"，是因为只有通过足够的训练和实践，才能真正掌握某个语言点，因此练习要多而巧。

对于羡余否定构式的教学来说，讲课人首先要对所讲构式的句法、语义、语用特征有一个完整的认识，其次要抓住这些特征中的关键要素，并将其凝练为短短的几句话或一个公式。只有做到这些才有可能实现精讲。在练的方面，讲课人要根据学习者的特点，设计一套练习方案，在练习中做到时间充分、方式多样、人人参与、及时反馈，使练习成为增强学生语言能力、检验学习效果的重要手段。比如教授"差点儿没 VP"，首先要把该构式的语法、语义、语用特征提炼出来：语法上，"差点儿没"后面一般跟动词短语，一起作句子谓语或补语；语义上，当"VP"在语境中为异态时，"差点儿没 VP"表示否定义，相当于"差点儿 VP"，而当"没 VP"在语境中为异态时，"差点儿没 VP"表示肯定义；语用上，"差点儿没 VP"具有口语化特点，主要表达一种"非寻常性"，或表庆幸，或表遗憾，或表夸张等（见 4.1.2 节）。以上要点不必一次全部讲出（分散教学），但每讲一点都要利用各种各样的练习使学生完全理解、掌握。在时间的分配上，每节课讲解 15 分钟、练习 30 分钟，要比讲解 30 分钟、练习 15 分钟获得更好的教学效果。

全部要点讲完之后，又需要综合练习来巩固（集中教学）。总之，在羡余否定构式的教学过程中要做到"讲练结合、以练为主"。

2.1.2　注重语境

语境对语言理解的作用是不言而喻的。前面谈到，羡余否定构式的意义复杂而丰富，它们都不表示字面的意思，而通过特殊的形义关系传递某种语用意义，这些隐含多变的语用义只能依靠语境来获得。所以在羡余否定构式的教学中要突出强调每个构式所在的交际语境和上下文语境，引导学生通过语境提示去把握说话人的表达意图。

仍以"差点儿没 VP"为例，在讲解其语义、语用特征的时候，老师应指出："差点儿没 VP"在脱离语境的情况下可能有歧义，比如"小王和小李差点儿没结婚"既可能指小王和小李结婚了，也可能指小王和小李没有结婚。用"异态说"的观点来看，因为没有充足的语境提示，也无法知道"结婚"或"没结婚"是不是异态，所以意义不明。但如果为这句话增添合适的交际语境或上下文语境，歧义就消除了。如：

（13）（在小王、小李的婚礼上，甲说：）小王和小李差点儿没结婚。

（14）（在小王、小张的婚礼上，甲说：）小王和小李差点儿没结婚。

（15）小王和小李差点儿没结婚，但靠着执着，他们最终还是走到了一起。

（16）小王和小李差点儿没结婚，都准备去登记了，可还是没结成。

根据例（13）补充的交际语境和例（15）给出的上下文语境，可知事实上小王和小李结婚了，所以这两句话里的"没 VP"（"没结婚"）是异态，"差点儿没 VP"表达肯定义，即小王和小李结婚了；而根据例（14）的交际语境和例（16）的上下文语境，可知事实上小王和小李没有结婚，所以这两句话里的"VP"（"结婚"）是异态，"差点儿没 VP"表达否定义，即小王和小李没结婚。

利用语境不仅能消解歧义，还可以推测说话人的主观意图或倾向。

比如上面这四句话：例（13）是在小王和小李的婚礼上说出来的，表达了说话人为二人的结合感到高兴、并为之祝福的心情；例（14）则是在小王与小张的婚礼上说的话，表达了说话人祝福小王和小张，同时替小李惋惜的心情；例（15）中的"差点儿没""执着""最终"等词反映了说话人对小王和小李的执着爱情持称赞、祝福的态度；例（16）中的"差点儿没""都""可还是"等词表明说话人对小王和小李没能结婚感到遗憾。可见语境对理解羡余否定构式的逻辑意义、语用意义具有举足轻重的作用，结合语境展开教学，可达到事半功倍的效果。

2.1.3　结合文化

语言与文化的关系密切，语言既是文化的载体，其本身也是一种文化。在对外汉语教学活动中，讲解一些和语言现象相关的文化知识，对于深入理解和地道运用汉语有积极作用。所以周小兵认为，在外语教学中，应该把语言教学和文化教学合二为一，不结合所学语言的文化是一种不完全的或残缺的教学。① 在对外汉语教学中结合文化讲解，并不是把中国博大精深的文化都系统讲解给留学生，而只需把具体语言现象中包含的文化内涵讲出来，特别是那些影响语言理解和表达的交际文化要作讲解。

羡余否定构式作为口语里的常见现象，也包含了一定的文化内涵，比如"含蓄委婉"是中国人说话的常见特点，人们在表达揣测语气的时候，往往不会说得太肯定。"难免不……""别不是……"就是如此，虽然"难免……""别是……"也能表达相同的意思，但委婉程度就不如前者。从表达效果上看，羡余否定构式"难免不……""别不是……"也更容易被听话人接受。把这些讲出来，不仅能让学生看到这两对羡余否定构式与其对应肯定式的区别，也能使学生对中国人的交际文化有所了解，在使用这两对构式的时候也能做到更合适、更准确。再比如"反语"，人们在表达讥讽、不满等情绪的时候，可能采取正话反说或反话正说的方式。"好容易""好不讲理"就与反语表达有关，在讲解这类构式的时候，也可以把反语修辞告诉学生，这有助于他们结合交际情景更好地理解与表达。总之在羡余否定构式的教学过程中结合文化教学，对

---

① 周小兵主编：《对外汉语教学导论》，商务印书馆 2009 年版，第 107 页。

于留学生更好地掌握语言知识、更好地理解汉语交际文化都有不可忽视的作用，应将其贯穿于教学活动的始终。

2.2 教学方法

2.2.1 比较教学法

比较教学法是一种很常见、很重要的语言教学方法，这种方法十分重视相关语言点的比较，旨在通过对相近、相反、正误、汉外语言知识的对比，加深学习者对所学语言点的认识。在面向留学生的羡余否定构式教学中，比较教学法大有用场，因为每一个具体的羡余否定构式都能在与相关语言现象的比较中彰显自己的特点，这对学生更好、更快掌握该构式的意义、用法有积极作用。

比如在"好不 A"的教学中，可充分利用比较教学法达到教学目的。首先，列出几句话让学生比较：

（17）快过年了，街上人来人往，好不热闹。
（18）这个人好不讲理，开车撞坏了护栏还不愿赔偿。
（19）今天小李好不走运，随便买张彩票就中了一等奖。
（20）今天小李好不走运，刚出门就摔一跤。

通过比较看出：这几句话的相同点是都含有"好不"，且"好不"后面跟的都是形容词；不同点在于例（17）（19）中的"好不"表示肯定义，"好不热闹"相当于"好热闹""真热闹"，"好不走运"相当于"好走运""真走运"；而例（18）（20）中的"好不"表示否定义，"好不讲理"相当于"很不讲理""真不讲理"，"好不走运"相当于"很不走运""真不走运"。据此可归纳出"好不 A"构式的第一个特点——后接形容词，既可以表示肯定义，也可以表示否定义。

其次，进一步比较又可以发现，"好不热闹"只能表示肯定义，"好不讲理"只能表示否定义，"好不走运"既可以表示肯定义，也可以表示否定义。通过举出更多的例子，如"好不扫兴""好不吝啬""好不潇洒""好不尴尬""好不失望""好不知足""好不中用""好不高兴""好不认真""好不方便"等，得出"好不 A"的第二个特点——"好不……"表示肯定义还是否定义与后接形容词有密切关系：当后面接的形容词为描写场面的、概括事物属性的、评价人物性格的、描述人的外在状态的或刻画人的心情的，"好不……"一般只表示肯定义；当后面接的形容词表示道德规范、行为标准或人们对事物追求的理想状态时，"好不……"一般只表示否定义；当后面接的形容词表示人的积极心情、对人或事物的积极评价时，"好不……"的意义由语境决定。

继续比较肯定义的"好不 A"与"好 A"的异同，又可得出"好不 A"的第三个特点——虽然肯定义的"好不 A"与"好 A"意思基本相同，但前者对后接形容词的要求更为严格，即"好不"后面一般只跟双音节或四音节形容词；另外"好不 A"带有较浓的文言色彩，与"好 A"有雅俗之别。

可见，通过比较可引导学生一步步归纳出"好不 A"的语法、语义、语用特征，这比呆板讲授的效果好，因为每一条结论都是学生自己通过比较得出的。此外，还可以通过与外语中类似的表达进行比较，加深学生对汉语"好不 A"的理解。在练习中，也可以使用正误比较法，把学生造句出现的错误和教师改正后的句子进行比较，分析偏误的原因，帮助学生减少错误。

总之，比较教学法在羡余否定构式的教学中很重要，应当结合所讲内容，从类似、正反、正误、汉外等多个角度展开比较，把问题讲透、练够。

2.2.2　情景教学法

情景即言语交际所在的具体场景，包括交际时间、地点、人物、背景等与言语交际密切相关的各个要素。情景教学法指在语言教学中，利用或创造特定的场景，使学生在接近真实的交际语境[①]中感受、习得某些语言项目的方法。这种方法具有较强的实践性、互动性和趣味性，恰当使用既可活跃课堂气氛，又有利于达到好的教学效果。

羡余否定构式的口语性一般都比较强，语用功能也很突出，非常适合采用情景法开展教学。这种方法在知识导入、讲解和练习中都可以使

----

① 语境可以分为微观语境、中观语境和宏观语境三种。包含话语的主题、目的、表达方式、对话双方关系等要素的交际情景属中观语境。参见中国传媒大学新闻传播学部编《文史要览》，中国传媒大学出版社 2006 年版，第 112 页。

用，比如可以这样教"怀疑……"和"怀疑……不……"：

课堂导入：

老师：同学们，今天的天气怎么样啊？

学生：不太好，下雨。

老师：天气预报说明天还会下雨，大家相信明天还会下雨吗？

多数学生：我相信明天还会下雨。

老师：有没有谁不相信明天还会下雨的？

学生甲：我不相信明天还会下雨。因为天气预报有时预报得不准。

老师：嗯，有道理。你完全不相信明天会下雨吗？

学生甲：那也不是，我只是猜想明天不会下雨。

（老师板书）我不相信明天还会下雨。≈我猜想明天不会下雨。

老师：如果我们把这两句话中的"不相信""猜想"替换成"怀疑"，那么就是：

我怀疑明天还会下雨。≈我怀疑明天不会下雨。（板书）

好，今天我们要学习的就是"怀疑"这个词。……

知识讲解：

老师："怀疑"是个表示心理活动的动词，它有两个意思，一个是"不太相信"，一个是"猜想"。人们在表达疑惑、猜测语气的时候，既可以用"怀疑……"，也可以用"怀疑……不……"，比如黑板上的这两个句子，都表示××猜测明天不会下雨。不过需要注意的是，在口语表达中，"怀疑"的实际意思与是否重读有密切关系，当"怀疑"重读的时候，它表示"不太相信"的意思；而当"怀疑"轻读，后接成分重读的时候，它表示"猜想"的意思。比如"我**怀疑**小王学过三种外语"表示"我不太相信小王学过三种外语"；"我怀疑小王**学过三种外语**"表示"我猜测小王学过三种外语"。① 下面我举几个例子，同学们根据我说话的重音，说说每个例句的意思

---

① 本部分字体加黑、有实下划线的词语重读。

到底是什么。第一个例子：我怀疑今天**只有零下五度**。××，你认为这句话是什么意思？

学生乙：意思是，老师猜测今天只有零下五度。

老师：正确！同学们再听第二个例子：我**怀疑**这个教室能容纳一百人。××，你认为这句话的意思是什么？……（更多结合情景的讲解过程略）

表达练习：

下面是练习环节，我说几句话，都有些不切实际，同学们可以用"怀疑……"或"怀疑……不……"表达出你的疑惑或猜疑。（指着讲桌说）第一句：这张桌子是手工制造的。××，你相信我说的话吗？

学生丙：我不相信这张桌子是手工制造的，它应该是用机器制造的吧。

老师：嗯，前半句用"怀疑"怎么说？

学生丙：我怀疑这张桌子是手工制造的。

老师：对。不过要注意表示"不太相信"意思的时候，"怀疑"要重读。你刚才这句话里的"怀疑"读的不够重。请再说一遍。

学生丙：我**怀疑**这张桌子是手工制造的。

老师：嗯，这就好多了。你刚才还猜测说这张桌子是用机器制作的，那也就是说，你猜想这张桌子不是手工制造的，如果套用"怀疑……不……"，这句话应该怎么说？

学生丙：我怀疑这张桌子**不是**手工制造的。

老师：非常正确！表示"猜想"意思的时候，"怀疑"不能重读，"不"却要重读。××同学都注意到了，值得表扬。好，下面同学们再听听我说的第二个句子……（更多情景练习略）

以上在讲解"怀疑……"和"怀疑……不……"的时候，充分使用了情景教学法：导入部分，教师结合天气引出了将要学习的语言点；讲解部分，教师以天气、教室等为素材造句，具体分析了表达重音对词语意义的影响；练习部分，教师也把课桌等情景要素设计进去了。像这样把情景语境引入课堂，不仅可以使课堂教学变得轻松活泼，还能够锻炼学生实际运用语言的能力。

2.2.3 强化练习法

练习是语言教学中最主要的环节，因为老师讲解的任何语言知识都要通过足够的练习才能转化为学生的语言能力，这是一个熟能生巧的过程，缺少必要的练习是无法真正掌握一门语言的。强化练习法就是一种通过大量、多样的语言练习来巩固语言知识的教学方法。首先，练习的量要足够大、时间要足够长，并且尽量让每个学生都练习到。其次，练习的方式要灵活多样。语言练习的方式主要有重复练习、模仿练习、替换练习、变换练习、填空练习、复述练习、翻译练习、问答练习、听写练习、情景练习等，这些练习涉及听说读写各项技能，既有机械性的，也有交际性的，在课堂练习中不应拘泥一种，而要根据所学内容灵活多变。下面举例说明羡余否定构式教学中的一些练习方法。

模仿练习：老师说"今天我非看完这本书不可"，然后让学生模仿说出"今天我非做完作业不可""明天你非学会骑车不可""长大了我非当一名科学家不可"等类似的句子来。

替换练习：老师说"小心别着凉"，然后提供不同的语境，让学生替换其中的"着凉"，说出"小心别摔倒""小心别出声""小心别划伤了手""小心别把杯子打破了"等句子。

变换练习：老师写出"他非等到十二点不睡觉"，让学生变换为"他非等到十二点才睡觉"，或者老师写出"小张非做完作业才肯回家"，让学生变换为"小张非做完作业不肯回家"，等等。

问答练习：老师问："好不热闹""好不讲理""好不开心""好威风""好容易"哪些表示肯定义？哪些表示否定义？然后让学生一个个回答。

情景练习：老师播放一段动画片，让学生用包含"不一会儿"（或者"差点儿没""果不然""不巧"等）的句子表达动画片中的一段内容。

总之，语言练习可以及时检测教学效果、增加课堂互动、强化学生能力，在羡余否定构式教学中要给予足够的重视，应针对不同内容做出合理设计，使练习环节成为实现教学目标的关键一环。

　　相关的教学方法还有很多，比如归纳法、演绎法、引导性的发现法、联想法、任务法等，限于篇幅这里不作展开。我们认为，只要是适应具体的教学内容、合乎基本的教学原则、有利于实现教学目标的教学方法都是好方法，都可以在羡余否定构式的教学中适当使用。

第十章 结语

羡余否定构式是一类很特别的惯用表达式,这类构式最突出的一个特点是:构式中的否定成分在理解意义时可有可无,即否定形式与肯定形式同义。本书选取现代汉语里 20 种羡余否定构式及其对应肯定式为研究对象,根据除去羡余否定词之外的剩余成分在构式里出现的必要性,把它们分成凝固型、紧密型、杂糅型、并列型四类。

正文第 2 至 5 章分别从历时与共时两个层面分析了其中比较典型的 12 种,分别是:凝固型——"不巧""果不然""不一会儿";紧密型——"非……不……""除非……不……""好不……""难免不……";杂糅型——"差点儿没……""没……之前""怀疑……不……";并列型——"小心别……""拒不……"。

第 6 至 8 章综合讨论了羡余否定构式的产生动因、形成机制、存在价值和矛盾特性。我们认为,人在说话时根据交际需要采用的明确表义和含混表达策略,是羡余否定构式产生的主观原因;而语言本身不可避免的羡余性、人类思维的灵活性和表达的多样性、词义的模糊性和隐晦性以及汉语的意合性特点构成了羡余否定构式得以产生的客观原因。上述因素决定了羡余否定构式虽然是一种不合常理的特殊语言现象,但它的产生却是必然的,从人类语言共性的角度看,它也是人类多种语言中的普遍现象。在此类构式的形成过程中,紧缩、杂糅、类推、重新分析和韵律制约等机制,都表现出或多或少、或现或隐的影响,反映了汉语语法演变的某些基本规律。

羡余否定构式的存在价值表现在它与对应肯定式的比较上。二者的相同点主要是:理性意义基本相同,多数情况下可以互相替换。它们的不同点则主要表现在:结构上,羡余否定式多了一个否定词,且一般不能跟否定形式的句法成分搭配；语义上，有时羡余否定构式的意义范围比肯定式的小，有时羡余否定式可能存在歧义；语用上，羡余否定构式往往暗含说话人的主观态度和评价，表现出比肯定式更加鲜明的主观色彩。在使用频率方面，羡余否定构式一般都要大大低于对应的肯定式。在语体风格方面，羡余否定构式的口语色彩也更为鲜明。这些相同点保证了羡余否定构式与对应肯定式之间的相通性，不同点则决定了各自的独特个性和使用价值。羡余否定构式在句法表现、意义的细微之处以及语用层面都表现出独特的个性，并非在任何情况下都能被肯定式替代，所以羡余否定构式并非真的多余。特别是它承载了丰富的语用信息、丰富了人们的表达手段、适应了特定的交际需要，早已成为现代汉语表达系统不可缺少的一部分了，我们不应摒弃它，而要好好研究和运用它。

羡余否定构式集"羡余性与经济性""规范性与超规范性"于一身，表现出某种独特的矛盾性和复杂性。羡余性主要表现在否定成分的多余上，经济性则表现在这个否定成分一般要轻读。之所以会如此，是因为语言本身就存在"交际和表达的需要与人在生理、精神上的自然惰性之间的基本冲突"，前者表现为使语言变复杂的张力，后者表现为使语言变简单的压力，语言就在这种羡余性张力和经济性压力的合力下不断发展。羡余否定构式也是这两种力量综合平衡的结果，体现了羡余性与经济性的对立统一。羡余否定构式的超规范性表现在"否定词不明确表示否定义"上，规范性则体现在大范围、长时间的使用上。羡余否定构式符合语法规范化的动态原则、理性原则和习性原则，因此在本质上是规范的语法现象。规范使用羡余否定构式应做到：注意每一个羡余否定构式的羡余条件、弄清羡余否定构式与其对应肯定式的细微差别、结合语境消除歧义。

第9章讨论了羡余否定构式在对外汉语教学中的应用。通过对留学生在学习汉语羡余否定构式中常见偏误的调查，发现"规则复杂、脱离语境、缺少练习"是造成理解和表达偏误的主要原因。克服这些偏误要坚持精讲多练、注重语境、结合文化的教学原则。教学过程中可灵活使用比较教学法、情景教学法、强化练习法等教学方法，以帮助汉语学习者更准确、更有效地学习现代汉语里的羡余否定构式。

以上是我们对本书内容的基本总结。由于羡余否定问题是一种比较复杂的语言现象，加上笔者的学识和精力都很有限，我们自知本书的研究还存在一些不足和有待继续深入研究的问题，主要是：第一，有一些列出的羡余否定构式还没有详尽讨论，比如"偏不偏""了不得""忍住不……""别不是……"等；另外，现代汉语中是否还有其他我们没有发现的羡余否定构式也值得继续观察。第二，本书只提到现代汉语中的羡余否定构式在历史上的表现，并没有涉及古代汉语中的其他羡余否定现象，而汉语历史上到底产生过哪些羡余否定构式、它们各自经历了哪些发展演变……这类问题无疑也值得作深入研究。第三，如果将汉语跟其他语言中的羡余否定现象进行对比，相信能够发现更多的问题和规律，但这也只能放在今后进行。羡余否定现象是一座语言宝库，我们相信能够从中挖出更多、更有价值的"真金"来。

参考文献

白文：《关于"难免"和"难免不"的问题》，《语文学习》1980 年第 8 期。

曹婧一：《羡余否定的语用认知分析》，硕士学位论文，首都师范大学，2007 年。

车录彬：《汉语"糅合构式"初论》，《汉语学习》2010 年第 6 期。

车录彬：《汉语词汇复音化的再思考》，《宁夏大学学报》（哲学社会科学版）2009 年第 6 期。

程乐乐、黄均凤：《"小心 NP"祈使句的表义类型分析》，《黄冈师范学院学报》2006 年第 2 期。

程伟民：《语体和篇章特点对同义 VP 结构选择的影响——以"VP 之前"与"（在）没有 VP 之前"为例》，《修辞学习》2009 年第 5 期。

仇虹：《谈中日否定表达中的肯定式否定式同义现象》，《双语学习》2007 年第 7 期。

戴耀晶：《试论现代汉语的否定范畴》，《语言教学与研究》2000 年第 3 期。

戴耀晶：《试说"冗余否定"》，《修辞学习》2004 年第 2 期。

邓守信：《对外汉语语法点难易度的评定》，载国家汉办教学处编《对外汉语教学语法探索》，中国社会科学出版社 2003 年版。

刁晏斌：《现代汉语史》，福建人民出版社 2006 年版。

丁锡根：《〈五代史平话〉成书考述》，《复旦学报》（社会科学版）1991 年第 5 期。

董为光：《语言认知心理对"差点儿 DJ"结构的影响》，《语言教学与研究》2001 年第 3 期。

董燮清:《俄语否定语气词 He 的非否定意义》,《杭州师范学院学报》
　　(社会科学版)1990 年第 2 期。

渡边丽玲:《"差一点"句的逻辑关系和语义结构》,《语言教学和研究》
　　1994 年第 3 期。

方绪军:《析"好/好不+形容词"的同义现象》,《上海师范大学学报》
　　(哲学社会科学版)1996 年第 3 期。

冯春田等:《王力语言学词典》,山东教育出版社 1995 年版。

冯胜利:《汉语韵律句法学》,上海教育出版社 2000 年版。

冯胜利:《汉语韵律语法研究》,北京大学出版社 2005 年版。

冯胜利:《论语体的机制及其语法属性》,《中国语文》2010 年第 5 期。

高晓梅:《"非 x 才 y"相关格式比较——兼论"非"的词性及意义》,
　　《佳木斯大学社会科学学报》2003 年第 1 期。

高育花:《不免""难免""未免"的语法化》,《云南师范大学学报》(对
　　外汉语教学与研究版)2008 年第 3 期。

郭攀:《"非 A 不 B"句型的出现及其发展》,《华中师范大学学报》(人
　　文社会科学版)1999 年第 3 期。

郭攀:《正反同义现象的修辞效果例析》,《修辞学习》1995 年第 6 期。

郭彦:《"差一点儿"句式研究》,硕士学位论文,东北师范大学,2008 年。

韩蕾:《"怀疑"的词义、宾语和句义》,《徐州师范大学学报》(哲学社
　　会科学版)2001 年第 1 期。

韩玉国:《现代汉语形容词的句法功能及再分类》,《语言教学与研究》
　　2001 年第 2 期。

洪波、董正存:《"非 X 不可"格式的历史演化和语法化》,《中国语文》
　　2004 年第 2 期。

侯国金:《冗余否定的语用条件——以"差一点+(没)V、小心+
　　(别)V"为例》,《语言教学与研究》2008 年第 5 期。

胡丽珍、雷冬平:《论"除非"的功能及其句式演变》,《中南大学学报》
　　(社会科学版)2007 年第 2 期。

胡伶俐:《试论否定词缀的非否定语义的表达》,《内蒙古农业大学学报》
　　(社会科学版)2009 年第 5 期。

胡裕树:《汉语语法研究的回顾与展望》,《三明职业大学学报》1996 年

第 1 期。

黄伯荣、廖序东：《现代汉语》，高等教育出版社 2002 年版。

黄均凤：《"小心 VP"祈使句的表义类型分析》，《湖北教育学院学报》
2006 年第 1 期。

黄盛璋：《否定与逻辑——否定词的习惯用法》，《语文学习》1954 年第
1 期。

黄永健：《"非……不……"句式初探》，《深圳大学学报》（人文社会科
学版）1995 年第 3 期。

贾甫田：《"非……不可"与"不……不行"》，《天津师大学报》1990 年
第 2 期。

贾甫田：《现代汉语中形式上的否定和意义上的否定不一致的几种情
况》，载《第一届国际汉语教学讨论会论文选》，北京语言学院出版
社 1986 年版。

江蓝生：《"好容易"与"好不容易"》，载《历史语言学研究》（第三
辑），商务印书馆 2010 年版。

江蓝生：《概念叠加与构式整合——肯定否定不对称的解释》，《中国语
文》2008 年第 6 期。

江蓝生：《疑问副词"颇、可、还"》，《近代汉语虚词研究》，语文出版
社 1992 年版。

江显芸：《"除非"析》，《上海师范大学学报》（哲学社会科学版）1990
年第 3 期。

蒋平：《汉语"差一点＋（没）DJ"句式的再讨论》，《南昌大学学报》
（哲学社会科学版）1998 年第 2 期。

李冰：《"果然"与"果真"的用法考察及对比分析》，《汉语学习》2009
年第 4 期。

李兰香：《现代汉语羡余否定句式研究》，硕士学位论文，复旦大学，
2001 年。

李琦：《语法的规范化问题》，《现代语文》（语言研究版）2007 年第 9 期。

李卫中：《"非 A 不 B"与"不 X 不 Y"格式的比较》，《汉语学习》2002
年第 3 期。

李小玲：《北京话里的"差点儿"句式》，《汉语学习》1986 年第 1 期。

李小平：《"果然"的成词过程及用法初探》，《东方论坛》2007 年第 1 期。

李兴亚：《"怀疑"的意义和宾语的类型》，《中国语文》1987 年第 2 期。

李运熹：《也谈"怀疑"的意义》，《中国语文》1988 年第 2 期。

李治平：《"难免"和"难免不"》，《长沙理工大学学报》（社会科学版）
　　2010 年第 2 期。

刘长征：《"一会儿"和"不一会儿"》，《世界汉语教学》2006 年第 3 期。

刘春龙：《难免不≠难免》，《语文知识》1993 年第 9 期。

刘东：《"果然"的语义与篇章分析》，《现代语文》2008 年第 2 期。

刘东：《料定类语气副词研究》，硕士学位论文，上海师范大学，2005 年。

刘坚、曹广顺、吴福祥：《论诱发汉语词汇语法化的若干因素》，《中国
　　语文》1995 年第 3 期。

刘晓静：《"好不 A"结构的三维考察》，《文学教育》2010 年第 4 期。

刘永耕：《从义素传承看"差（一）点儿 Vp"、"差（一）点儿没 Vp"
　　的语法化——兼论一批所谓对立格式》，《福建师范大学学报》（哲
　　学社会科学版）2007 年第 3 期。

刘玉杰：《汉语语法意合特点说略》，《学术交流》1993 年第 5 期。

卢钦：《好不……》，《中国语文》1981 年第 2 期。

卢伟：《小议多余否定》，《大学英语》1987 年第 2 期。

吕叔湘、朱德熙：《语法修辞讲话》，中国青年出版社 1979 年版。

吕叔湘：《现代汉语八百词》（增订本），商务印书馆 1999 年版。

吕叔湘：《疑问·否定·肯定》，《中国语文》1985 年第 4 期。

吕叔湘：《语文常谈》，生活·读书·新知三联书店 1980 年版。

吕叔湘：《中国文法要略》，商务印书馆 1942 年版。

马黎明：《试论现代汉语中的"悖义"结构》，《齐齐哈尔大学学报》（哲
　　学社会科学版）2000 年第 2 期。

马庆株：《与"（一）点儿"、"差（一）点儿"相关的句法语义问题》，
　　载《语法研究和探索》（六），语文出版社 1992 年版。

马庆株：《著名中年语言学家自选集·马庆株卷》，安徽教育出版社 2002
　　年版。

毛修敬：《汉语里的对立格式》，《语言教学与研究》1985 年第 2 期。

孟琮、郑怀德等编：《汉语动词用法词典》，商务印书馆 1999 年版。

尼玛卓玛：《藏语拉萨话中的肯定与否定》，《中国藏学》1997 年第 3 期。

裴学海：《古书虚词集释》，中华书局 1954 年版。

彭可君：《副词"别"在祈使句里的用法》，《汉语学习》1990 年第 2 期。

秦仲文：《"难免不≠难免"质疑》，《语文知识》1995 年第 1 期。

邱斌：《"小心 VP"的歧义分析》，《井冈山学院学报》（哲学社会科学版）2006 年第 3 期。

邱斌：《Nn 类"差点儿没"的固化》，《北方论丛》2007 年第 1 期。

任崇芬：《从正反同义聚合中看汉语的超逸灵活》，《修辞学习》1994 年第 5 期。

邵敬敏、罗晓英：《语法本体研究与对外汉语语法教学》，《暨南大学华文学院学报》2005 年第 3 期。

邵敬敏：《"非 x 不 y"及其变式》，《中国语文天地》1988 年第 1 期。

沈家煊：《"差不多"和"差点儿"》，《中国语文》1987 年第 6 期。

沈家煊：《"好不"不对称用法的语义和语用解释》，《中国语文》1994 年第 4 期。

沈家煊：《"糅合"和"截搭"》，《世界汉语教学》2006 年第 4 期。

沈家煊：《"王冕死了父亲"的生成方式——兼说汉语"糅合"造句》，《中国语文》2006 年第 4 期。

沈家煊：《不对称和标记论》，江西教育出版社 1999 年版。

沈家煊：《语言的"主观性"与"主观化"》，《语言教学与研究》2001 年第 4 期。

施春宏：《现代汉语规范评议失误研究》，《语言研究》1998 年第 1 期。

施春宏：《语言规范化的基本原则及策略》，《汉语学报》2009 年第 2 期。

石毓智：《对"差点儿"类羡余否定句式的分化》，《汉语学习》1993 年第 4 期。

石毓智：《肯定和否定的对称与不对称》，北京语言文化大学出版社 2001 年版。

水行：《"一会儿"和"不一会儿"的同值域》，《世界汉语教学》1987 年第 2 期。

宋桂奇：《"巧"，还是"不巧"?》，《咬文嚼字》2000 年第 4 期。

苏新春等：《汉语词汇计量研究》，厦门大学出版社 2002 年版。

孙德金：《语法规范、修辞张力与对外汉语教学》，《修辞学习》2009 年第 1 期。

孙德仁：《对"难免"、"难免不"讨论的一点浅见》，《教学研究》1981 年第 5 期。

孙中芹：《"非 A 不可"格式探究》，硕士学位论文，吉林大学，2008 年。

唐子恒：《汉语词复音化问题概说》，《临沂师范学院学报》2005 年第 2 期。

陶文娟：《试析"小心别 P"冗余否定格式》，《现代语文》2010 年第 4 期。

完权：《"非 X 不 K"格式的语义分析》，《现代语文》2006 年第 2 期。

王灿龙：《"非 VP 不可"句式中"不可"的隐现——兼谈"非"的虚化》，《中国语文》2008 年第 2 期。

王灿龙：《说"VP 之前"与"没（有）VP 之前"》，《中国语文》2004 年第 5 期。

王进文：《现代汉语羡余否定及其格式研究》，硕士学位论文，扬州大学，2008 年。

王克喜：《汉语中的反向表达》，《徐州师范大学学报》（哲学社会科学版）1990 年第 1 期。

王力：《中国语法理论》（上册），中华书局 1954 年版。

王立非：《布拉格学派与标记理论》，《外语研究》1991 年第 1 期。

王楠：《"无时无刻"与"无时无刻不"》，《中国语文》2010 年第 6 期。

王忻：《从〈颜氏家训〉管窥魏晋时期汉语词汇复音化的发展》，《古汉语研究》1998 年第 3 期。

王寅、严辰松：《语法化的特征、动因和机制》，《解放军外国语学院学报》2005 年第 4 期。

王助：《现代汉语和法语中否定赘词的比较研究》，《外语教学与研究》2006 年第 6 期。

王助：《汉语否定羡余词的特性》，《现代语文》2009 年第 3 期。

无名：《"死"的同义词》，《语文教学通讯》1985 年第 2 期。

吴福祥：《敦煌变文语法研究》，岳麓书社 1996 年版。

吴庚堂：《"差点儿没"及其相关结构的隐涵特性》，《现代外语》2008 年第 4 期。

武振玉:《程度副词"好"的产生与发展》,《吉林大学社会科学学报》
　　2004 年第 2 期。

香坂顺一:《白话词汇研究》,江蓝生、白维国译,中华书局 1997 年版。

向熹:《简明汉语史》,高等教育出版社 1993 年版。

邢福义:《词类辩难》(修订本),商务印书馆 2003 年版。

邢福义:《南味"好"字句》,《华中师范大学学报》(哲学社会科学版)
　　1995 年第 1 期。

徐复岭:《谈"非……不可"》,《汉语学习》1981 年第 5 期。

徐世荣:《"一会儿"的来历》,《语言文字应用》1995 年第 3 期。

徐秀珍:《复句中的"非……不……"和"非……才……"》,《新疆大学
　　学报》(哲学社会科学版)1989 年第 1 期。

徐永生:《"VP 之前"与"没(有)VP 之前"区别特征分析》,《十堰
　　职业技术学院学报》2008 年第 2 期。

许德楠:《怎样处理若干形容词肯定式、否定式的不对称》,《辞书研究》
　　1982 年第 5 期。

许维翰:《谈"非……不……"》,《语言教学与研究》1981 年第 4 期。

许有胜:《"VP 之前"和"没有 VP 之前"语义差别探微》,《宁夏大学
　　学报》(人文社会科学版)2006 年第 1 期。

严辰松:《构式语法论要》,《解放军外国语学院学报》2006 年第 4 期。

杨俊萱:《口语和书面语》,《语言教学与研究》1984 年第 1 期。

杨树达:《词诠》,中华书局 1954 年版。

杨玉玲:《"非 X 不可"句式的语义类型及其语用教学》,《汉语学习》
　　2002 年第 1 期。

尹君:《文言虚词通释》,广西人民出版社 1984 年版。

于根元:《动态:语言的本质——语言哲学对话选载》,《语文建设》1997
　　年第 8、9 期。

余康发、陈烈:《绝对冗余和相对冗余》,《景德镇高专学报》2006 年第
　　3 期。

俞理明、谭代龙:《共时材料中的历时分析》,《四川大学学报》(哲学社
　　会科学版)2004 年第 5 期。

俞理明:《词语缩略中的任意性基础和约定作用》,《语文建设》1999 年

第 6 期。

俞理明：《缩略形式的选取单位及其分析》，《西昌学院学报》（社会科学版）2005 年第 1 期。

袁宾：《"好不"续考》，《中国语文》1987 年第 2 期。

袁宾：《近代汉语"好不"考》，《中国语文》1984 年第 3 期。

曾少波：《肯定、否定和羡余》，《黔南民族师范学院学报》2004 年第 2 期。

曾毅平、杜宝莲：《略论反问的否定功能》，《暨南大学华文学院学报》2004 年第 2 期。

翟颖华：《论"不"和反义形容词构成的否定式》，《汉语学习》2009 年第 1 期。

张宝胜：《再说"怀疑"》，载《语法研究和探索》（十一），商务印书馆 2002 年版。

张斌：《汉语语法学》，上海教育出版社 1998 年版。

张斌主编：《现代汉语虚词词典》，商务印书馆 2003 年版。

张伯江：《否定的强化》《汉语学习》1996 年第 1 期。

张传真：《否定词的否与不否》，《延安大学学报》（社会科学版）2004 年第 2 期。

张超、李步军：《"果然"是连词吗?》，《辞书研究》2010 年第 1 期。

张发明：《"一会儿"和"不一会儿"》，《汉语学习》1984 年第 6 期。

张佳音：《"除非"及其句式的语义分析》，《河北大学学报》（哲学社会科学版）2003 年第 2 期。

张玲：《副词"差一点"溯源》，《湖州师范学院学报》2007 年第 5 期。

张玲：《关于"差点儿＋（没）VP"句式及相关句式的研究》，硕士学位论文，上海师范大学，2008 年。

张萍：《漫谈"差点儿"和"差点儿没"的用法》，《晋东南师范专科学校学报》2000 年第 2 期。

张维耿：《汉语语句中的肯定否定同义现象》，《中山大学学报论丛》1997 年第 4 期。

张谊生：《"非 x 不 y"及其相关句式》，《徐州师范学报》（哲学社会科学版）1992 年第 2 期。

张谊生：《近代汉语预设否定副词探微》，《古汉语研究》1999 年第 1 期。

张谊生：《试论主观量标记"没"、"不"、"好"》，《中国语文》2006 年第 2 期。

张谊生：《说"难免"——兼论汉语的虚化方式和羡余否定》，《中国语言学报》1999 年第 9 期。

张谊生：《现代汉语副词探索》，学林出版社 2004 年版。

张谊生：《现代汉语预设否定副词的表义特征》，《世界汉语教学》1996 年第 2 期。

张谊生：《羡余否定的类别、成因与功用》，载《语言学论丛》（第三十一辑），商务印书馆 2005 年版。

赵万勋：《北京话里"差点儿"句式的调查与分析》，《北京社会科学》2009 年第 3 期。

赵小东：《句法结构的创新与句法结构被选择使用的倾向》，《云南财贸学院学报》（社会科学版）2007 年第 5 期。

赵新、刘若云：《"除非"条件句的语义和语用分析》，《语言研究》2006 年第 1 期。

赵元任：《汉语口语语法》，吕叔湘译，商务印书馆 1979 年版。

中国传媒大学新闻传播学部编：《文史要览》，中国传媒大学出版社 2006 年版。

中国社会科学院语言研究所词典编辑室：《现代汉语词典》，商务印书馆 2005 年版。

钟义信：《信息技术》，人民邮电出版社 1986 年版。

周明强：《论"好不 AP"、"好 AP"中的 AP》，《汉语学习》1998 年第 1 期。

周小兵主编：《对外汉语教学导论》，商务印书馆 2009 年版。

周一民：《北京话里的"差点儿没 VP"句式》，《语言教学与研究》2003 年第 6 期。

朱德熙：《汉语句法中的歧义现象》，《中国语文》1980 年第 2 期。

朱德熙：《说"差一点"》，《中国语文》1959 年第 9 期。

朱德熙：《语法答问》，商务印书馆 1985 年版。

朱燕：《"差（一）点（儿）"研究》，硕士学位论文，上海师范大学，

2008 年。

邹立志：《好不"A"诸现象的语义语用考察》，《世界汉语教学》2006
年第 3 期。

邹韶华：《论语言规范的理性原则和习性原则》，《语言文字应用》2004
年第 1 期。

邹韶华：《语用频率效应研究》，商务印书馆 2001 年版。

Brown，P. & Levinson，S.，*Universals in Language Usage：Ppolite-
ness Phenomena*，In：Questions and Politeness：Strategies in Social
Interaction，ed. by E. Goody，Cambridge：Cambridge University
Press，1978.

Eugene A. Nida & Charles R. Taber：《翻译理论与实践》，上海外语教
育出版社 2004 年版。

Goldberg，Adele E.，Constructions at Work：*The Nature of Generali-
zation in Language*，Oxford：Oxford University Press，2006.

Goldberg，Adele E.：《构式：论元结构的构式语法研究》，吴海波译，
北京大学出版社 2007 年版。

Green，G. M.，*Some Interactions of Pragmatics and Grammar*，In
L. R. H orn & G. Ward (eds) The Hand book of Pragmatics，Mal-
den：Blackwell 2004.

Grice，H. P. *Logic and Conversation*，In P. Cole and J. L. Morgan，ed-
itors，Syntax and Semantics，Volume 3，Pages 41 - 58. Academic
Press，New York，1975.

Hermann，Paul，*Principles of the History of Language*，Trans.，
H. A. Strong. London：Macmillan，1889.

Hopper，P. J. & E. C. *Traugott*，*Grammaticalization*，CUP，1993.

James，Carl. *Errors in Language Learning and Use*：*Exploring Error
Analysis*，外语教学与研究出版社 2001 年版。

Jerspersen，O. *The Philosophy of Grammar*，London：Alen & Un-
win. 1924.

Lado，R. Language *Teaching*：*A Scientific Approach*，New York：
McGraw - Hill Press，1964.

Leech, G. N. *Principles of Pragmatics*, London and New York: Longman, 1983.

Lyons, J. *Semantics*, 2 vols. Cambridge: Cambridge University Press, 1977.

Martinet, A. *économie des changements phonétiques*, Berne, Francke, 1955.

Shannon, C. E. *A Mathematical Theory of Communication*, Reprinted with Corrections from The Bell System Technical Journal, Vol. 27, 1948.

Sperber D. & Wilson, D. *Irony and the Use - mention Distinction*, In: Radical Pragmatics, ed. by P. Cole, New York: Academic Press, 1981.

Traugott, E. C. *From Subjectification to Intersubjectification*, Paper Presented at the Workshop on Historical Pragmatics, Fourteenth International Conference on Historical Linguistics, Vancouver, Canada, July 1999.

Traugott, E. C. *Subjectification in Grammticalization*, In Stein & Wright, 1995.

Wittgenstein, Ludwing. *Tractatus Logico - philosophicus*, Routledge & Kegan Paul Ltd, 1963.

Zipf, G. K. *Human Behavior and the Principle of Least Effort: An Introduction to Human Ecology*, Cambridge, Mass: Addison - Wesley Press, INC, 1949.

后　记

　　本书是在我的博士学位论文基础上完成的，从酝酿、动笔到完成，再到进一步完善和出版，时间已经过去七年。此时此刻，我最想表达的是"感谢"两个字：

　　感谢恩师俞理明先生。2008 年去四川大学之前，就多次耳闻俞老师学识渊博、治学严谨、平易近人、爱护学生。有幸拜学恩师门下之后，才真正感受到老师朴实无华、润物无声的人格魅力、严谨求实的治学作风和广博深厚的学识思想。在我印象中，俞老师从来没有直接批评过我们，但常常能让我们自知惭愧，因为老师每一次备课、讲课、批改作业都极其认真，相比之下，我们这些做学生的反而没那么认真。最让我感动的一次是，2009 年 11 月我把开题报告发给导师，两天后就收到了导师的回信，回信中，俞老师既给出了高屋建瓴的指导意见，也详细批阅了具体内容，我一看回复邮件的时间，居然是凌晨 1 点 05 分！就是这封邮件让我下定决心：学位论文无论如何都要认认真真地去写，绝不敷衍。老师的身体力行给了我们最好的教育。做任何事情都高度负责地去做，是我从俞老师身上学到的最大财富。俞老师的严谨作风是出了名的，每一个学生的论文他都会认真地看、详细地改。我发给他的每一篇小论文、每一稿大论文，他都做出了非常细致的修改意见，大到观点结构，小到病句错字，老师都有批改痕迹。我的这篇博士论文从开题到定稿，不知占去了老师多少时间，花费了他多少心血。几个外校的同学听说这些，都吃惊并羡慕我有这么负责、细心的导师。在专业学习上，导师也给了我很多教导与启发。在俞老师的每一门课、每一回座谈和每一次论文批改中，他似乎总能一下子抓住问题的本质，把我们看作一团乱麻的语言材料理得清清楚楚，在他独到、深入的分析里，我常有茅塞顿开、拍案叫绝的收获。俞老师特别重视语言材料分类的科学性和研究方法的创新性，这些意识和能力的传授，将使我在语言研究的道路上走得更远。

　　感谢四川大学的项楚先生、雷汉卿先生、杨文全先生和蒋宗福先生的教诲、指导，在他们的课堂上，我学到了很多做人、做学问的知识；感谢中南民族大学的冯广艺教授、湖北大学的石锓教授、西南大学的张春泉教授、湖北师范大学的张开焱、石麟、景遐东、李有光、陈强、李必文、张鹏飞、张道俊、谢龙新、李治平等师长、同事在我学习、生活中给予的无私关心与帮助；感谢我攻读硕士期间的导师卞成林教授，是他带领我真正走进了语言学的殿堂；感谢本书的责任编辑郭晓鸿老师对书中错误的指正和对我校对缓慢的宽容。

　　更要感谢父母历尽艰辛把我抚养成人；感谢哥嫂对我的理解和在经济上的支持；感谢岳父、岳母以及妻子陈欢含辛茹苦地抚养孩子，让我得以安心读书、工作；也要感谢宝贝女儿妞妞给我带来了无限的动力和欢乐！

　　前途漫漫，我将继续上下求索。祝愿自己一路顺利！祝愿好人一生平安！

车录彬

2016 年 8 月 26 日于黄石